高等院校“十三五”规划教材

大学生心理健康教程

俞爱月　陈跃男　主编

中国财经出版传媒集团
经济科学出版社
Economic Science Press

图书在版编目（CIP）数据

大学生心理健康教程／俞爱月，陈跃男主编．—北京：经济科学出版社，2019.8（2021.12 重印）
高等院校“十三五”规划教材
ISBN 978－7－5218－0678－6

Ⅰ.①大… Ⅱ.①俞… ②陈… Ⅲ.①大学生－心理健康－健康教育－高等学校－教材 Ⅳ.①G444

中国版本图书馆 CIP 数据核字（2019）第 134097 号

责任编辑：周胜婷
责任校对：齐 杰
责任印制：张佳裕

大学生心理健康教程
俞爱月 陈跃男 主编
经济科学出版社出版、发行 新华书店经销
社址：北京市海淀区阜成路甲 28 号 邮编：100142
总编部电话：010－88191217 发行部电话：010－88191522
网址：www. esp. com. cn
电子邮件：esp@ esp. com. cn
天猫网店：经济科学出版社旗舰店
网址：http：//jjkxcbs. tmall. com
固安华明印业有限公司印装
787×1092 16 开 15.5 印张 330000 字
2019 年 8 月第 1 版 2021 年 12 月第 3 次印刷
ISBN 978－7－5218－0678－6 定价：45.00 元
（图书出现印装问题，本社负责调换。电话：010－88191510）

前言

QIANYAN

自2011年教育部颁发《普通高等学校学生心理健康教育工作基本建设标准》《普通高等学校学生心理健康教育课程教学基本要求》以来，全国高校对大学生心理健康教育工作有了高度重视，心理课程从“选修课”转为“必修课”，总体来说对大学生心理问题发现与解决起到了非常重要的作用，但大学生心理问题并未销声匿迹，心理健康水平不容乐观，加强心理健康教育工作迫在眉睫，而一本好的教材是提高教学效果、保证教学质量的重要条件。

本教材既希望为负责心理健康教学的教师提供教学思路和素材，又想为大学生提供较为系统全面、可读性强的心理学知识，并用于指导他们解决学习、工作、生活中的各种心理困惑，特设置了大学生心理健康概述、自我意识、人格与优化、情绪管理、人际交往与合作、恋爱与性心理、压力管理、生命教育等主题。

本教材的特点在于每章都由几个模块组成。“案例导读”选取大学生常见的有代表性的案例，引起读者关注与思考，引导本主题的学习；文中灵活穿插知识链接、心理故事、调查报告等内容，以增加趣味性、可读性；“章末拓展”设计了心理电影、心理自测、互动训练等环节。本书的创新点在于增加了配套《课程实践环节手册》，供学生心理测评、团体训练、心理剧等学习操作、记录之用。

本教材在绍兴文理学院元培学院心理老师们共同努力下完成，由俞爱月、陈跃男主编，第一、第六、第七章由俞爱月编写，第二章由俞婷婷编写，第三、第四、第九章由陈跃男编写，第五章由陈晖编写，第八章由谌劲波编写，实践环节手册由俞爱月编写。本书中未标注资料来源的“案例导读”“案例”等内容由作者自编或改编。

本书在编写过程中参考了国内外大量研究资料，借鉴了许多著作的精华，在此向相关作者表示衷心的感谢。编写过程由于时间仓促，编写人员水平和研究有限，不足之处在所难免，恳请专家、学者和广大师生批评指正，我们将在以后的修订中不断完善。

编者

2019年8月

目录

MULU

第一章　心理健康概述

案例导读

好友反目为哪般?

小A与小B是某艺术院校大三的学生，同在一个宿舍生活。入学不久，两个人成了形影不离的好朋友。小A活泼开朗，小B性格内向、沉默寡言。小B逐渐觉得自己像一只丑小鸭，而小A却像一位美丽的公主，心里很不是滋味。她认为小A处处都比自己强，把风头占尽，时常以冷眼对自己。大学三年级，小A参加了学院组织的服装设计大赛，并得了一等奖，小B得知这一消息先是痛苦难忍，而后妒火中烧，趁小A不在宿舍之际将小A的参赛作品撕成碎片，扔在小A的床上。小A发现后，不知道怎样对待小B，更想不通为什么自己要遭受这样的对待?

（资料来源：http：//www. qganjue. com/01052132655708661459. html。）

想一想

（1）小A与小B从形影不离到反目为仇，引起这场闹剧的根源是什么？小B这种行为背后的原因是什么？

（2）心理健康对大学生的学习、生活有哪些重要影响？

第一节　走出心灵的误区

一、大学生心理健康现状

随着社会的飞速发展，人们的生活节奏正在日益加快，竞争越来越激烈，人际关系也越来越复杂。人们的观念意识、情感态度复杂善变。作为现代社会组成部分，当代大学生有着许多自己特殊的问题，如对新的学习环境与任务的适应问题，对专业的选择与学习的适应问题，理想与现实的冲突问题，人际关系的处理与学习、恋爱中的矛盾问题以及对未来职业的选择问题等，值得引起人们的关注。

知识链接

《大学生心理健康状况调查报告》

为了进一步了解大学生的心理健康问题以及更早地对其进行心理健康辅导，我们对大学生心理健康问题做了调查与分析。此次活动主要以大学生为样本，采用问卷调查和网上调查的形式，共发放问卷1100份，回收1000份，回收率较高。数据分析认为：总体上，大部分大学生心理都趋向良好的方向发展，心态积极平稳，善于应对压力，以积极态度解决问题。但也存在相当一部分大学生（18%）情绪波动，还有少部分（4%）情绪低落，经常打不起精神。而在应对压力时，只有少部分大学生（5%）选择压抑这个不大可取的方式，大部分大学生都会通过可取有效的方式，如转移、自然调整、发泄，来达到减压的效果。大学生在解决问题的态度上，大部分人（73%）是经自己思考未果后积极寻求帮助，也有相当一部分大学生（20%）是碍于情面或态度问题不善于积极解决问题而选择放弃。处于青春期的大学生，存在多种心理困扰和心理问题。

调查结果显示，大学生心理困扰主要表现为：

一、学习成绩不理想。陌生的学习方法，宽松的学习环境，很多学生不由自主地放松了对学习的要求，成绩达不到自己原来的目标，因此常常感到焦虑，尤其是考试前表现得特别明显。

二、人际关系不适。进入大学，远离原来熟悉的生活与学习环境，面对新的人际群体，学生多少有些不适，部分学生对大学的师生关系、同学关系、异性之间的关系显得很不适应，造成心理负担。

三、就业问题。面对社会激烈的就业竞争，茫然充满了心里，肩上的压力也越见沉重。

四、感情问题。大学生正是处于风华正茂、激情飞扬的阶段，对爱情充满了美好的向往和憧憬。但是，因为感情的不稳定，爱情的破碎，不少的大学生无法承受，往往会走向堕落，甚至放弃宝贵的生命。

资料来源：https：//www. wenkuxiazai. com/doc/a4cb362d647d27284b735140. html。

只有拥有良好的心理素质、健康的心理状态的大学生才能体验到自己存在的价值，对自己的优缺点才能作出恰当的、客观的评价。只有心理健康的大学生，才能充分发挥聪明才智，具备适应环境的能力，在学业和事业上取得一定的成功，更好地报效祖国，完成历史赋予的使命。

二、人类心灵的误区——嫉妒

大学生作为当今社会青年人中思想最活跃、最具创新精神和时代感染力的特殊群体，既是未来社会的中坚力量，也是祖国的希望，他们的心理健康更应得到重视。经历过艰辛残酷的高考，不少学生都怀揣着多年的梦想奔向理想中的大学，将其想象得如“象牙塔”一般浪漫美妙、自由快乐。

步入大学校门，面对来自全国各地的万千学子，百花齐放，百家争鸣，每个人都有自己的优势和闪光点。不少大学生面对随处可见的吸人眼球的优秀人才，出现了“我不再是佼佼者”“我不喜欢被别人抢走光环”的心理落差，从而衍生出一种因其他人胜过自己而产生的忌恨心理，一种极想排除或破坏别人的优越地位的心理倾向，此即嫉妒心理。

知识链接

本章案例导读中的小 A 与小 B，从形影不离的好友到反目为仇的变化，令人十分惋惜。引起这场悲剧的根源是“嫉妒”。

嫉妒心理是一种损人损己的病态心理，严重影响自己的身心健康，克服的方法有：

（1）认清嫉妒的危害。嫉妒别人的人一方面影响了自己的身心健康；另一方面由于整日沉溺于对别人的嫉妒之中，没有充沛的精力去思考如何提高自己，恰恰又继续延误了自己的前途。

（2）克服自私心理。要根除嫉妒心理，首先根除这种心态的“营养基”——自私。只有驱除私心杂念，拓宽自己的心胸，才能正确地看待别人，悦纳自己。

（3）正确认知。客观公正地评价自己，也要客观公正地评价他人。一个人只要客观地认识自己的优势和劣势，现实地衡量自己的才能，为自己找到一个恰当的位置，就可以避免嫉妒心理的产生。

（4）完善个性因素。大凡嫉妒心理极强的人，都是心胸狭窄、多疑多虑、自卑、内向、心理失衡、个性心理素质不良的人。因此，大学生主要努力完善自己的个性因素，提高自己的心理素质，以健康的心态面对生活。

（5）树立正确的竞争意识。以公平、合理为基础的竞争是向上的动力，对手之间可以互相取之所长，共同进步，还必须建立正确的竞争意识。

资料来源：http：//uzone. univs. cn/news2_2008_402872. html。

嫉妒心理是人的一种很普遍的心理。人都有“猴王心理”和报复心理，所以人都可能会产生嫉妒心理。而“猴王心理”和报复心理都特别强烈的人，则是嫉妒心理最容易爆发的人。嫉妒心理是危险的，其后果往往也是严重的，但是通过教育和引导，可以把嫉妒心理所带来的风险降到最低，这是可以实现的。

三、心理健康的重要性

对当代大学生而言，健康的心理对其成长的重要作用，体现在以下几个方面。

1. 健康的心理有利于大学生自我意识的发展和个性的完善

心理健康的大学生能自我反省，并具有自制力。健康的心理能使其正确认识和评价自己，正确地对待生活中的挫折；使其思想开放，无论身处顺境还是逆境，都能以乐观态度、进取精神正视现实、正视自己。反之，心理不健康的大学生，则会表现出精神不佳、自卑、抑郁、苦闷与悲观，造成情绪、性格、人际关系上的缺陷，直接影响其社会适应能力和成才目标的实现。

2. 健康的心理有助于大学生潜能的开发

20 世纪初，美国著名的心理学家威廉·詹姆斯就曾断言，普通人只开发了他们全部潜能的极小部分。他认为，与我们应该成为的人相比，我们只苏醒了一半，我们的热情受到打击，我们的蓝图没能展开，我们只用了我们头脑和身体资源中极小的一部分。健康的心理会促进大学生开发自己的潜能，注意发展、完善和实现自我。在面对生活中某些失败的教训时，一般不会产生哀怨或沮丧的不良情绪，而是建设性地对待问题，努力去争取成功。

3. 健康的心理有助于大学生提高适应能力

研究表明，大学新生首先面临的是生活适应问题，而且在此后几年的大学生活中也会遇到同类问题。适应能力取决于他的心理素质。心理素质好或心理健康的学生，胸怀宽广，生活态度积极乐观，能随着环境的变化进行自我调整，在新环境中能找到自己的朋友，建立新的友谊，开拓新的人际关系；反之，则难以适应周围生活环境。

4. 健康的心理有助于大学生建立良好的人际关系

在当代信息社会，个人的成功离不开群体。社会交往愈来愈显示出极为重要的作用。保持心理健康，积极与他人交往，能宽容和接受他人，不仅能使个人拥有良好的人际环境和信息环境，还可以拓宽自己的视野和考虑问题的角度，进一步促使个人心理的健康发展。

第二节　什么是心理健康

一、何谓健康

健康，不只是指身体无疾病，还应包括心理健康、人格健全、社会适应良好及道德健康。

衡量一个人是否健康，必须从生理、心理、行为等因素进行分析。在生理上，身体没有器质性或功能性异常；在心理上，接纳自己，同时对他人和事物抱开放态度；在行为上，能适应社会环境，妥善处理人际关系。

世界卫生组织提出了健康的十条标准：

（1）精力充沛，能从容不迫地应付日常生活和工作的压力而不感到过分紧张和疲劳。

（2）处世乐观，态度积极，乐于承担责任，事无巨细不挑剔，工作有效率。

（3）善于休息，睡眠良好。

（4）应变能力强，能适应环境的各种变化。

（5）具有抗病能力，能够抵抗一般性感冒和传染病。

（6）体重得当，身材匀称，站立时头、肩、臂位置协调。

（7）眼睛明亮，反应敏锐，眼睑不发炎。

（8）牙齿清洁，无空洞，无龋齿，无痛感；齿龈颜色正常，不出血。

（9）头发有光泽，无头屑。

（10）肌肉、皮肤富有弹性，走路轻松有力。

由此可见，健康乃是一种在身体上、精神上的完美状态，以及具有良好的适应力，而不仅仅是没有疾病和衰弱的状态。这就是人们所指的身心健康，即一个人在躯体健康、心理健康、社会适应良好和道德健康四方面都健全，这才是完全健康的人。

二、心理健康的概念

（一）心理的定义

心理是指人内在符号活动梳理的过程和结果。具体是指人脑对客观物质世界的主观反映。心理的表现形式叫作心理现象，包括心理过程和心理特性，人的心理活动都有一个发生、发展、消失的过程。人们在活动的时候，通过各种感官认识外部世界事物，通过大脑的活动思考事物的因果关系，并伴随着喜、怒、哀、惧等情感体验。这折射着一系列心理现象的整个过程就是心理过程。按其性质可分为三个方面，即认识过程、情感过程和意志过程，简称知、情、意。心理特征，包括能力、气质、性格、需要动机、兴趣、信念等。

（二）心理健康的定义

1. 国外学者的定义

目前在心理学理论中，特别是在人格心理学和临床心理学中，美国心理学家杰哈塔（Jahoda M）的“心理健康”定义最为著名，他提倡一种“积极的精神健康”（positive mental health)，对于现代社会中的人们来说很有教益。主要包括六个方面。

(1) 自我认知的态度。心理健康的人，能对自我做出客观的分析，对自己的体验、感情、能力和欲求等做出正确的判断和认知。

(2) 自我成长、发展和自我实现的能力。心理健康的人心态不会是消极的、厌世的或万念俱灰的，他会努力去实现自己内在的潜能，自强不息，即使遇到挫折，也会成长起来，去追求人生真正的价值。

(3) 统一、安定的人格。心理健康的人能有效地处理内心的各种能量，使之不产生矛盾和对立，保持均衡心态。他对于人生有一种统一的认知态度，当产生心理压力和欲求得不到满足时，有较高的抗压能力及坚韧的忍耐力。

(4) 自我调控能力。面对环境的压力和刺激，能保持自我相对的稳定，并具有自我判断和决定的能力。不依附或盲从于他人，善于调节自我的情绪和能力，果断地决定自己的发展方向。

(5) 对现实的感知能力。心理健康的人，在现实生活中不会迷失方向，他能正确地认知现实世界，判断现实。

(6) 积极地改善环境的能力。心理健康的人，不会受环境的支配、控制，而是顺应环境，适应环境，并积极地发问、变革环境，使之更适应人的生存。在这样的环境中，他热爱人类，适当地工作和游戏，保持良好的人际关系，并有效率地处理、解决问题。

由此可见，心理健康是指人的内心世界与客观环境的一种平衡关系，是自我与他人之间的一种良好的人际关系的维持，即不仅能确保获得自我安定感和安心感，还能自我实现，并且具有为他人的健康贡献、服务的能力。

2. 国内学者的定义

我国学者把“心理健康”的定义又做了一个概括：

(1) 有幸福感和安定感。

(2) 身心的各种机能健康。

(3) 符合社会生活的规范。

(4) 具有自我实现的理想和能力。

(5) 人格统一和调和。

(6) 对环境能积极地适应，具有现实志向。

(7) 有处理、调节人际关系的能力。

(8) 具有应变、应急及从疾病或危机中恢复的能力。

综上所述，心理健康是指人的心理，即知、情、意内在关系协调，主观思想与客观世界保持统一，人体内外环境平衡，人体与社会环境相适应，并由此不断地发展健全人格，提高生活质量，保持旺盛精力和愉快情绪。它是与心理障碍和疾患相对而言的。随着国际、国内社会的飞速发展，人类对心理健康的概念也有一个不断修正、完善的过程。

知识链接

什么是亚健康

健康心理学根据心理测验统计结果、症状分析、个人内心体验等方面来评价人的心理健康水平，用健康与不健康来表达人的心理健康状态，事实上，在健康与不健康之间有一个很大的“灰色区域”，既非健康又非疾病，“没有心理障碍与疾病，但又感觉心理不健康”。这就是心理亚健康，亦称第三心理状态。

心理亚健康状态可以表现为心理疾病的相关症状，如抑郁、焦虑、恐怖、愤怒等情绪困扰；也可以是冲动、犹豫、矛盾、危险的行为；或者表现在人际关系上的冲突、紊乱、不稳定；还可以是各种不合理的思维模式，如“非黑即白”“灾难化预期”“以偏概全”等。

心理亚健康状态的产生是由个人心理素质（如过于好胜、孤僻、敏感等）、生活事件（工作压力过大、晋级、升学、失败、被上司批评、婚恋挫折等）因素引起，时常感到紧张、烦恼、焦虑，情绪波动大。调查表明，“很累”“真没劲”“真没意思”“对付吧”“不高兴”是他们常说的词汇。

心理亚健康状态导致人们不能保持正常的生活质量和良好的工作状态。在家庭生活、情感交流、人际沟通、知识学习、精细操作、创造性劳动等方面，使人体会到困惑、压抑、郁闷等不健康的心理感受，从而使得家庭生活失调、工作效率低下、学习成绩滑坡、人际交往困难等不良的现象频频出现，从而妨碍生活、学习、工作。

那么，如何消除心理亚健康状态？有关专家给出了建议。

第一，要能正视自己不健康的心理表现，不要逃避或推诿，向自己提出改变现状的要求。

第二，在遭遇挫折或失败的时候，不气馁、不妥协，采用自勉、鼓励、警醒等积极自我暗示方法促使自己去采取有效的克服困难的行动。

第三，努力培养心理保健习惯，经常反观自己的内心体验，在日常生活、学习、工作中养成对待他人和事物的积极情感，在行为过程中体会愉快。

第四，不要回避困扰自己的问题，包括属于隐私范围的认识、事件、情感，主动地寻求心理工作者的专业帮助，在他们的指导下采取有效的行动来克服障碍，解决问题，走出心理亚健康状态。

三、如何正确理解心理健康

心理健康不是一个绝对的状态，也不是恒定不变的，所以在理解心理健康时，需要根据心理健康的特性进行分析。

1. 心理健康状态具有相对性

人的心理健康与所处的时代、环境、年龄、文化背景、重大社会事件等因素有关，不能仅以一种行为或者一个偶然事件来评断他人或自己的心理是否健康。“5·12”汶川地震后，当时在重灾区很多人都有创伤后应激障碍（PTSD）症状，他们在经历、目睹强震导致至亲、朋友严重的受伤甚至死亡，抑或是自己的生命受到威胁，使他们在地震发生后的一个月时间里总是过度警觉或惊吓，一有风吹草动就以为地震了，拔腿就跑；容易被激惹，有的甚至觉得生活无望，表现出自伤、自杀、伤人等行为；注意力无法集中，常常伴随恐惧、焦虑的情绪以及睡眠障碍。而随着时间的推移，几年后这个群体中大部分人的PTSD症状早已消失。美国心理学会的报告指出，一般而言，灾难过后50%的人能够在三个月内基本恢复，其中30%的人一段时间以后可以完全恢复，但也有相当部分的人还会存在轻微症状。有专家认为，成年人在面对灾难后，通常不需要太多指导就可以自行痊愈，前提是他们需要全面的信息来进行客观理性的判断，这就是心理健康状态的相对性。

2. 心理健康状态具有连续性

心理健康与心理不健康不是泾渭分明的对立面，而是一种连续或交叉的状态。在很多情况下，正常心理与异常心理、常态心理与变态心理之间没有绝对的界限，只有程度的差异。通过研究与实践发现，人的心理健康水平大致可以分为一般常态心理、轻度失调心理、严重病态心理三个等级，它们反映的是人们在日常生活中遇到各种社会生活事件采用不同应对方式导致的结果。一般常态心理的群体有较强的自我调节能力与抗压能力、挫折应对能力，所以他们善于与他人相处，能顺利解决各类问题；轻度失调心理的群体在独立应对生活工作中的困难时较为吃力，他们可以通过主动学习适应或向专业人士求助的方式来恢复常态；严重病态心理的群体表现为明显的适应失调，在长期的焦虑、痛苦情绪中难以自拔，自己的社会功能严重受损，需要专业人士的及时干预与稳固持续的治疗。

3. 心理健康状态具有动态性和可逆性

心理健康水平会随着环境的变化、个人的成长、生活实践的发生以及自我保护意识的提高而不断发展变化。它是一个动态的过程，所以当一个心理健康的人遇到心理困惑或者心理失衡时，需要及时疏导、自我调节或者专业帮助，切记不能任其发展，长时间的不良心理状态会引发更严重的心理问题或者心理障碍。当然，如果及时对其进行心理疏导、心理咨询或者心理治疗，不良的心理状态也能逐渐恢复到健康的水平。心理健康状态的可逆性提醒我们要加强对健康心理的观察与维护，加强对不良心理状态的识别与干预。

第三节　大学生心理健康的标准

综合国内外专家学者的观点，大学生的心理健康应从两个层面来理解：一是拥有维护心理健康状态的意识；二是对于维护心理健康有正确恰当的行为。即大学生能在持续、积极的心理状态下适应校园环境与社会环境，全面发展自我，当遇到心理问题时懂得如何自我调适与及时干预，能主动预防与避免心理问题的产生，最大限度地挖掘自身潜能，促进自我价值的实现。

结合心理健康的内涵与大学生的年龄特征、心理特征与社会特征，大学生心理健康的基本标准如下：

1. 智力正常

智力是指人的认识问题、解决问题的能力，包括人的观察力、注意力、记忆力、想象力、创造力、思维能力和实践活动能力等，是人在经验中学习或理解的能力、获得和保持知识的能力，迅速而又成功地对新情景作出反应的能力，运用推理有效地解决问题的能力等。智力正常是大学生学习、生活、工作最基本的心理条件，是大学生胜任学习任务、适应周围环境变化需要的心理保证，因此，是衡量大学生心理健康的首要标准。一般来说，大学生的智力是正常的，甚至相对于同龄人，其智力总体水平较高，因而衡量大学生的智力，关键在于看大学生的智力是否正常地、充分地发挥了效能。

大学生智力正常且充分发挥的标准是：有强烈的求知欲和浓厚的探索兴趣；智力结构中各要素在其认识活动和实践活动中都能积极协调地参与并能正常地发挥作用；乐于学习。

此外，一些非智力因素包括理想、兴趣、爱好等也是构成心理健康的重要标准。

2. 情绪健康

情绪健康的主要标志是情绪稳定和心情愉快。这是大学生心理健康的一个重要指标。因为情绪在心理变态中起着核心的作用，情绪异常往往是心理疾病的先兆。

大学生的情绪健康应包括以下内容：

（1）愉快情绪多于不愉快情绪，一般表现为：乐观开朗，充满热情，富有朝气，满怀信心，善于自得其乐，对生活充满希望。

（2）情绪稳定性好，善于控制和调节自己的情绪，既能克制约束，又能适度宣泄，不过分压抑，使情绪的表达既符合社会的需求，也符合自身的需要，在不同的时间和场合有恰如其分的情绪表达。

（3）情绪反应是由适当的原因引起的，反应的强度和引起这种情绪的情境相符合。

3. 意志健全

意志是人在完成一种有目标的活动时，所进行的选择、决定与执行的心理过程。意志健全者在行动的自觉性、果断性和自制力等方面都表现出较高的水平。

意志健全的大学生在各种活动中都有自觉的目的性，能适时地做出决定并运用切实有效的方法解决所遇到的各种问题，在困难和挫折面前能采取合理的反应方式，能在行动中控制情绪和言行，而不是顽固执拗、言行冲动、行动盲目、轻率鲁莽，或害怕困难、意志薄弱、优柔寡断。

4. 人格完善

人格在心理学上指个体比较稳定的心理特征的总和。人格完善就是指有健全统一的人格，即个人的所想、所说、所做都是协调一致的。大学生人格完善的主要标志是：

（1）人格结构的各要素完整统一。

（2）具有正确的自我意识，不产生自我同一性混乱。

（3）以积极进取的人生观作为人格的核心，并以此为中心把自己的需要、愿望、目标和行为统一起来。

5. 自我评价正确

正确的自我评价乃是大学生心理健康的重要条件。大学生是在与现实环境、与他人的相互关系中，在自己的实践活动中，认识自己的。一个心理健康的大学生对自己的认识应比较接近现实，有自知之明。对自己的优点感到欣慰，但又不至于狂妄自大；对自己的弱点既不回避，也不自暴自弃，而是善于正确的自我接受。

6. 人际关系和谐

社会的人总是处在一定的社会关系中，大学生也同样离不开与人打交道。和谐的人际关系既是大学生心理健康不可缺少的条件，也是大学生获得心理健康的重要途径。

大学生人际关系和谐的表现为：

（1）乐于与人交往，既有稳定而广泛的人际关系，又有知心朋友。

（2）在交往中保持独立而完整的人格，有自知之明，不卑不亢。

（3）能客观评价别人和自己，善取人之长补己之短。

（4）宽以待人，乐于助人。

（5）积极的交往态度多于消极的态度。

（6）交往动机端正。

7. 适应能力强

较强的适应能力是心理健康的重要特征，不能有效处理与周围现实环境的关系是导致心理障碍的重要原因。

心理健康的大学生，应能和社会保持良好的接触，对社会现状有较清晰正确的认识，思想和行动都能跟得上时代的发展步伐，与社会的要求相符合。当发现自己的需要、愿望与社会需要发生矛盾时，能迅速地进行自我调节，以求和社会的需要协调一致，而不是逃避现实，更不是妄自尊大，一意孤行，与社会需要背道而驰。

8. 心理行为符合大学生的年龄特征

在人的生命发展的不同年龄阶段，都有相对应的不同的心理行为表现，从而形成不同年龄阶段心理行为模式。大学生应具有与年龄和角色相应的心理行为特征。心理健康的大学生精力充沛、思维敏捷、情感活跃，与之相适应，行为上应该表现为朝气蓬勃、热情洋溢、生龙活虎、反应敏捷、勇于探索、勤学好问。如果出现那种所谓的“少年老成”、萎靡不振、喜怒无常，或过于幼稚、过于依赖等现象，都是心理不健康的表现。总之，若经常严重的偏离这些心理行为特征，则有可能是心理异常的表现。

知识链接

白岩松：内心纯净才是真健康

生命中有一种怪异的现象，你很轻易拥有的东西，其实是最珍贵的，但是由于你拥有了，却不在乎，反而去追逐一些其他的目标。现在的中国人大部分都是这样，牺牲心情、牺牲健康、牺牲亲情、牺牲忠诚，去追逐名利等。但是当你把那些都追到了，却失去了真正宝贵的东西时，又后悔了。好多东西是买不了的，尤其是健康。

我觉得人就该这么认为：如果健康不重要，生命不重要，那还有什么重要？这是骨子里对生命的认识，中国人还需要一段时间才能意识到什么是最重要的。这涉及你对生命怎么看，你对自己的内心是否足够尊重。

心理健康是最重要的。我会慢慢离开名利场给我的打击、束缚或者折磨。你超越了它就获得了健康。你在乎的东西少一点，你的健康就多一点。另外，我要保持运动和工作之间的关系，工作太多没时间运动的话，我会去设法调整。少在外面吃饭也是一个挑战。周末，我尽可能在家。现在在家的时间也要远远多于在外面的时间。

健康不是简单地理解为多跑步、少吃肉。真正健康的人，应该是内心开始纯净起来的人。中医专家关耀波老爷子吃饭一定要块红烧肉；丁聪老爷子活到那么大岁数，可是他从不运动，无肉不欢，这是为什么？表面上看他们的生活方式并不健康，但是你忽视了：他们的内心一直在努力。

所以，健康的生活方式不是孤立的。少吃肉，管住嘴，这些都是外在的。再下一步，健康的生活方式终归要回到内心，更重要的内心，这才是核心。

资料来源：http：//www.360doc.com/content/15/0406/07/707581_460931463.shtml。

第四节　我心理健康吗

案例导读

某女生C，在家是独生女，漂亮聪明，学习优秀，堂表兄弟姐妹中数她最出色，父母、亲人万千宠爱，家庭经济条件好，很早就有自己独立的卧室。到学校后，四人一间宿舍，感到委屈和不适应，经常抱怨寝室同学，还耍娇小姐脾气，指使别人干这干那，好像是理所当然的。这样，其他三位同学开始逐渐疏远她，她感到十分孤单，却又不知道别人为什么远离她。

［**案例分析**］

比起中学生，大学生的人际交往更为复杂，更为广泛，独立性更强，也更具社会性。个体开始独立地步入准社会群体的交际圈。大学生们开始尝试独立的人际交往，并试图发展这方面的能力。而且，交往能力越来越成为大学生心目中衡量个人能力的一项重要标准。然而，并不是每个大学生都能处理好人际关系的。在这一过程中，有相当数量的人会产生各种问题。认知、情绪及人格因素，都影响着人际关系的建立。良好人际关系的建立，关键是要学会本着平等、尊重、真诚、宽容、谦逊的原则，在积极的人际交往实践中提高自己。

资料来源：https：//wenku. baidu. com/view/bd2f42b165ce050876321359. html。

一、大学生常见的心理问题

大学时代是人生的黄金阶段。处于这个阶段的人精力充沛，头脑敏捷，健康活泼，但也不乏被各种各样的心理问题所困扰。大学生中心理障碍或精神疾病的学生较少，多数遇到的都是一般的心理困扰，也会在很大程度上影响学生的发展。

（一）大学生活环境适应问题

很多大一新生是初次离家独自在外生活，需要一段时间的调节和适应，但有少数学生长时间的不能适应大学生活。具体表现为以下两种情况：一是生活能力差，自立能力弱，不能很好地处理自己的事务；二是对挫折的心理承受力弱，面临学业、生活、感情方面的挫折，显得无所适从、情绪不安，感到失去了生活的意义，甚至怀疑人生。

◆ 案例

李某，男，18 岁，大一学生，出生在一个较为偏僻的农村，个头不高，体态瘦弱。他是家里的独子，全家人自他出生就对他非常疼爱。尽管家里比较穷，但在生活上基本没有委屈过他。他性格内向、不善言辞，因成绩优秀，以前并不孤独。但自从考入大学之后，周围一切都是陌生的，时常感到苦恼。以前学习好，大家喜欢，无论到哪里都是中心。可现在变了，没有人捧自己，他感到很失落，很不适应，不知如何与老师和同学交往。自己也想改变孤立状态，但没有成功。时时感到孤独和自卑，很痛苦。感到在学校活得太累，头疼、失眠、孤独、自卑，注意力分散，成绩明显下降。

［案例分析］

此时，李某应及时寻求心理咨询师的帮助，心理咨询师会根据综合评估和诊断，制定科学的咨询方法。使用认知疗法和行为疗法加以帮助，缓解其不良情绪，改变认知，尽快摆脱目前的困境。心理咨询师应协助李某建立良好的人际沟通模式，学习健康有效的人际交往技巧，注重自身有关能力的培养和训练，掌握并灵活运用人际交往的原则、方法和正确途径，提高人际交往的能力水平。

本案中的李某接受了心理咨询师的帮助，最终，他学会了适应环境，克服了人际交往的障碍，逐步改善了人际关系。

资料来源：http：//www. wendangku. net/doc/5a261a264b35eefdc8d333ff. html。

（二）学业问题

学业问题是大学生中常见的心理问题之一，具体表现为以下几种情况：一是缺乏学习动机，无明确学习目标、无成就感、学习上注意力分散；二是学习动机过强，自我期望值过高，学习过于勤奋，强烈的争强好胜心理，精神紧张，对自己要求过严，容易产生自责；三是学习畏难，逃避学习环境，对学业成绩存在幻想，为学业不理想找借口，对学习的事情封闭不愿和他人谈及学习情况；四是注意力不集中，上课或自修时容易走神，易受干扰，无关动作增多，效率低下；五是记忆力差，识记速度慢，记忆保持时间短，记忆不精确，对学过的知识再认或回忆时有障碍。

◆ 案例

一位来自山区，家庭经济困难的大学生，学业成绩一直非常优异。上大学后，忽然感到心中茫然，学习没有动力，生活没有目标，有时候想到辍学在家的妹妹和年迈的父母，也恨自己不争气。可他的确找不到奋斗的目标与学习的动力，学习上得过且过，生活上马马虎虎，漫无目的，上课打不起精神。他不是因为喜欢上网而荒废了学业，而是因为实在没劲才去上网聊天、打游戏。这种状态该如何摆脱?

［案例分析］

该学生是因为学习动机不足产生了心理上的困惑。此时，应正确认识学习的价值与大学的目标，重新规划学业与人生；应调整心态，以积极地心态对待学习，特别是学习中遇到挫折与困难时，要用自身的意志战胜惰性；同时，改进学习方法，提高学习效率与学业自我效能感，提高学业的自我价值与社会价值。

资料来源：http：//dk. sun0769. com/baiyulanjiatingfuwuzhongxin/anlifenxi/69266. shtml。

（三）情绪问题

正常人的情绪具有波动性，不可能一直保持在愉悦兴奋状态，也不会总处于低落抑郁中。对各种外来刺激反应适当，能自我调节是一个人心理健康的表现之一。大学生的情绪问题表现为以下几种情况：一是情绪反应偏离正常，对错误过度焦虑，对失败过分悲伤，谨小慎微，注意细节等；二是情绪未成熟，不能单独一个人学习工作，不能独立做出判断，过多地猜疑和指责别人，或十分驯服和容易接受暗示；三是情绪失衡，情绪波动大，神经过敏等；四是焦虑，预期即将面临不良处境时，缺乏明显客观原因的内心不安或无根据的恐惧，并由此导致持续性精神紧张、不安、恐惧、愤怒、压抑、烦躁；五是抑郁，一种感到无力应付外界压力而产生的消极情绪，常伴有厌恶、羞愧、自卑等情绪体验；六是自卑，对自身能力、长相或品质等做出过低的估价，进而否定自我；七是嫉妒，一种因他人在某一方面优于自己而产生的带有忧虑、愤怒和怨恨体验的复合情绪，不能容忍他人的进步和优点，通过诋毁对方达到心理上的暂时平衡。

◆ 案例

小林以当地第一名的成绩考入北京某重点高校，第一学期末，本来踌躇满志准备获取奖学金的她未能如愿。她的情绪从此一落千丈，变得郁郁寡欢，无心学习，也无法处理好与同学的人际关系，还整夜失眠。最后不得不去医院精神科检查，结果诊断是她患了抑郁症。

［案例分析］

在大学生中有抑郁现象的比较多，究其主要原因，是由于自我价值没有得到很好的体现，对自己进行了一些否定。一般这样的学生情绪都比较低落、不稳定，不爱搭理人，做事情没有兴致，时间长了，容易造成心理情绪积聚，对学习、生活肯定会造成影响，严重的则会患上抑郁症。如果没有找到正常渠道发泄，可能会沉迷于一些自己觉得是正确的事物上面，比如网络。这就需要周围的人群关注他们，给他们温暖，生活中有这种情绪的大学生也要多和身边的朋友谈心、交流，释放出自己的压力，以缓解这些症状，从而恢复到正常状态。

资料来源：http：//www. tqyingning. com/NewZxShow－1045. html。

（四）人际关系问题

社会心理学调查研究表明，良好的人际关系状况是一个人心理正常发展，个性保持健康和生活具有幸福感的重要条件之一。大学生渴望友谊，增强人际交往能力，是普遍共识，但在实际交往中，易出现不同程度的问题：一是对交往的重要性认识不清，很少交往和与人沟通；存在个体心灵闭锁。二是由于缺乏交往技巧和能力而不敢去交往，产生较强烈的孤独感。三是社交焦虑，缺乏在公共场合表达自己思想的能力和勇气；面对各种各样的活动，充满了兴趣，却又担心失败，在别人面前表现得不自在；由于别人的审视和评价，或者仅仅因为别人在场，而引起心烦意乱和不安。四是社交恐惧，担心受到攻击和惩罚，有什么想法和困惑不敢也不愿和别人说，怕人讽刺，怕人知道自己的秘密传播出去，被人伤害。五是自负，只关心个人需要、强调自己感受，人际交往中表现为目中无人。六是多疑，在人际交往中首先主观上设定他人对自己的不满，然后在生活中寻找证据。七是害羞，交往中由于过分的焦虑和不必要的担心，会在言语上支支吾吾、行动上手足失措。

◆ 案例

小李从北方来到南方一所省城大学读书，临行前在一家企业做人事主管的父亲反复告诫儿子，在大学里首先要和寝室的同学搞好关系，这样你的生活环境才会愉快，大学四年心理才有归属感。进校后，小李时刻告诉自己父亲的话肯定有一定的道理，但是由于和同寝室的一名南方同学在对爱情的看法上相差甚远，经常斗嘴，导致彼此不服气，互相看不起，矛盾时有发生。而那位南方同学用小李的话说是"比自己更会处理人际关系"，到最后同寝室的其他同学都站到了自己的对立面，寝室同学关系开始变得紧张起来，其他人都不理解他、不信任他，少数同学甚至奚落他。小李对同学也充满怨恨和不信任，进而猜疑和反感，只要有两位同学当着他的面嘀咕几句，他就认为他们是在说他的坏话，心理十分苦闷；而那位南方同学却好像整天都过得很开心、很快乐。看到这一切，小李感到无能为力的同时又十分伤心，心胸开始变得狭窄，一度产生了退学的念头。

［案例分析］

从小李和南方同学的对比来看，可见人际交往对大学生心理健康的重要影响，小李因人际交往的紧张，使自己的心里充满了猜忌、嫉妒和对他人的不信任。经过对小李人际交往技巧和艺术的辅导，小李对南方同学开始变得更加宽容，并试着改变和寝室其他同学的关系，慢慢在小李的脸上又看到了灿烂的笑容。

资料来源：https：//wenku. baidu. com/view/bbf42b48c850ad02de804152. html。

（五）性心理问题

青年大学生，生理发育基本成熟，但由于种种原因，部分学生的性知识掌握还远没有达到与其年龄相适应的程度，因此常常会出现一些问题。一是性意识的困扰，表现为被异性吸引、性幻想、性梦，遇到异性就脸红等，以及与之相对抗的性压抑。这种困扰通常会带来不同程度的不安和躁动，严重者会产生心理障碍。二是性行为问题。对于绝大多数未婚大学生来说，这种性行为多停留在自慰性行为水平，如手淫。由于部分学生对性知识的缺乏，甚或是不正确的认识，造成众多的心理压力，严重者成为心理障碍。

◆ 案例

小樊与小路是高校“夫妻部落”中的一员，两人在校园附近租下一套房子，过起了同居生活。两人在接受记者采访时坦言，双方对未来都没有太明确的想法，目前生活在一起只是为了“相互取暖”。

［案例分析］

专家分析，在现代教育体系下，青年人“知、情、意”不平衡。可能智商比较高，情商比较低，那么意志力就更弱了，不能很好地管理自己。在学生中存在的大多是性渴望、性焦虑等，这恰恰表现出在性教育问题上缺乏一定的指导。对于大多数学生来说，他们对性充满渴望，但是真正了解的并不多，也有的情侣因为是否需要发生性关系而闹翻，这些都很深地困扰着现在的大学生。学生们可能没有很强的意识，那就是爱和性不仅是一种心理和生理上的体验和感受，它背后还有一个严肃的责任问题。这些是不可回避的，那么对于学生来说，健康、科学地对待性问题，了解性问题，更要理智思考并约束自己的行为，是大学生精神健康很重要的一部分。

资料来源：http：//www. xingfuol. com. cn/list. asp？ id＝2508。

（六）恋爱心理问题

恋爱也是需要学习的，就如同婴儿学习走路、幼童学习写字。一些人由于错误认知导致各种各样的恋爱心理问题，如把恋爱看成人生最大的幸福，一旦失恋不能自拔，为爱情而活、单相思、爱情错觉；为弥补内心空虚、孤独或随大流而恋爱，造成恋爱动机不端正；三角恋，父母反对，恋人间的矛盾、误解和猜疑等导致恋爱中的感情纠葛。和异性交往中分不清友情和爱情、喜欢和爱情、好感和爱情的区别，不能很好把握男女同学交往尺度。

◆ **案例**

近年，网上出现了一个“出租自己”的帖子，引起了许多网友的注意。帖子称，“本人欲将自己出租，只要不违背法律的要求都在考虑范畴！陪聊，陪逛，陪吃……价格再议。”发帖人自称是一名22岁刚从新西兰回国的大学生，“出租自己”只因为“太无聊”。

［**案例分析**］

相当一部分大学生是在一种不成熟的状态下，凭着自己青春期的冲动，把任何事物都看得很美好。他们缺少挫折锻炼，心理承受力太弱。另外，在大学里，可能无形之中同学之间会有一个比较，比如同宿舍的人都有男（女）朋友了，但是自己没有，那么可能就造成一个心理落差，情绪上很不稳定，精神比较空虚。有的则是一旦失恋后，就痛苦不堪，无法恢复自己正常的生活学习，好像没了恋人就无法生活似的。

真正的爱情是有独立性的，大学生恋爱，要把自己放在一个正确的位置，适当控制自己的情绪，即使恋爱失败了，也只能说可能彼此不是最适合的，而且，还可以通过失败的恋爱吸取经验，从中学会怎样和异性交往。

资料来源：http：//www. doc88. com/p－9983518575334. html。

（七）就业心理问题

对于即将毕业的大学生而言，最大的心理压力可能源自求职就业。由于大学生在择业或创业过程中缺乏经验和准备，往往导致择业渠道不畅或者创业失败，有的同学在面对激烈的社会竞争时毫无自信，低估自己的实力；还有的同学好高骛远，在择业时不能结合自身实际进行准确定位。与此同时，严峻的就业形势和就业制度的变革，都给毕业生带来强烈的心理冲击和情绪问题。

◆ 案例

小L是电影学院导演系的研究生，个子高高的，长得也很帅，但几年下来他有一个很悲观的想法：做导演需要出名，而真正出名的导演又有几个呢。而且自己家是外地的，从本科到研究生一路走来实在太累了，要协调各方面的关系，这种压力压得他喘不过气来。最终，他办理了退学手续。学校的老师、同学无不为他惋惜。

［**案例分析**］

大学生现在面临的压力过大，造成心理的落差比较大，与整个社会发展的形势和家庭的影响是分不开的。大学的扩招，让一些学生在上学的时候就对毕业后的就业问题产生焦虑。另外，自我和家庭对学生前途所定的目标过高，有的学生有一种为家长读书的想法，想的是将来要怎样报答家长；有的是给自己制定一个不太符合实际的目标，这些都可能产生很大的心理落差。这需要学生找准自己的位置，要正确评价和认识自己，无论怎样，知足常乐是不变法则。另外，不要好高骛远，要脚踏实地，一步步走好自己的路。

资料来源：https：//wenku. baidu. com/view/65f388d23186bceb19e8bb3f. html。

需要注意的是，以上所介绍的多种情况或多或少、或轻或重存在于广大在校大学生身上。处于青春后期成年早期阶段的大学生，在成长的路上，遇到恋爱、独立生活等许许多多以前没经历的事情，有困惑和困扰是再正常不过的事情，经过自我探索和他人的引导帮助，一般都能顺利解决。需要注意的就是有些人走死胡同，有问题自己解决不了，还死扛，最后导致心理问题的发展和蔓延，应该说这类情况是有关人员要密切关注的。

二、影响大学生心理健康的因素

当今社会、生活压力逐渐增大，对当代在校大学生的影响也日益加深。影响大学生心理健康的因素很多，概括起来主要包括遗传因素、生理因素、心理因素、环境因素、教育因素等。

（一）内部因素

内部因素是一个人自身所具有的一种内在和主观的因素。

1. 遗传因素

遗传是指机体的生理解剖结构和机能特性由上一代传给下一代。一般来说，人的心理活动是不可以遗传的，但是作为身心兼备的整体，与遗传因素的关系又是十分密切的，一个人的躯体、气质、智力、神经等过程的活动特征都是受遗传因素制约的。

生物遗传因素也是产生精神疾病的重要原因。

2. 生理因素

生理因素主要是指人的身体和神经系统等方面的特点。研究发现生理方面的问题也是引发心理问题的重要因素。首先，母亲孕期的身体有病、营养不良、情绪不好，可能影响到孩子的健康和生理发育，并进而影响到其心理功能的正常发展。其次，脑神经递质的变化也会对人的心理状态和精神疾病产生重要的影响。最后，维持人的心理健康，依赖于脑和整个神经系统保持正常的生理机能。

有少数大学生因为遗传等因素的影响，在长相、身材等方面存在一些先天的生理缺陷；或是因为身体素质不好，患有疾病，在学习和训练的过程中往往感到力不从心。这些因素很容易使大学生产生“我不如人”的心理，久而久之，造成严重心理负荷，这样恶性循环，其心理承受力将越来越差。

3. 心理状态因素

个人的自我意识、人格特点、人生观和价值观以及对事物认知的态度等，都会对自身的心理健康产生影响。

从大学生的个体素质来看，人格中的不良因素与心理障碍呈相关关系。也就是说一些特殊的人格特征，是导致心理障碍和精神病原因的内在因素之一。据某省青年心理研究所心理咨询部对部分存在一定心理障碍的大学生进行的人格分析发现，他们当中大部分的性格属于内向不稳定型，即他们的心理有一定的易损伤性和对生活事件的易感受性。其性格的缺陷表现为：内向、心胸狭窄、抑郁性高、神经质、多愁善感又难于表露、自卑感严重、自信心不强、对社会现实和所处环境难以适应、活动范围狭小。再有，大学生虽然生理已成熟，但是心理上还正处在逐步走向成熟的过程当中。心理与生理成熟之间的落差，很容易导致心理失衡。大学生的心理还多不稳定，心理状态仍带有一定的幼稚性、依赖性和冲动性。加之，一些大学生成长较顺利，入学前多在比较优越的环境中长大，遇到的挫折少，心理承受能力低；一旦生活中遇到一定困难与挫折，很容易产生各种心理问题。

（二）外部因素

1. 环境因素

环境因素包括自然环境和社会环境等诸多因素，他们也会影响到人的心理健康。社会环境中的各种因素，如社会制度、劳动条件、社会关系、人际交往等也会影响到人的心理健康。

生活环境的变化是促使整个人心理发生变化的基础。新入学的大学生对环境的不适应是非常明显的。新的学习生活要求大学生学习上的自主，生活上的自立，思想上的自律，而这些与中学完全不同。他们缺乏新的学习生活的经验，缺少必要的心理准备，环境的变化给他们适应新的生活带来了许多困难。大学生们既要做到生活自理，又要有奉献精神。但由于当代大学生绝大多数都是独生子女，不少人往往会因第一次离开父母、家庭而缺乏生活自理能力，以及因过不惯集体生活而孤独寂寞，感到压抑和焦虑。

就变化的内容而言，新的人际环境对他们的影响更是巨大。大多数学生在入学前一直生活在自己所熟悉的同学和亲人身边，人际关系相对稳定。而一旦进入大学，就面临一个重新认识别人，确立人际关系的过程。同时，他们每个人都有一个对大学中自己地位发生变化的适应过程。在中学他们往往是学习的尖子，是佼佼者，有很强的优越感，并已习惯了这种地位。但是大学里人才济济，许多学生失去了拔尖的地位，变成了很普通的学生，使不少学生产生“平庸感”。这种情况需要他们很长一段时间的心理调整过程。环境的巨大变化，再加之许多学生缺乏心理准备，使许多大学生在适应环境的过程中产生各种心理问题、心理困扰。如果问题不能及时解决，将会严重影响到他们以后的适应与心理健康。

2. 教育因素

教育因素包括家庭教育、学校教育、社会教育等方面。

（1）家庭环境与教育因素。

家庭是人成长的重要环境，父母是孩子的第一任老师，家庭环境是否良好，父母的教育方式是否得当，直接关系到子女的健康成长。从大学的心理咨询实践来看，出现心理问题的大学生多与家庭环境、父母的教育方式有关。

家庭的环境气氛，对人的成长是非常重要的。据研究表明①，如果一个人从小生长在单调、贫乏的家庭环境中，其心理发展将受到阻碍，并且会抑制他们潜能的发挥。如有的家庭气氛过于沉默或严厉，孩子从不敢大声说话、自由说笑或向父母表达自己的见解。他们进入大学后，往往也难以充分地表现自己、难以有较强的自信心去参与竞争，表现得过于抑郁。如果家庭中，父母经常发生争吵，甚至武力相处，在这样一个没有爱、经常冲突的氛围中长大，有的大学生对人缺乏信任感，过于敏感、多疑，难以和同学、老师建立和谐、信任的人际关系。

儿童早期与父母的关系以及父母对儿童的态度也是影响个体心理健康的重要因素。儿童如果在早期与父母建立和保持良好的关系，对其以后的社会适应和人际关系有着积极的促进作用。相反，如果儿童在早期不能与父母建立亲密的关系，或者由于父母离异过早与父母分离，都会对他们今后产生消极影响。大学生中存在较严重心理障碍的学生，有相当一部分与父母存在对立关系，难以相容。

一些研究表明，在人的早期发展中，父母的爱、支持和鼓励容易使个体建立起对初始接触者的信任感。而这种信任感和安全感的建立保证了子女成年后与他人的顺利交往；反之，则会造成难于与他人进行正常的沟通，会缺乏安全感，形成一种孤独、无助的性格，进而容易在人际交往等方面出现障碍。父母对子女的教养方式，也直接关系到人的健康成长。中国父母对子女的期望值很高，特别是子女上大学成为他们的较高期望，并常采取过分保护和过

① 资料来源：https：//wenku. baidu. com/view/991bfffaf705cc17552709ca. html。

分严厉的教养方式，这使子女承担过重的心理压力，或过分依赖，或过分自我谴责，难以客观地评价自己，难以恰当地面对学习与生活目标，不能有效地解决遇到的各种问题。

（2）学校教育因素。

许多同学考入大学后，会突然失去自信，感到自己一无是处。这种心理失落首先是因为竞争对手变了，在“高手如林”的大学里，多数过去的尖子生不再拔尖。在大学里，竞争的内容不仅仅局限于学习成绩，眼界学识、文体特长、社交能力、组织才干等都成了比较的内容。在这种情况下，大学生们很容易产生巨大的心理落差，而对自己进行整体否定。其次表现为学习方式、方法的变化。中学时，大部分学生习惯于老师详细讲解和具体辅导，自学能力较差，依赖性强。而在大学，同学们获取知识的手段，除了听课，从老师的讲授中获取知识外，自学占了很重要的位置，它需要学生不仅有较强的自学能力、学习自觉性、自主性和自制能力，而且还要学会研究性学习，善于发现和提出问题，加之大学的考试方法比较灵活，这些变化往往使那些死记硬背、墨守成规、缺乏灵活运用知识能力的大学生遇到较多的挫折而感到自卑。

（3）社会因素。

社会的变化、生活节奏、社会风气等也是影响大学生心理健康不可忽视的因素。随着社会竞争意识增强、生活节奏加快、就业形势严峻、贫富差距加大等社会问题的出现，这些社会刺激给社会阅历尚浅、心理承受能力较弱的大学生带来了很大的冲击，大学生的心理压力也逐渐增大，容易引发大学生的心理与行为失调，产生不良情绪。

上述各种因素既相互独立，又相互制约，对一个人的心理健康往往协同作用，而不仅仅是单个因素作用的简单相加。

综上所述，在诊断大学生心理问题时，要充分考虑到各因素的作用，逐一考察，全面、正确地做出诊断，才能采取有效的措施进行心理调适和治疗。

第五节　维护大学生的心理健康

一、大学生心理健康教育应遵循的原则

（一）自我教育

在加强大学生心理健康教育时，虽然外在因素对大学生的影响很重要，但是最重要的还是大学生自身的主观意识，所以，要充分发挥大学生的自我教育作用。高等院校可以采用一系列可行性的措施来引导大学生进行自我激励，不断提高大学生自我调适的能力，不断提高自身的心理健康意识。

（二）合力教育

在落实大学生心理健康教育这项工作时，需要清楚地知道，这一工作并不是我国高等院校教育工作者个人的事情，是家长、社会等各个方面都需要重点关注的问题，只有多方面通力协作，努力形成一个合力，才能收到良好的教育效果。

（三）经常性教育

大学生心理健康教育，是一项非常重要的工作，在开展工作时，不能像搞活动一样，仅开展一次就结束。对大学生进行心理健康教育，要有目的地、有组织地进行。应该经常开展心理健康教育，只有这样才会让大学生的心理问题得到及时解决，整个心理教育工作才会由被动变为主动。

二、维护大学生心理健康的途径

如何促进大学生的心理健康呢？最重要的是学校、学生、家庭、社会多方的共同努力。

（一）学校促进学生心理健康的途径

作为承担为社会培养身心健康、全面发展的专业人才的高等学校，采取积极措施，创造良好条件，对大学生进行心理健康方面的指导与帮助，是提高大学生心理素质、增进大学生心理健康的最有效的途径。

1. 优化校园文化环境

校园文化环境是大学生成长的外部条件，它集中体现在校风、学风和班风上。一个学校的校风、学风与这所学校的历史、传统和特色是分不开的，它是一种无形的力量，为学生的健康成长提供了重要的精神环境和心理氛围。良好的校风、学风会潜移默化地优化学生的心理品质，如团结友爱的校风是学生形成群体凝聚力、集体荣誉感的土壤，有利于人与人之间保持和谐的人际关系，促进同学之间的相互沟通、相互帮助。班风相对校风而言，对学生心理健康的影响更直接、更具体。一般来讲，处在积极向上、宽松友好的班级中，会使人感到心情舒畅、精神振奋；相反，就会使人感到寂寞孤独、紧张压抑，从而对学习和其他活动产生不良影响。可见，保持和发扬优良的校风、学风和班风对于促进大学生心理健康是十分重要的。

2. 加强心理健康教育

（1）树立心理健康的教育观念。

在我国大学教育中，德、智、体全面发展的教育观念不断得到强调和重视，但心理健康教育却长期被忽视，甚至存在着把心理健康教育等同于思想政治工作的错误观念。其实，德、智、体等教育的进行都离不开学生的心理活动，在德、智、体诸多教育中渗透心理健康教育不仅必要而且可行。因此，学校上下应统一认识，把心理健康教育渗透到诸多教育之中，并使不同岗位的人都在自己的工作范围内明确心理健康教育的要求，从而形成一个相互影响、相互促进的心理健康教育体系。

（2）开设心理健康教育课程，定期举办专题讲座。

心理健康水平的提高离不开心理卫生知识的掌握。通过以选修课或必修课的形式，开设心理健康教育课程，是促使大学生健康发展的重要措施。这不仅可以使学生了解自身心理发展、变化的规律与特点，而且对于帮助他们缩短心理适应期、加快人格的成熟、掌握心理保健知识都具有积极的作用。

（3）设置心理教育机构，开展心理咨询服务。

学校应积极地开展大学生心理健康教育，不断引导大学生树立正确的人生观和价值观，促进大学生健康成长。学校可以建立大学生心理健康辅导机构，这一机构的建立可以有效帮助那些存在心理问题的学生缓解心理问题和心理压力。开设心理咨询是防治心理疾病、优化心理素质、增强学生心理健康的重要途径。除此之外，还要有针对性地去开展心理健康教育课程，通过真实的案例让大学生知道心理问题对自身产生的危害，减轻大学生的心理压力。

在心理咨询机构中，应配备心理健康专职教师。由于大学生的心理问题是随着社会的变化而变化的，所以还应该加强对辅导员队伍的心理知识培训，以便更好地促进大学生心理健康教育的发展。

（4）利用各种传播媒介广泛宣传，普及心理健康知识。

校内的各种传播媒介，如校刊、学生组织的交流刊物、广播、板报、橱窗等，在促进大学生心理健康方面起着潜移默化的作用。因此，各高校应充分利用这些校内传播手段，大力宣传心理健康的意义，广泛介绍心理调节的方法，通过普及心理健康知识，唤起大学生维护自身心理健康的自觉性。

（5）对教职员工进行心理健康教育，增强他们的心理健康意识。

学校教职员工的心理健康水平不仅影响其本人的工作、生活与健康，而且直接影响学生的心理健康。

（二）大学生自身维护心理健康的途径

“解铃还需系铃人”。心理健康不仅关系到大学生当前的生活与学习，还关系到大学生未来的发展。各种心理状态，无论是积极的还是消极的，无论是正常的还是异常的，都发生在大学生自己身上。个人的心理是否健康，自己比较清楚。在维护心理健康方面，大学生的自我教育、自我调整、自我修养、自我拯救也最为重要。

大学生要维护自己的心理健康，主要应做到以下几点：

1. 树立正确的人生观和世界观

人之所以为万物之灵，是因为只有人才具有极其复杂、丰富的主观内心世界，而它的重要部分就是一个人的人生观和世界观。

2. 创建合理的学习生活模式

许多大学生都是第一次离家独立自主地生活，一时间像从笼中放飞的小鸟，似乎得到了许多“自由”。但是，如果不顾自己的身体状况和生理节律而滥用这种“自由”，或随心所欲，或负担过重，就会给自身的生理特别是心理健康带来不良影响。因此，建立合理的生活秩序是大学新生的当务之急。

（1）学习负担要适量。

新生入学后，在学习上容易出现两种倾向：一是觉得进入大学就像进了保险箱，可以放松一下了，于是不思进取，虚度光阴；二是不适应大学生活，学习压力大，时时处于高焦虑状态，从而导致学习上疲于应付。研究表明，大学生的学习应有一定的压力，但负担不能过重。在学习上，大学生应根据实际情况量力而行，不能得过且过，也不可过于疲劳。

（2）生活节奏要合理，做到张弛有度。

大学的校园生活丰富多彩，这为合理地安排生活节奏提供了便利条件。大学生通过参加各种形式的文体活动，既可以放松身心，缓解学习紧张，又可广交朋友，体验到愉悦。这种积极稳定的状态，能使大学生充分发挥其潜在能量，增强自信，使自己的生活有节奏感，劳逸结合，提高学习效率，达到最佳的适应。

（3）要学会科学用脑。

大脑是心理活动最重要的物质基础。要促进心理健康，就要学会科学用脑。

3. 保持乐观向上的情绪

情绪对于心理健康至关重要。几乎每一种心理问题或心理疾病都有其情绪上的表现。稳定而良好的情绪状态使人心情开朗，轻松安定，精力充沛，对生活充满乐趣与信心；相反，如果一个人长期处于不良的情绪状态之中，久而久之就会导致心理失衡，甚至诱发心理疾病。因此，对于情感丰富而冲动的大学生来说，更应学会保持乐观向上的健康情绪。

（三）充分发挥高校、家庭、社会各个方面的合力作用

大学生的心理健康教育发展受内外环境影响颇深，在这些影响因素中，学校、家庭和社会的影响是最大的。

从高校的角度来说，我们一定要不断加强学风、校风的建设。只有这样，才能够让同学之间相互关心，创建和谐健康的学习、生活环境。

从家庭的角度来讲，学生在学习阶段，除了学校就是家庭，学生回到了家里，家长就要充分承担自己的责任，多与子女沟通，不要总是以“忙”为借口。家长还应及时了解子女自身的学习及心理状况，了解子女自身存在的不足，对孩子进行正确的引导。

从社会角度来讲，和谐的社会环境对于陶冶大学生健康的心理品质意义深远，一定要为大学生营造一个利于其发展和成长的社会环境。

章末拓展

◇心理影视

《心灵捕手》

英文片名：Good Will Hunting

上映时间：1997 年

剧情介绍：

成长于波士顿南区贫民窟的威尔，是位绝顶聪明却叛逆不羁的年轻人。平日除了在麻省理工学院担任大楼的清洁工作之外，便是与三五好友在酒吧喝酒、泡妞、整整哈佛的“聪明小孩”；一人独处之时，就“一目十行”学习各式人文与科学的新知。某天“随意解答”数学系蓝勃教授所留下的数学难题，随即引起学校师生们的惊异；在威尔与他人打架滋事，并宣判送进少年观护所之后，蓝勃教授便费心地将他保释出来，要求他参与数学研讨与接受心理辅导。蓝勃教授期望威尔能重视并发挥自己的天赋异禀，不再恶作剧、耍蠢、吹擂而耗费生命；不过，威尔却毫不在意，经常耍弄前来为他辅导治疗的心理专家。

蓝勃教授在无计可施的情况下，只好求助与他有“爱恨交织心结”的大学好友桑恩出马，开导并救助前途岌岌可危的威尔。桑恩本着“信任是突破心防的关键，不彼此信任就无法坦诚相待”的信念，“不以作之师而以作之友”的心态倾听威尔对知识求问、人际互动、爱情探索、人生信念以及亲情伤害等的述说与情绪宣泄；日渐抚慰他受创的心灵，帮助他重新拾回对人的信任，并鼓起勇气向女友表达爱意。与此同时，难忘丧妻之痛的桑恩在与威尔彼此“角力互动”的过程中，受到来自威尔莽撞的生命力冲击，亦逐渐开启因丧妻而封闭的心房，重新追寻情感的归宿。

评论及分析：

影片的原型《年轻天才威尔亨汀的成长故事》原本是一篇仅有 50 页的短篇小说，由当时就读于哈佛大学的马特·达蒙在 1992 年构思而成。这部影片也许间接地对生命给予了哲学的思考。选择权在你手中，你要过什么样的生活，你要做什么样的人，这都是你生命中的一部分。你厌弃或者喜欢，都肩负在你的身上，不会某一天随风而去。记住，和你的心灵对话，捕捉你心灵最真实的声音，告诉你自己，你是主宰你自己的神灵。

◇心理自测

见本书附带的《课程实践环节手册》中的“大学生心理健康测试量表”。

◇心理游戏

寻人行动

活动目标

1. 通过“寻人游戏”让学生学习主动交往。

2. 学生在交往中介绍自己、了解他人，发现共同的兴趣爱好。

活动准备

“寻人信息卡”、笔、布置活动现场。

活动流程

1. 寻人行动要求学生根据“寻人信息卡”上的信息，在10分钟内找到具有该特征的人简单交流后签名。

2. 大家交流“寻人信息卡”，看看谁的签名最多。主持人邀请有代表性的学生进行全班交流，如签名最多的和某一特征签名最少的。

3. 交流完毕后，主持人在全班梳理信息，请具有同一特征的人站立一排相互介绍与交流。

注意事项

1. 本游戏可以在陌生群体中进行，通过游戏使学生学会主动交往与沟通。也可以在同班学生中进行，通过“寻人”活动，增强同学之间的进一步了解。

2. 在一个栏目中可以签不止一个人的名字，看看谁签的名字多。主持人要求签名人进行确认，防止假、乱信息。

3. 符合同一特征的学生相互交流后，派一名代表进行全班分享。

4. “寻人信息卡”中的信息根据学生的实际特点可以增减。

◇心理资源推荐

1. 相关书籍

（1）张功和的《幸福的秘密——本心疗法与心理健康》，东方出版社2019年4月出版。

何谓健康？世界卫生组织（WHO）提出，健康不仅是躯体没有疾病，还要具备心理健康、社会适应良好和具有良好的道德品质。简而言之，即是心理健康、身体健康和社会健康。那么，你是健康的吗？张功和老师这本小书可以帮你自测心理健康程度，并且手把手教你做自己的心理咨询师。这本书，有理论，有案例，有数字，还有温度。这本小书带你探寻幸福的秘密！

（2）阿弗雷德·阿德勒（Alfred Adler）的《自卑与超越》，吉林出版集团有限责任公司2015年7月出版。

《自卑与超越》是个体心理学的先驱阿德勒的代表作，作者从探寻人生的意义出发，启迪我们去理解真实的生命意义。他告诉我们，理解一个人，就要从他的过去入手，而一个人的生活风格，则是与他对于过去经验的认识和理解相一致的。自卑并不可怕，关键在于怎样认识自己的自卑，克服困难，超越自我。阿德勒与弗洛伊德是并驾齐驱、等量齐观的。在《自卑与超越》中，关于记忆和梦的探讨，作者也参考了精神分析学派的观点，并提出了自己的意见。针对教育、家庭、婚姻、犯罪等社会性问题，作者也在《自卑与超越》中提出了十分有价值的观点。

2. 相关视频

清华大学公开课：大学生心理健康（共 18 集）。本课程是国内最早开设的大学生心理健康课，已有 15 年的教学经验，课程教学内容的设置基于主讲教师 20 年对大学生心理健康研究的结果，教学方式是国内最早引入的体验式互动，使课堂气氛生动活泼。该课程将课堂教学与课外导修结合，使每个学生有机会通过行为训练增进健康。

3. 相关网站

中国大学生心理健康测评系统（http：//xinli. gzedu. com/），由教育部思政司指导，教育部普通高等学校学生心理健康教育专家指导委员会组织实施并指导研制，北京师范大学发展心理研究所研制量表，高等教育出版社研制系统。内含大学生心理健康测评量表，学生可自主测评，参测高校间可更好地交流总结测评工作的成绩和经验，并相互研讨测评中有共性的问题。

第二章　自我意识

案例导读

小刘同学是大二的学生，他一直有一个困惑，就是看不惯其他同学。他感觉现在的学生都被父母惯得不成样子。人人有苹果手机，家家有好车，娇生惯养，特没礼貌，老师说上句，他就迫不及待地接下句。他生长在小县城一个普通家庭，父母对他的要求比较严格，养成了他爱竞争的性格。他相信：人只要努力，就能得到回报。因此，无论学习多么辛苦，他都很努力。但努力完了，就难免有些怨气：为什么别人都不累，就我累？为什么有些同学没有努力学习，却享受着比我更好的物质生活？

想一想

（1）你觉得小刘的困惑是一种正常现象吗？

（2）你怎样看待“为什么有些同学没有努力学习，却享受着比我更好的物质生活”的现象？

第一节　自我意识的概述

人最好的朋友是自己，最大的敌人也是自己，你同意吗？

你喜欢自己的外表吗？你满意自己所取得的成绩吗？你满足自己现在所拥有的一切吗？你知道自己是个什么样的人吗？周围的同学是喜欢你还是讨厌你呢？你对自己的评价是什么样的？这些问题都是自我意识涉及的范畴。

大部分研究发现：一个人若对自我认识不清晰、不精确，自知力不强，不能正确对待自我与外部世界的关系，就容易导致误判自我，或自负或自卑，从而导致诸多心理问题乃至人格障碍。所以，大学生了解有关自我意识的基本知识，有利于进行自我分析，有利于自我健康发展。

一、自我意识的概念

自我意识是人对自己的存在以及自己与周围环境之间关系的认识体验调控的过程。美国心理学家詹姆斯（W. James）把自我分为主体我（I）和客体我（me）。即一方面自我是一个主体，它对客观现实的我有深刻的认识和理解；另一方面，自我又是一个客体，它包括了丰富的内容，是人们认识、探索的对象。自我是知、情、意的协调统一在每个人身上独特的结合和表现，是人的意识发展的高级阶段。总之，自我意识是对自己存在的察觉，包括认识自己的生理状况、心理特征以及与他人的关系等。

自我意识是一个连接个体、社会影响和社会行为的概念，它的产生与发展，是人和动物在心理上的最后分界线。动物没有意识，更没有自我意识，而人有高度发达的大脑，人通过劳动而认识了自然界，进而也认识了自己，特别是言语的产生，促使人的思维发生了质的变化，能够区分开“自我”与“非我”。

自我意识是个多维的、复杂的心理系统，主要包含三种形式，即自我认识、自我体验和自我调控。社会生活中，人不是消极、被动地接受外界的影响，而是积极、主动地应对社会现实中的一切影响，并自主地调节自己，去驾驭外界的条件，为我所用。

自我意识使人们对客观环境具有一定的选择性，人们总是选择感兴趣的，符合自己需要的事去做。自我意识对人的人格发展起到反馈和调节作用具有重要意义。现实中人们总是不断反思自己，不断领悟，朝着对自己有益的方向发展自己的人格。

二、自我意识的结构

詹姆斯指出了自我的两重性之后，又指出客观的我由三个要素所构成，即物质的客我、社会的客我和精神的客我。这三个要素都包括自我认识、自我体验以及自我追求等方面（见表 2－1）。

表 2－1　　客观的我的要素

项目	物质的客我	社会的客我	精神的客我
自我认识	对自己的身体、外貌、衣着、风度、家庭、所有物等的认识与评价	对自己在群体中的地位、声望、拥有的财产等的认识与评价	对自己的智力、性格与人格特点以及自己的道德、宗教信仰等的认识与评价
自我评价			
自我追求	追求自己的身体外表，物质欲望的满足，维持家庭的利益，由此产生自豪感与自卑感	追求自己的名誉、地位、争取得到他人的好感等，由此产生自豪感与自卑感	追求自己能力以及智慧的发展，要求自己的行为符合社会规范，追求宗教信仰等，由此产生自豪感与自卑感
自我体验			

（一）物质的客我

物质的客我（object self）包括自己身体的各个组成部分，以及自己的服装、家庭中的亲人、家庭环境等。例如自己健康的身体、美丽的仪表、家庭中的父母、兄弟姐妹等。

（二）社会的客我

所谓社会的客我（social self），乃是指自己受到朋友们的认可，给周围人留下的印象、个人的名誉、地位，以及自己在所参加的社会群体中起到的作用。

（三）精神的客我

精神的客我（mental self）是指自己的智慧、能力、人格倾向等的总和，除了物质的客我、社会的客我以外，其他如感觉知觉的经验、情绪情感体验、各种动机欲望等，都属精神的客我。

詹姆斯认为，上述三种客观的自我，都受到主观我的好或不好的认识、评价，然后产生自我体验，满意或不满意自己，进而形成自我追求，即主我要求客我努力保持自己的优势，以受到社会与他人的尊重与赞赏。

（1）从结构上看，自我意识分类如图 2－1 所示。

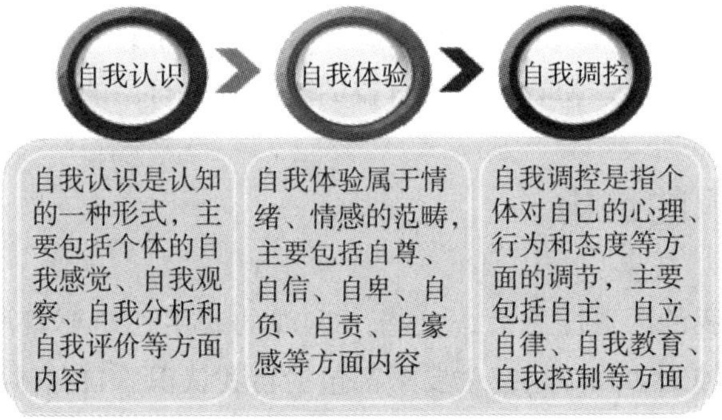

图 2－1　自我意识的结构

（2）从内容上看，自我意识分类如图 2－2 所示。

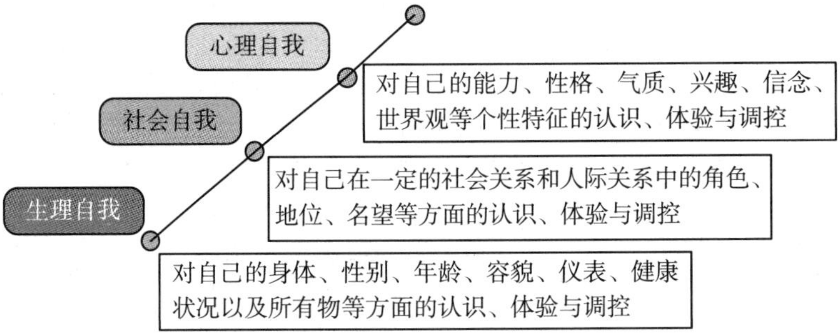

图 2－2　自我意识的内容

知识链接

弗洛伊德自我意识的理论

奥地利精神病学家弗洛伊德最早构建了由本我、自我和超我三部分组成的人格结构，其中突出了自我与本我、超我和现实的相互作用以及自我防御机制与人格结构变化之间的关系。弗洛伊德认为“每个人都有一个心理过程的连贯组织，我们称之为他的自我。”自我保持着人的心理的完整性，它协调着人格结构中各部分之间的联系，并且也协调着机体与环境之间的关系。自我从本我中发展而来，弗洛伊德曾形象地指出“自我和本我的关系或可比拟为骑马者与马的关系。马供给运动的能力，骑者则操有规定目的地及指导运动以到达目的地的权力。”但他认为自我是软弱的，自我的能量来源于本我。从自我中分化出来的超我反过来监督自我的活动，观察和评判自我，为自我提供行为规范，如不照做便惩罚自我，使其产生自卑或罪恶之感。自我总是力图与超我合作，靠服从超我的命令获得自尊感和自豪感。弗洛伊德后期曾认为，精神分析的工作就是强化人的自我。虽然弗洛伊德把自我的功能理解为两面不讨好的“受气鬼”，贬低了自我在驾驭人格发展中的主动作用，但是弗洛伊德始终把自我视为连接本我和超我并调节本我和超我内部冲突的中间环节。

资料来源：https：//wenku. baidu. com/view/bf020829182e453610661ed9ad51f01dc2815761. html。

三、自我意识的作用

自我意识是个体发展到一定阶段的必然产物，健康的自我意识对个体心理健康发展、社会交往、工作和成功有极其重要的作用。

大学生自我认识、自我评价、自我控制的程度如何，直接影响着大学生的社会适应、身心健康和成才发展。大学生自我意识的发展状况既是以往心理发展和健康状况的集中反映，也是现阶段大学生心理健康、人格发展的新起点。

（一）积极的自我意识是大学生成功的基础

每个人的心中都有一幅心理蓝图，或者说是一种自我画像。这一自我画像就是我们经常对自我持有的一种自我观念——“我属于哪种人”，我们在心里造成了一个“自我（一幅自我图像）”。简而言之，你把自己想象成什么人，你就会按照那种人的行为行事。例如，有的同学把自己想象成不公正的牺牲品，认为“注定要失败”的人，就会不断地寻找各种环境来证实自己的观点。

人性就像水，决诸东方则东流，决诸西方则西流。自我意识是一个前提、一个根据，或一个基础，人的全部个性、行为都建立在这个基础之上，它决定你能做什么和不能做什么。自我意识客观的人自我形象健康，对自己有合理的期望，满足、从容，处事积极，善于利用每一个成长的机会，改进自己；与人交往能真情流露，展示自己的内心世界，容易与人建立深厚的情谊。对自己充满信心，能独立地处事，也能做出恰当的自我表达。

自我意识与个人行为的关系极为密切。意识支配行为，行为反映意识，自我意识对个人行为具有极大的推动作用；正如马斯洛（Maslow）所指出的那样，一个有稳固基础的自我形象是迈向自我实现的先决条件。

（二）积极的自我意识是大学生心理健康的重要标志

自我意识在个性结构中处于核心的地位，决定对现实的看法，对人们的心理活动和行为方式都起着制约的作用。人的大脑就像一架照相机，只有自己能决定胶片上取什么样的景，而这些景便组成了一个人的认识。在相同的环境中，人可能产生不同的行为，这与自我意识有密切的联系。健康的、成熟的自我意识会给个人带来快乐和积极的社会效果，而不健康、不成熟的自我意识则会给个人带来痛苦与不幸，也会产生消极的社会效果。

积极的自我意识会增进心理健康，而消极的自我意识会诱发心理疾病。若一个人拥有积极的自我意识，对自己有客观认识，能够接纳自我，则意味着不仅能积极评价和接纳自我，而且在适应社会过程中，当面对困难和挫折时能以积极的态度去面对它，可以保持一种积极的心理状态，这样心理是健康的。

因此，积极促进平衡、协调而统一的自我意识的建立，对提高大学生心理素质和心理健康水平，对大学生自身的成才起着积极的作用。

第二节　大学生自我意识的发展

大学生自我意识得到越来越多人的重视与关注，正确认识自我是个体发展的最重要的前提。

大学阶段是一个人逐渐走向成熟的重要时期，同时也是自我意识的重要发展时期。大学生的自我意识发展对其世界观、人生观、价值观的确立也具有重要意义。

心理学研究成果表明，个体自我意识在大学时期呈现迅速发展并日臻成熟。大学生心理健康的维护和自我意识的发展之间是密切联系、相辅相成的。

一、大学生自我意识的发展过程

大学生自我意识的形成和发展不是与生俱来的，它是由个性逐渐发展为社会化的结果，是循序渐进的过程。这个过程大体分为 3 个阶段。

（一）生理的自我阶段

这一阶段的自我意识是以身体需要为基础的，随着年龄增大、身体发育、阅历提高以及社会地位的变化，大学生形成“成人化”的自我意识。因此，大学生对自己的容貌身材等一些外形特征开始更多关注，并努力弥补一些缺陷。

（二）社会的自我阶段

大学生积极开展、参与的各种社会化活动是大学生建立自我意识、实现自我意识的重要途径和平台。通过参加社团活动，使大学生自觉形成了“我是活动中的一分子”的观念。参加活动、服务同学、遵守校规校纪等教育活动的开展，不仅促进了大学生实现社会义务，同时也督促了责任意识的形成。通过社团活动、参与比赛等，大学生开始更多地关注自己的综合能力（如性格行为习惯、组织能力、交际能力、协调能力等）和知识储备等内在因素。大学生在通过参与社会化活动不断增强自我意识的同时，也有部分大学生存在盲目的自负行为，天真武断的判断性，甚至是轻率的反抗性。

（三）心理的自我阶段

进入大学阶段，大学生的想象力逐渐丰盛，逻辑思维能力不断发展，个体在认知、情绪、意志等方面都发生了较大的变化，这使得大学生的自我意识趋于主观化，在社会生活中逐渐形成了自我意识。进入大三、大四阶段，大学生会从世界和社会角度对自己所处的地位进行探讨，为自己寻找到合适位置，探讨自己有意义的人生观和价值观，形成一定的世界观、人生观和价值观。在整个心理自我阶段之中，大学生的整体心理水平有了一个较大的发展。

知识链接

埃里克森的自我发展理论

埃里克森认为，人格的发展是一个循序渐进的过程，每一个发展阶段都有需要解决的心理发展危机。心理发展危机来源于生理成熟因素、社会文化环境以及社会期望之间的矛盾和冲突。如果能够处理好发展危机，就能形成积极的人格特征。反之，会形成消极的人格特征。

1. 婴儿期（0 ~1 岁）

这是获得信任感、克服不信任感的阶段。即婴儿的养育者或者母亲是否对婴儿的需求给予及时的满足，让婴儿在所处的环境感到安全和可信任，进而扩展对周围人和一般人的信任。如果婴儿在这个阶段得不到关心和照顾，就会对外界产生害怕或怀疑的心理，影响下一个阶段的发展。

2. 婴儿后期（2～3岁）

这是获得自主感、避免怀疑与羞怯感的阶段。这个阶段的儿童开始有了独立自主的要求，开始尝试探索周围的世界。例如，想要自己穿衣、吃饭、走路、拿玩具等。如果父母或者养育者允许他们独自完成力所能及的事情并给予鼓励和表扬，便能培养他们的意志力和自主感。反之，如果家长过分爱护，处处代办或者过分严厉，稍有差错就责骂、体罚，就会使孩子产生自我怀疑与羞怯感。

3. 幼儿期（4～5岁）

这是获得主动感、克服内疚感的阶段。这个阶段的儿童，他们的运动能力和言语能力发展迅速。除了主动模仿学习外，还对周围环境充满好奇。如果父母或者养育者鼓励孩子的好奇心和探索行为，耐心解答孩子的问题，孩子的主动性就会得到进一步发展，表现出更高的积极性和进取心。相反，如果父母对孩子的提问或者行为产生否定和压制的态度，孩子就容易产生内疚和挫败的情绪。

4. 儿童期（6～11岁）

这是获得勤奋感、避免自卑感的阶段。这一阶段，儿童的智力不断发展，特别是逻辑思维能力进步显著。儿童提出的问题已有一定深度，对他们影响最大的已经不再是父母，更多的是学校的老师和同学。他们不仅关心物品的构成、用途和性质，对使用工具技术也很感兴趣。如果这一阶段得到成人的支持、赞扬，能进一步增强他们认知外界事物的勤奋感，反之会感到自卑。

5. 青年期（12～20岁）

这是自我意识确立、自我角色形成的阶段，但要避免自我同一性的混乱。青少年对周围世界有了新的观察与思考方法，他们从别人对自己的态度、自己扮演的社会角色、同伴交往以及自我反思中更深刻地认识自己。不仅认知自己与他人外表、性格、能力的差异或相似，还要去认识自己与周围事物的关系，思考自己的过去、现在、将来之间的内在联系，即心理学上的自我同一性。若同一性发展良好，则有利于下一阶段的任务开展。

6. 成人早期（20～24岁）

这是建立家庭生活、获得亲密感、避免孤独感的阶段。这个阶段中，青年人要学会培养友谊、经营爱情的能力。学习与他人建立亲密关系，通过应对生活中的矛盾和冲突，培养个人承担责任，互相关怀、同甘共苦的精神。如果一个人不能与他人分享快乐和痛苦，不能与他人进行思想情感的交流，不懂关心帮助他人，就会陷入孤独寂寞的苦恼中。

7. 成人中期（25～65岁）

这是获得创造力、避免停滞的阶段。这个阶段里，个体要在工作中有所创新和努力，追求事业的成功。此外，还要学会关心家庭其他成员以及关心社会，如果只顾自己的家庭幸福，忽略他人的困难与痛苦，即使有创造也是为了自己的利益，这也是停滞的表现。所以，成人中期的任务是要在关心社会、关心他人的前提下提升综合创造力，获得积极的发展。

8. 成人后期（65 岁至生命结束）

这是获得完美感、避免失望感的阶段。如果前面七个阶段的任务都顺利完成，积极成分多于消极成分，那么在老年期汇集的成就感和完善感就会较多，对生命的意义感到更多的是充实与欣慰，会不惧死亡。相反，如果消极的成分多于积极的成分，就会感到失望、悲观、悔恨，对于无法改变的现状感到惋惜、绝望和痛苦。

资料来源：https：//baike. baidu. com/item/% E5% 9F% 83% E9% 87% 8C% E5% 85% 8B% E6% A3% AE% E5% 85% AB% E9% 98% B6% E6% AE% B5% E7% 90% 86% E8% AE% BA/8394418。

二、大学生自我意识的基本特征

随着社会主义市场经济的逐步完善，我国大学生群体出现了一些新变化，大学生自我意识的发展呈现出一些新的特点。因此，与一般青年相比，大学生有着丰富的知识基础和良好的教育背景，他们更多地关注自己人格的成长，更注重自我探索，其自我意识的发展也有自己的特点。

（一）自我认知方面

自我意识的增强在大学期间尤为明显，但大学生自我认识也存在偏差。虽然，此时期，大学生的自我意识迅速发展，但他们又受到来自社会各方面影响，心理成熟并未完全，现实生活中的价值观和多元化的人生观不断冲突，对自我认识往往会受到个体经历、社会地位、家庭地位以及教育程度等局限。同时，有些大学生由于过于注重内省而直接导致了其“以自我为中心”。在社会发展的影响之下，许多大学生还突出表现为失去自我，过于从众。

首先，大学生自我认知的意识明显增强，但矛盾突出。自我认知是自我意识的起点，大学生的自我认知意识较中学时代明显增强，且更加自觉和主动。他们已不满足于“别人说我怎么样”，而是更倾向于“我是一个有主见的人，我认为我怎么样”。他们不仅主动地通过把自己和周围的人进行比较来认识自己，而且力图将社会期望内化为自我品质。他们不仅关注自己的外表、行为举止等外在因素，而且更关注自己的性格、智力、交际能力、组织能力等内在因素。他们明显感觉到自己身上的历史使命，自觉地赋予自我以重要地位的角色，然而由于理想自我与现实自我的矛盾冲突，使得自我意识难以统一。

大学生自我意识的矛盾具体表现为：

（1）对自我期望过高。由于社会对大学生的期望很高，家庭也以子女考上大学为荣，加之有利的学校教育环境，促使他们理想自我发展相对较快，大学生一般都有超过现实自我发展水平的倾向。

（2）对独立的误解。进入大学以后，大学生的独立意识迅速发展。他们希望在思想、学习、生活甚至经济等诸多方面自立，希望摆脱家庭和学校的约束，自主地处理自己遇到的一切问题。但是他们毕竟还没有真正地独立于社会，无论是政治上还是经济上都还需要家长、老师的支持和帮助，在心理上仍依赖成人，这种独立性与依附心理的矛盾一直困扰着他们。

（3）对自我的否定。一部分大学生由于缺乏强有力的家庭、社会背景的支持，再加上自己某方面能力的不足，从而导致自我否定。一次次小小的失败都可能积累起沉甸甸的挫折感，挫折感的积累又是自卑感产生的前提和基础。一个人一旦缺乏自信，便会部分或完全地否定现实自我，从而导致对自我的认识和评价过低。

其次，大学生自我评价能力增强，但欠客观。自我评价是自我认识的核心，大学生自我评价的途径进一步多样和完善，他们能借助一定的社会评价来认识自己，但又不完全依赖别人的评价，这是大学生自我评价能力增强的表现。但是，由于大学生对客观事物的理解和判断上的肤浅性和片面性，常常使得他们对自我的理解和判断只看到一面而看不到另一方面，只看到表象而看不到本质，所以就有可能时而夸大自己长处，缩小自己短处，时而又相反。

◆ 案例

Z 同学家境贫寒，穿的、用的都比不上城里的同学，他发奋读书，高考时他选择了一所职业技术学院，想学一门技术早点工作以减轻家里的负担。大学报到，看着父母陪伴在旁的同学，对比自己，看着自己脚上的布鞋，肩膀上用竹棍子挑着两个写着“化肥”两字的尼龙袋，Z 同学低下了头，觉得很不好意思，又觉得旁人都在嘲笑他。开学后，Z 同学学习很用功，第一学年就获得了学校二等奖学金 500 元，他很高兴。可是，有一天，他无意中听到一位同学讲：“才 500 元，还不够我们上一次茶楼呢，瞧他小人得志的样子。”本来 500 元对于 Z 同学的家境来说可算是一笔不小的数目，但他听了个别同学的议论后，一下子就像掉进了冰窖，脑海里不停地萦绕一个问题：我真的是小人得志吗？Z 同学本来不在意自己的家庭出身，而现在，却让这从来没想过的问题困扰住了。他的心乱了，从此一发不可收拾，本来还蛮健谈的他突然变得沉默寡言了，也不再参加集体活动，学习更是一落千丈。

资料来源：https：//wenku. baidu. com/view/28fe9c0d763231126edb1130. html。

［案例分析］

该同学没有对自己及自己的家庭有一个客观的自我认知，过于在意他人对自己的看法，不能接纳家庭条件贫寒的事实而否认自我。这种自我否定的认知偏差，影响其悦纳自我。此时应使用积极地心理暗示，培养自信心，全面客观地评价自己，“天生我才必有用”，接纳并改变自己的缺点。

（二）自我体验方面

所谓自我体验，是自己对自己怀有的一种情绪体验，也就是主观的我对客观的我所持有的一种态度。例如，自信、自卑、自满、自责、自我欣赏等都是各种自我体验。自我情绪体验反映了主体的我的需要与客体的我的现实间的关系。客体的我满足了主体的我的要求，就会产生积极肯定的自我体验，表现为自我满足，否则就会产生消极否定的自我体验，表现为自我责备。

情绪的自我体验往往与自我认知、自我评价有关，也和自己对社会的规范、价值标准的认识有关。

第一，大学生的自我体验丰富但易波动。大学生有着比较丰富的自我情感体验。一般来说，男生更有信心，但是，由于涉世不深，往往容易急躁；女生则表现出其内心往往舒畅、热情，却多容易忧愁。在青年中期的发展过程中，自我的整体体验会直接影响到个体的形式。例如，部分学生特别高兴时则会积极肯定其自我体验，甚至会达到忘乎所以；与之相反，则会自我否定与过度自卑，极不稳定。

第二，大学生自我情感从封闭性向开放性过渡。进入大学阶段，绝大多数学生从内心讲是非常愿意与更多的人进行交往与沟通感情的，而一部分大学生进入大学后缺少了父母的直接关爱，产生了一种莫名孤独感，不愿参与复杂烦乱的人际关系当中，不愿与人交流沟通。而人毕竟生活在社会中，要想封闭自己是不可能的，大学生情感必然要从封闭性走向开放性。其主要表现为：一是认同感的寻求，力求从自己对他人的态度来认知他人对自己的态度；二是在社会现实交往中，尽可能扩大自我开放的程度。

（三）自我控制方面

自我控制（自我调控），是个体的思想、情感和行为通过自身特殊的机制而进行的一种自我调节过程，可由几个相互关联的词组来表达：目标选择、目标认知、维持方向、改变方向、实现目标等（Karoly，1993）。

第一，自我控制的主动性不断增强。大学生独立性的发展是自我控制主动性增强的体现，大学生已经逐渐地意识到自己是个有独立性的人，大学生对自己的控制方式逐步从外部控制转变为内部控制都是在独立性意识下促使的，即心理变化被自己主动掌握。因此，在人与人的关系中，独立性主要表现为能够独立行动不需要依赖他人；在主客观的关系中，独立性又表现为积极向上进取的精神，并富有不断创新的意识；在现在与未来的关系中，独立自主精神总是把目标指向未来，按照未来的理想生活和社会的需要去塑造自己。总的来说，现在大学生基本上克服了由家长、老师和长辈帮助规划自己的职业理想、生活理想和人格理想，而主要依靠自己的想法来主动规划。

第二，自我控制自觉性提高。大多数学生在经历了大一时期的角色转变、学习生活交往和人际关系等方面的心理适应过程之后，很快进入了一个角色定位的稳定时期，这时大学生的自我监督、批评和教育的认识水平提高了，他们不是在感知水平、表象水平上驾驭自我，而是能够在信念水平上驾驭自我。

第三，自我控制的社会性明显。一方面大学生有自己的兴趣爱好，他们非常希望按照自己的主观需要广泛阅读自己感兴趣的书籍，从事自己感兴趣的工作；另一方面学校、家长和社会对大学生又提出了不同的要求，择业现实的严峻性迫使他们的自我天平由主观自我向客观自我倾斜，按照社会标准、社会期望、社会条件来规划自己的未来。大学生自我控制水平明显提高的同时，也易陷入意志发展的种种误区，如逆反、盲从、懒惰等。

第三节　大学生自我意识的困惑及完善

大学生是勇于探索自我意识的一个群体，也是对自我意识关注最多的群体。大学生自我意识的发展使他们在心理上日趋成熟，强调自我价值、自我实现的发展。但是，这一时期个体遇到的困扰很多，面临着许多人生道路上的重大选择。大学生由于心理尚未完全成熟，受文化知识水平、生活阅历和社会交往的限制，观察视野窄、接收信息量少，不能多角度、多层次地认识自我，在自我意识发展方面存有一些困扰的问题。

一、自我意识发展中的矛盾

大学阶段是人生中重要的过渡时期，这个时期的自我意识发展的好坏在很大程度上影响到今后的发展。总的来说，大学生自我意识的发展是健康的，但是，自我意识中出现的困扰在一定情况下会演变成心理障碍，影响大学生心理的发展。

（一）主观我与客观我之间的矛盾

自我有主观我与客观我之分，主观我与客观我应该是统一的，这种统一是个人对客体的认识与个人愿望的统一，是个人与社会的统一，是“自我同一性”的形成，更是良好的自我意识的标志。但是，由于自我的结构是多种多样的，每个“我”所处的社会环境存在着很大的差异，主观我与客观我并不总是存在着统一。

大学生的主观我与客观我的矛盾相对突出。一方面，作为同龄人中能够接受高等教育的人，大学生对自我有较高的积极评价，但由于他们远离社会缺乏社会经验，在校园浓郁的学术与文化氛围中生存成长，对社会的了解缺乏切肤的体验与客观的目光。另一方面，社会上对当今大学生“重理论轻实践、重专业轻基础，重科学轻人文”的评价及“本科生不专，硕士不研，博士不博”的看法，使大学生回归本位，身上光环的消失。特别是随着高等教育大众化进程的推进，适龄青年接受高等教育机会的增加，社会对大学生的评价更趋客观。

（二）理想我与现实我的冲突

理想我是指个人想要达到的完美的形象，是个人追求的目标，它引导个体实现理想中的个人自我。现实自我是个人从自己的立场出发，对现实中自我的各种特征的认识。现实自我又称个人自我，主观性较强。在现实生活中，理想自我与现实自我总是存在着一定差距，合理的差距能够使人不断进步、奋发有为。但是，如果差距过大，则有可能引起自发的分裂，导致一系列心理问题。

青年时期的大学生，心中承载着无数的梦想，每个人都渴望有一把登天的天梯，他们有抱负、有追求、有理想，成就动机强烈，特别是当市场经济将人们的成就意识凸现时，很多大学生心中涌动着比尔·盖茨般成功的梦想，他们为自己设定了一个美丽的“理想我”，也对大学生活进行了理想化的设定。但当他们一脚踏入大学时，现实与心中的理想形成了巨大的反差，出现“理想真空带”与“动力缓冲带”，一时间找不到自己生活的方位。对理想自我的渴望与对现实自我的不满构成了这一时期自我意识发展的重要组成部分。值得重视的两个方面是：一是理想我与现实我有一定距离是正常的，它可以激励大学生奋发图强、积极向上，向着梦中的方向飞奔；二是当现实我距离理想我太过遥远时，大学生会产生各种各样的心理不适甚至自暴自弃，变得平庸无为，变得无所事事，变得没有动力。

当理想我与现实我发生冲突，积极的自我调适便非常必要。这时，大学生要重新调整和评估自己的理想，直到通过努力可以达到为止。

◆ 案例

一位大学生，从小学到大学，一直是家中的“好孩子”和学校的“好学生”。上大学是免试保送，入学后享受最高的奖学金。可是，大三的元旦刚过，她却跳楼结束了自己的一生。事后，父母及同学从遗书中获悉，她之所以轻生只是因为她预感到在即将到来的期末考试中，她的成绩难以名列前茅。这么一向被认为是“好孩子”的学生，仅仅因为预感到期末考试成绩难以名列前茅，就自我毁灭。她显然是缺乏承受“现实自我”与“理想自我”矛盾的能力，缺乏对“理想自我”进行适时调整的能力，这是我们值得吸取的沉痛教训。

资料来源：http：//www. doc88. com/p－1896811897325. html。

（三）独立与依附的冲突

一方面，大学生生理与心理的成熟使他们渴望独立，以独立的个体面对生活、学习与工作中遇到的问题，但由于长期的校园生活使他们应有的社会阅历与经验相对匮乏，当应激事件出现时，却又盼望亲人、老师、同学能够替自己分忧。另一方面，大学生心理上的独立与经济上的不独立也形成了明显的反差。在他们迫切希望摆脱约束、追求自立的同时，却又不可能真正摆脱家长、老师的支持和帮助。特别是对于某些独生子女来说，由于长期受到父母的溺爱，这种独立与依赖的矛盾就表现得非常突出。

过分的依附使大学生缺乏对客观事情的判断能力与决断能力，显得优柔寡断，缺乏主见；而过分的独立又使部分学生陷入“不需要社会支持”及“凡事都要靠自己”，采取我行我素、孤傲自立的行为方式，但在遭遇挫折时又会出现不知如何寻求帮助的情况。

应当指出的是，独立并非意味着独来独往，独立并非不需要任何人的帮助和指导，并非不需要依赖别人，而在于个人必须对自己的行为负有责任。“一个好汉三个帮”，即使是一个独立性很强的人，也有依靠别人的需要。不同的是，独立的人更多的是依靠自己的力量和努力去克服或解决自我的问题，而不是完全依靠他人的帮助或依赖于别人；独立的人能够权衡利弊、审时度势，能够勇敢做出决定并能够勇于承担自己的行为责任。

（四）渴望交往与心灵闭锁的冲突

大学生非常渴望友情与爱情的滋养，更加渴望同辈群体的认同与归属感。在这个时期，一方面，每个人都渴望着爱与友谊，渴望着交往与分享，渴望着自我价值得到实现，渴望着探讨人生的真谛，寻找人生的知己，希望成为群体中受尊敬与欢迎的人；然而另一方面，大学生的自我表露又受着心灵闭锁的影响，总是不经意地将自己的心灵深藏起来，与同学有意无意保持着一定的距离，存在着戒备心理，不能完全敞开心扉交流与沟通思想。这也是大学生常常感到的大学同学之间“交往不如中学那么自如真诚”的原因所在。

（五）自负与自卑的冲突

自信是一种健康的心理，是一种健全自我意识与成熟人格的标志。但是，由于大学生的自我意识尚在发展过程中，尚未完全成熟，不可能对自己有完全正确的认知，因而对自己的认知往往会出现自信的偏差：自卑或自负。自负是一种过度的自信，拥有这种心理的人，缺乏自知之明，往往以为自己对而别人错，把自己的意志强加在别人身上，不能与人和睦相处。自卑是一种自我否定，表现为对自己缺乏信心，对自己不满，拥有这种心理的人总以为自己存在着缺陷、不足与失误，因而遇事总会胆怯、心虚、逃避、退缩，缺乏独立主见。自负与自卑总是紧密相连的，自负表现强烈的人往往也是极度自卑的人。与其他群体相比，大学生体现出较高的自尊与自信，他们渴望成功，不甘落后，对成功的渴望与预期高，特别是当小小的成就来到身边时，很容易表现出骄傲自大、唯我独尊，以自我为中心，相当自负，好像世界尽在手中的控制感。当遭遇失败与挫折时，有时甚至是小小的失利如考试失败、恋爱失败等，他们便开始怀疑自己的能力，进而产生自我否定、自我怀疑甚至自暴自弃，陷入强烈的自卑之中。这些都与大学生自我认知不良、自我定位不准确有关。

◆ 案例

上海某著名高校计算机专业大四学生陈某，因在寝室盗窃走进了“铁窗”。他坦言，作案是为了让自己失败得更彻底。由于想当然认为自己能当“领导”，做“伟人”，加之从中学以来养成的自我中心和盲目乐观的心理，当在现实的学业与班干部竞选中受挫折时，他不是努力缩小理想自我与现实自我的距离，而是自我放弃，经常逃课。最后，他成了全系最差的学生，无法正常毕业。面对自己的失败，他归咎于当初专业选择的错误，并最终以犯罪的方式来宣泄自己的苦闷。正如中国心理卫生协会某位教授所指，陈某一案暴露出现今大学生普遍存在的心理问题：自我定位不准，挫折承受力较差，一旦遇到较大的压力，容易产生过激行为。

资料来源：https：//www. docin. com/p－1816999513. html。

正确认识自己、评价自己是建立良好自我意识的基础，同时也是健全人格形成的重要保证。

（六）理智与情感的冲突

大学生情绪的一个显著特点是容易两极分化，或高或低，波动性大，易冲动，不易控制。但随着身心的发展，认知水平的提高，大学生渐渐成熟，在遇到客观问题时，既想满足自己情绪与情感的要求，又想服从于社会及他人的需求。特别是当遇到失恋等人生打击时，尽管理智上能够理解，却在感情上难以接受。

二、自我意识的完善

大学生自我意识的发展与完善，始终昭示着一条通往未来的光明大道，正如古希腊哲学家苏格拉底所说的“认识你自己”，自我意识的完善也是一个不断进行自我认知、自我评价、自我改造、自我完善的过程，正如雕琢一件工艺品一样，真正的匠人为了心中的追求，终生不悔。

（一）健全自我意识的标准

自我意识对人的心理健康起着至关重要的作用，它制约着人格的形成发展，在人格的优化中发挥着强大的动力功能。健全的自我意识是心理健康的重要标准，是人类自身内在的一种成功机制，在人才发展中发挥着重要作用。健全的自我意识有以下标准：

（1）自我意识健全的人，应该是一个有自知之明的人，既知道自己的优势，也知道自己的劣势，能正确评价自我和自我发展。

（2）自我意识健全的人，应该是自我认识、自我体验和自我控制相协调一致的人。

（3）自我意识健全的人，应该是积极自我肯定的、独立的并与外界保持一致的人。

（4）自我意识健全的人，应该是理想自我与现实自我统一的人，有积极的目标意识和内省意识，积极进取。

（二）自我意识完善的途径

1. 正确的自我认知

“人贵有自知之明”，全面而正确的自我认知是培养健全的自我意识的基础。自我认知是从多方位建立的，既有自己的认识与评价，也有他人的评价。我们不妨自己认真仔细地想一想，用尽量多的形容词描述自己，要忠实于自己的内心。在此基础上，进行第二步，他观自我的描述，描述父母眼中的我、同学眼中的我、老师眼中的我、恋人眼中的我、兄弟姐妹眼中的我，你再寻找这些描述中共同的品质，将其归类。你描述的维度越多，你越会找到比较正确的自我。

◆ 案例

这是一位大二学生的自我描述：

我是一个内向、坚强、上进、自信、有理想、懂事、好学、乐于助人、疾恶如仇、争强好胜、渴望成功与优秀、有一点自私、妒忌心强、自制力弱、说些小谎的大学男生。

在父母眼中：我是一个懂事、有些害羞、不用父母操心、上进的、不乱花钱、有些懒惰的大男孩。

在兄弟姐妹眼中（只有一个妹妹）：我是妹妹心中可以依靠与信赖的大哥，是一个诚实守信、爱护妹妹的好哥哥。

在同学眼中：我是一个大方、乐于助人、受人尊敬、好人缘、有些懒散、追求自由的人。

在老师眼中：我是一个默默无闻、成绩优秀、自律、品学兼优的学生。

在恋人眼中：我是一个懂得爱、有责任感、守时守信、有幽默感、坚强的好男人。

［案例分析］

这是一个学生的自我描述，也是自我认知的一部分，当自己将这些描述清晰地整理出来时，你可以与你的同学与家人、朋友、恋人沟通，听取他们对你自己评价的认同度，这也是自我过滤的过程。先将自己的优点列出，并得到大家的认同，再写出自己的弱点，请大家帮助分析，这些澄清的过程也是自我认识不断深化的过程。

资料来源：https：//www.docin.com/p－2090825689.html。

2. 积极地悦纳自我

一个人必须建立在正确的自我认知基础上，积极地自我悦纳，适当地自我体验，有效的自我控制。

自我悦纳是自我意识健康发展的关键所在。悦纳自我首先要接纳自己，喜欢自己，欣赏自己，体会自我的独特性，在此基础上体验价值感、幸福感、愉快感与满足感；其次是理智与客观地对待自己的长处与不足，冷静地看待得与失，在生活中注重自我。积极的策略是：关注你自己的成功，并将优势积累，每个人身上都有着无数的闪光点，重点在于寻找自己的闪光点，并将其构成亮丽的人生风景线。

知识链接

我的心灵和谐公式

人要活得快乐，就需要有心灵和谐，那么，什么是心灵和谐的真谛？

在此，我愿提出一个心灵和谐的公式：

$$H = (O + A) \times S$$

其中，H = 心灵和谐（harmonizing），O = 乐观人格（optimism），A = 认知调整（adjustment），S = 主观幸福感（subjective well-being）。

我的心灵和谐公式说明，人的快乐需要有乐观的人格为基础，而这就需要人具有高超的认知调整能力。这两者的和便构成了人的主观幸福感，而其不断累积又会反过头来强化人的乐观人格和认知调整能力，其良性循环便构成了一个人的心灵旺盛。

我的心灵和谐公式还说明，人的快乐是一个不断的修炼提高的过程，而且它是动态的，而非是静态的。由此，人要不断完善自己的乐观人格和认知调整才能维护其心灵和谐，这就犹如人要不断锻炼身体才能维护其健康一样。更重要的是，人之心灵和谐修炼，是不进则退的，其结果不是段位似的（如在围棋段位中，一旦晋位就是终身的），而是甲A似的（如在篮球联赛中，今年的成绩/晋位只是一年性的，而非永久性的），一年算一年的。

总之，快乐源自人的心灵和谐，而心灵和谐又确保人的快乐幸福。

资料来源：岳晓东. 怎样做最好的自己：大学生心灵和谐面面观［M］. 合肥：安徽人民出版社，2011。

3. 积极的自我提升

自我效能感是个体在一定情境下对自我完成某项工作的期望与预期。当人们期望自己成功时，他必然会尽自己最大的努力；并且当面临挑战性任务时，会表现出更强的坚持力，从而增加成功的可能性。自我效能感高的人一般学业期望较高，也就是说，自我效能感与成就动机呈正相关性。

提高自我效能感的途径是克服自我障碍。我们经常会有这样的感觉：体验对自己能力程度的焦虑带来的不安全感，这便是一种自我障碍。我们听说了太多这样的故事：由于考试前身体不好，所以在大考中没有取得好成绩。这便是典型的自我障碍，为自己的考学不成功找到了适当的借口。一个渴望自我发展的人必须主动克服自我障碍，进行积极的自我提升与自我尝试。积极的自我在尝试中会发现自己的新支点。

4. 关注自我成长

自我的发展需要不断地自我反思、自我监控。但将成长作为一条线索贯穿于人的始终时，整理自己成长的轨迹显得尤为重要。依照过去、现在、未来进行清理，深刻了解与把握自己。要记住：自我体验永远是个体的，当我们在分享他人自我成长的硕果时，也在促进我们自己的成长。

◆ 案例

成长的烦恼：到底是谁打碎了我的梦想？

我是一个来自教师家庭的孩子，父母视我为“掌中宝”，在父母关爱的目光中成长，我的心是自由而轻松的，重点小学、初中、高中就读的经历使我坚信我是属于全国一流大学的。然而，由于高考的失误，虽然我进入了全国重点大学读书，却不是我梦想中的学校。在接到通知的一刻，我哭得天昏地暗，第一次遭此重创我几乎站不起来，我怕听到中学同学到名牌大学读书的消息，我担心自己的失败成为同学的笑料。当九月明媚的阳光照在开心的大学新生脸上时，我却丝毫也高兴不起来。虽然想既来之则安之，而心中的结并没有解开。由于盲目的自信，确信高考成绩超出其他同学 80 分，完全有能力胜任大学的学习，学习没有了动力，生活没有了目标，正如大海上漂浮的小舟，完全失却了原来的方向。在茫然徘徊中迎来了期末考试，我意外地收到了不及格的结果，我并没有认真反思自己，而是将这一切归咎于我没有考取理想的大学，归咎于命运的不公平。第二学期，百无聊赖的我又在网上找到了久违的自信与上进心，我那颗曾经不服输的心复苏了，但这次不是为学习而是为网络，我彻夜上网聊天打游戏，在游戏中体现虚拟世界的成功。可想而知，第二学期五门功课同时亮起了红灯，学位没有了，不用说梦想中的名牌大学，连大学生的资格已将丢失。谁把我的青春弄丢了？正在此时，学校发出了回家的指令。我真的非常懊悔，第一次我深深自责，作为我们家庭的第一位大学生我辜负了家长厚重的期望，作为重点高中的学生，我对不起培养我的老师，更重要的是我有负于自己的年华，此刻，我才发现大学的灯光是那么明亮，校园是那么美丽，而大学生活是如此让人难以割舍……

这是一位即将告别学校生活的大学生的内心独白，个体的人生不可复制，而自我发展的不可逆转要求每一位大学生都在认真审视自我，并为自我发展留下空间，因为青春属于人只有一次，而大学对年轻学子也只有一次，珍视自我，开掘心灵的宝库尤为重要。

资料来源：http：//ishare. iask. sina. com. cn/f/auTI0xuxwm4. html。

知识链接

乔韩窗口理论

美国心理学家乔和韩瑞（Jone & Hary）提出关于人自我认识的窗口理论，被称为乔韩窗口理论（见图2-3）。

图2-3中，A格代表自己知道、别人也知道的领域。这是我们不能隐瞒的，或者愿意公开的部分。例如，我是大学教师，我是女人。B格代表别人知道而自己不知道的领域。我们没有意识到或无意识地在别人面前表现出来的部分。比如一些姿态、习惯动作等。说话很快，自己不觉得，别人很清楚。C格代表自己知道而别人不知道的领域。我们不愿在别人面前显露出来，属于个人隐私，例如惭愧的往事、内心的痛楚等。D格代表自己不知道，别人也不知道的领域，通过一些契机可以激发出来。

	自己知道的	自己不知道的
自己知道的	A公开区	B盲目区
自己不知道的	C隐秘区	D未知区

图2-3　乔韩窗口矩阵

每个人的自我都由这四部分构成，但每个人四部分的比例是不同的，随着成长及生活经历，发生变化。当一个人自我的公开领域扩大，则其生活变得更真实，不论与人交往还是自处，都会显得轻松愉快而有效率。盲目领域变小，人对自我的认识越清楚，越能在生活中扬长避短，发挥自己的能力。

认识自我的渠道主要有三种：

（1）从自己与他人的关系认识自己。

与他人的交往，是个人获得自我认识的重要来源，他人是反映自我的镜子。大文豪苏轼写道："不识庐山真面目，只缘身在此山中。"当局者迷，旁观者清，周围的人对我们的态度和评价能帮助我们认识自己、了解自己。我们要尊重他人的态度与评价，冷静地分析，既不能盲从，也不能忽视。

在与他人的关系中认识自己也要注意的问题：

第一，跟别人比较的是我们做事的条件，还是我们做事的结果？比如有些大学生来大学学习，认为自己的家庭条件和经济基础不如别人，开始就把自己置于次等地位，进而影响学习心态和情绪。其实我们应该比较的是大学毕业后各自取得的成绩，而非在学校学习时所具备的物质条件。

第二，跟他人比较的标准是可变的还是不可变的？经常有人认为自己不如他人，他们关注的常常只是身材外貌、家庭背景等不能改变的先天条件，对于大多数人来说这些条件是很难改变的，是没有实际比较意义的。

第三，和什么样的人相比较？是与自己条件相类似的人，还是个人心目中的偶像，或是那些取得巨大成功的社会名人甚至不如自己的人？所以，确立合理的比较对象对自我的认识尤为重要。

（2）从“我”与事的关系认识自我。

从“我”与事的关系认识自我，即从做事的经验中了解自己。我们可以通过自己所做过的事，所取得的成果，所犯过的错误看到自己身上的优缺点。

“失败是成功之母”，对那些聪明又善用智慧的人来说，成功的经验、失败的教训都可以促使他们再成功，因为他们了解自己，有坚强的品格特征，又善于学习，因而可以避免重蹈覆辙；对于某些比较脆弱的人，因为只看到失败反映出的负面因素，而使其更失败，甚至陷入不断失败的恶性循环，这也是常见的现象。因为他们不能从失败中接受教训，改变策略追求成功，而且挫折后形成害怕失败的心理，不敢面对现实去应付困境或挑战，甚至失去许多取得成功的机会；而对于一些自大的人而言，成功反而可能成为失败之源。他们可能因为一时的成功便骄傲自大，以后做事便自不量力，往往遭受更多的失败。

（3）从“我”与自己的关系中认识自我。

其实做到这一点是非常困难的，要“三我”比较分析：

①自己眼中的我，个人眼中观察到的客观的我，包括体征、性别、年龄、职业、性格、气质、能力等。

②别人眼中的我，即在与别人交往时，从别人对你的态度、情感反应而感觉到的我。

③自己心中的我，指自己对自己的期待，即理想中的我。

资料来源：https：//xlzx. zwu. edu. cn/11/44/c2312a69956/page. htm。

测一测

1. 自我意识量表（SCS）

请根据每一个陈述与你自己实际情况的符合程度，在你认为合适的选项上打“√”。

题　项	完全不符合	不太符合	说不清	比较符合	非常符合
1. 我经常试图描述自己	0	1	2	3	4
2. 我关心自己做事的方式	0	1	2	3	4

续表

题　项	完全不符合	不太符合	说不清	比较符合	非常符合
3. 总的来说，我对自己是什么样的人不太清楚	4	3	2	1	0
4. 我经常反省自己	0	1	2	3	4
5. 我关心自己的表现方式	0	1	2	3	4
6. 我能决定自己的命运	0	1	2	3	4
7. 我从不检讨自己	4	3	2	1	0
8. 我对自己是什么样的人很在意	0	1	2	3	4
9. 我很关心自己的内在感受	0	1	2	3	4
10. 我常常担心我是否给别人留下一个好印象	0	1	2	3	4
11. 我常常考察自己的动机	0	1	2	3	4
12. 离开家时，我常常照镜子	0	1	2	3	4
13. 有时，我有一种自己在看着自己的感受	0	1	2	3	4
14. 我关心他人看我的方式	0	1	2	3	4
15. 我对自己的心情变化很敏感	0	1	2	3	4
16. 我对自己的外表很关注	0	1	2	3	4
17. 当解决问题时，我清楚自己的心理	0	1	2	3	4

计分方法：

代表内在自我的题目包括：1、3、4、6、7、9、11、13、15、17。

代表公众自我的题目包括：2、5、8、10、12、14、16。

对于大学生群体而言，内在自我的平均得分为26，而公众自我的平均得分为19。

结果解释：

自我意识是指个体把自己当作注意对象时的心理状态，这种状态分为内在自我意识和公众自我意识。内在自我的人对自己的感受比较在乎，他们常常坚持自己的行为标准和信念，不太会受到外界环境的影响；公众自我的人由于太看中外界他人的影响，所以担心别人对自己有不好评价，由于看重来自他人的评价，他们也常常会产生暂时性的自尊感低落，容易在理想自我和现实自我之间产生距离。

2. 羞怯量表

奇克和巴斯（Cheek & Buss，1981）将羞怯定义为：在他人面前感到不自在及受抑制。因此，羞怯量表既评价社交焦虑又评价行为抑制。原始的羞怯量表共有 9 个项目。但目前广泛应用的是13个条目的修订量表，该量表采用5级评分制。具体说明如下：1＝极不符合（或不真实），2＝不符合；3＝中性（介于2和4之间）；4＝符合；5＝极为符合（或真实）。

题　　项	极不符合	不符合	中性	符合	极为符合
1. 当同不太熟悉的人在一起时我感到紧张	1	2	3	4	5
2. 我在社交方面相当差劲	1	2	3	4	5
3. 对别人打听些事我不觉得困难	5	4	3	2	1
4. 我在聚会或其他社交活动中经常感到不自在	1	2	3	4	5
5. 当处于一群人之中时，我很难找到合适的交流话题	1	2	3	4	5
6. 我并不需要用很长的时间来克服我在新环境里的羞怯	5	4	3	2	1
7. 在与生人一起时，我很难表现得自然	1	2	3	4	5
8. 在与有权威的人谈话时，我感受到紧张	1	2	3	4	5
9. 我对我的社交能力毋庸置疑	5	4	3	2	1
10. 我难以正视面前的人	1	2	3	4	5
11. 我在社交场合里感到很受限制	1	2	3	4	5
12. 我并不觉得同陌生人谈话有什么困难	5	4	3	2	1
13. 我在与异性交往时更加羞怯	1	2	3	4	5

计分方法：

将13个条目的得分相加即得到量表的总分，范围从13分（羞怯程度最低）到65分（羞怯程度最高）。

得分详解：

总分为13分，说明无焦虑和行为抑制，没有羞怯感。

总分为14～26分，说明有轻度焦虑和行为抑制，有时有羞怯感，但尚能交往。

总分为27～39分，说明有中度焦虑和行为抑制，羞怯感较明显，交往比较紧张，话少。

总分为40～52分，说明有重度焦虑和行为抑制，有明显的羞怯感，说话较少，两人之间交流时也很少与对方目光相互接触，与人交往时显得更加紧张。

总分为53～65分，说明有极重度焦虑和行为抑制，有非常严重的羞怯感，不敢说话，两人之间交流时根本不与对方目光相互接触，与人交往时显得非常紧张、压抑及局促不安。

3. 人际关系综合诊断量表（见本书附带的《课程实践环节手册》）

章末拓展

◇心理影视

《我是谁》

英文片名：Who Am I?

上映时间：1998 年

剧情介绍：

科学家在南非发现了一种具有强大杀伤力的矿石，这种矿石如果经过震动便会产生极大的能量。中情局安排了 9 名特种兵到南非劫持了三名科学家和这种矿石，然而在返回途中飞机却失事坠落，除了杰克被当地土著人救起，其他特种兵全部遇难。由于头部受到重创，杰克对曾经发生的一切完全失去了记忆，他不知道自己是谁，部落里的人也因为他总是自问“我是谁”而以此为他取了名字。

事实上，当初中情局安排了 9 名特种兵带走科学家和神秘矿石，正是摩根及其上司的阴谋。摩根将科学家和矿石带到实验室并打算将这种强大杀伤力的矿石高价卖给国际黑帮组织，为了掩人耳目他又制造了飞机失事案，想要将这些身手敏捷的特工全部灭口再栽赃到他们头上，他没有想到杰克竟然侥幸逃生。现在摩根发现杰克的记忆逐渐恢复并且不停地调查，担心事情败露，因此安排人对其进行追杀。与此同时黑帮成员也要将杰克灭口，加上南非警方的通缉令现在杰克真是无处容身。幸好在克丽丝汀的帮助下，最终杰克毁掉了摩根的计划，为牺牲的那 8 名特种兵报了仇，同时也阻止了更大灾难的发生。

评论及分析：

成龙的影片《我是谁》讲述了一位美国特工，因为在非洲的特别行动中失去记忆，而一直追问“我是谁”的故事。影片在喜剧中向人们提出了“我是谁”这个永恒值得思考的话题。

提到“我是”两个字，大家很容易想到的就是“我是谁？我从哪里来？我要到哪里去？”这个西方哲学三大终极问题。简单理解就是要了解自己、认识自己、树立目标，这样人生才不会迷茫。而我们今天要说的就是了解自己，认识自己，简单地说就是“我是谁”。

人们在问我是谁的时候，一般应该是处于迷茫期或者是遇到了一些不愉快的事情。而在这种时候，其实我们不应该强迫自己去得到“我是谁”的答案，也得不到很准确的答案。我们应该做的是尝试着调节自己的心态，放松一下自己。要是在学习工作中遇到了不快，可以给自己放个假，做一些自己以前想做没有做的事。也可以为自己充电，来迎接新的挑战。而当自己的心态调整到可以冷静的思考的时候，我们再来思考“我是谁”。

正确认识自己，可以从四个方向来进行。一是通过分析自我来认识自己，二是通过他人对自己的评价来认识自己，三是通过社会层次比较来认识自己，四是通过在社会上的实践来认识自己。

◇心理自测

互动训练

心理学家吉根（Gergan，1970）等做过这样一个实验：首先请去商行应聘的人独立地就几项个人品质作自我评价，然后接待室里出现一个由主试合作者假扮的求职者。其中一组被试看到的是一位温文尔雅、衣着考究、手提公文包的人（干净先生）；另一组被试看到的则是手忙脚乱、穿着破烂、形容委琐的人（肮脏先生）。然后找借口让原应聘者重新填写自我评价表。结果，遇到“干净先生”的应聘者，自我评价普遍降低了；而遇到“肮脏先生”的应聘者，自我评价普遍提高了。这说明，人们总是不由自主地将自己与他人进行比较，在比较中对自己作出评价，这就说明我们应进行恰当的社会比较，既不能盲目与强者攀比而自惭形秽，也不能一味与弱者相比而沾沾自喜。那我们该怎么办呢？团体活动结束大家分享答案。

◇心理资源推荐

1. 相关书籍

（1）［美］凯瑟琳·斯多克特的《相助》，唐颖华译，中国城市出版社2010年出版。

小说讲述了20世纪60年代美国南部三个普通女人试图改变她们的生活与世界。1962年的密西西比，距离奥巴马当选总统还有47个年头，那时候白人男子至高无上，女性最体面的工作是当家庭主妇，黑人女性一律是佣人。《相助》是凯瑟琳·斯多克特的第一本小说。作者在书的后记中透露，她仅仅是因为对自己小时候的黑人女佣德米特里的怀念才想到写这本小说，“我敢肯定的是，我家从未有人问过德米特里：作为密西西比的一个黑人，为白人家干活是什么感受？我们从没想过要问，这只是我们寻常生活的一部分，没人认为有必要去研究。多年来我都希望自己当时已经心智成熟，能问问德米特里一些问题。可她去世时，我只十六岁。我常揣想她会如何回答，这就是我写这本书的由来。”

（2）［美］丹·米尔曼的《唤醒内在的智慧》，法蓝西斯·张译，重庆出版社2012年出版。

我们的心一直是直觉智慧的广大储藏室，里面藏有反映宇宙最初智慧的法则：找到生存在世上的勇气的选择法则，调节我们的身体、心智和情绪的平衡法则，将漫长的旅途转换成一连串的小步骤的过程法则，认识到自我局限的慈悲法则，等等。每一条法则跟我们的生命价值与质量都息息相关，能为生命带来美好的改变。这些法则是一直栽种在你心底的种子，等待正确的时间萌芽和生长，等待着通过你的实践来唤醒它们，从而结出勇气、爱和了解的果实。丹·米尔曼的智慧修行课，直指人心般震撼，阅后顿生安顿感，如何在现实艰困的世界里，找到内心的平静？如何避开生命里的浅滩和暗礁，航行在正确的航道上？物质成功的同时，能否获得自我实现的满足与成就感？解决这些问题的方法与力量，都存在于我们的内心。

（3）［法］让－保罗·萨特的《自我的超越性》，杨小真译，商务印书馆2010年出版。

大多数哲学家认为“自我”是意识的“居士”，还有一些哲学家把“自我”“存在”内部的形式在场确认为统一的空洞原则；另一些心理学家则想在我们心理生活的每一时刻把“自我”的物质在场发现为欲望和行为的中心。该书指出“自我”既不是形式地、也非物质地存在于意识之中：它在世界中，是外在的；它是世界的一种存在，就像他人的“自我”一样。萨特建立了他最古老、也最执着的信仰：存在一种非反思意识的自主性。拉罗什福科和法国心理学传统所说的自我的关系会败坏我们最自发的运动，它只在某些特别的境况中出现。

2. 相关视频

（1）网易公开课：加利福尼亚大学洛杉矶分校公开课：社会心理学。

（2）爱奇艺纪录片：【寻找自我意识】我是谁？自我意识如何通过大脑产生？牛津大学数学教授马库斯·杜·桑托伊在他自己的大脑中进行了一系列十分不寻常的实验，来探索“自由意志”和“自我”的真正由来。结果发现，其实你并非是你想象中的模样。

3. 相关网站

（1）沉舟的博客：“自我意识”，究竟是什么？（连载）http：//blog. sina. com. cn/gtcz。

（2）天天心理：https：//www. mypsy365. com/。

第三章　人格与优化

案例导读

小王，21 岁，女生，本科在读。父母在自己小学的时候就因感情原因离异，后跟母亲生活，从小就担起家庭的责任，因此性格独立。看到富家子弟生活不能自律，铺张浪费，她就感到气愤。

小王自述对同学友善、热情，乐于跟朋友交往。然而某些方面的性格让她苦恼不已：喜欢张扬，个性很强，不接受朋友的建议，对觉得正确的问题会争执不休。不能接受男友独自做自己感兴趣的事。遇到一些事情很容易焦虑，如看到有人掉了东西，马上检查自己的钱包。有时喜欢弄一些恶作剧，自己乐在其中，而周围人却苦恼不已，自己也意识自己的不对，就是无法克服。

想一想

（1）小王怎么了？

（2）如何看待性格与人生？

资料来源：http：//www. docin. com/p－1545819271. html。

千百年来，无论是表演艺术家、哲学家还是文学家、心理学家，人们都在不断地探索、描述和诠释那些纷繁复杂的人格问题。人格是一个人素质的重要组成部分，也是一个人精神面貌的集中反映。心理健康学认为，作为认识社会、改造社会主体的人，其人格发展状况、人格所呈现的面貌不仅直接影响着人的社会生活质量，而且也间接地关系着人类社会是否能得以健康、和谐地发展。因此，创造良好的社会心理条件，培养、增进、塑造健全的人格就成为大学生心理健康教育的一项重要任务。

第一节　揭开你的“面纱”

知识链接

世界上什么东西最值钱

法国作家让·吉罗杜说过这样一段话：从我们的幼年开始，每个人身上就编织了一件无形的外衣，它渗透于我们吃饭、走路以及待人接物的方式之中。这件外衣就是我们的性格。

从前，在非洲，有一个一心想要发财致富的农场主。一天傍晚，一位珠宝商前来借宿。农场主对珠宝商提出了一个藏在他心里几十年的问题：“世界上什么东西最值钱?”

珠宝商回答道：“钻石最值钱!”

农场主又问：“那么在什么地方能够找到钻石呢?”珠宝商说：“这就难说了。有可能在很远的地方，也有可能在你我的身边。我听说在非洲中部的丛林里蕴藏着钻石矿。”

第二天，珠宝商离开了农场，四处去收购他的珠宝去了，而农场主却激动得一宿未合眼，并马上做出一个决定：将农场以最低廉的价格卖给一位年轻的农民，然后就匆匆上路，去寻找远方的宝藏。

第二年，那位珠宝商又路过这个农场。晚餐后，年轻的农场主和珠宝商在客厅里闲聊。突然，珠宝商望着书桌上的一块石头两眼发亮，并郑重其事地问年轻的农场主：“这块石头是在哪里发现的?”年轻的农场主说：“就在农场的小溪边发现的，有什么不对吗?”珠宝商非常惊奇地说：“这不是一块普通的石头，这是一块天然钻石!”随后，他们在同样的地方又发现了一些天然钻石。后经勘测发现，整个农场的地下蕴藏着一个巨大的钻石矿。而那位去远方寻找宝藏的老农场主却一去不返，听说他后来成了一名乞丐，最后跳进尼罗河而死。

这个故事告诉我们：真正的钻石不在远方，就在你身边。而我们每个人身上都蕴藏着一个可以让自己享用一生的钻石矿脉，那就是我们的性格。它将决定着一个人的交际关系、婚姻选择、生活状态、职业选择以及创业成败等，从而根本性地决定着其一生的命运。如果将一个人比作一栋大厦，那么性格就是这座大厦的钢筋骨架，而知识和学问等则是充斥于骨架中的混凝土。钢筋骨架决定着一座建筑物能建成高耸入云的摩天大楼还是低矮的简易楼房，性格决定着你的一生是悲剧连连、平平庸庸还是建功立业、让人敬仰。

资料来源：田辉．性格决定命运全集［M］．北京：中国纺织出版社，2012：1－3。

一、什么是人格

人格一词最初来源于拉丁文persona，是指演员的面具，面具会随着角色的变化而不断变化，后来此词被引入心理学领域，用来描述人的心理。

人格是日常生活中的高频词汇，也是一个有着颇多争议的抽象概念。不同的心理研究者对人格理解不同，对其所下的定义也不相同。目前，心理学界对人格的定义尚未形成统一意见。我国著名心理学家黄希庭曾对人格做过较为确切的界定：人格是个体在行为上的内部倾向，它表现为个体在适应环境时在能力、情绪需要、动机兴趣态度、价值观、气质、性格和体质等方面的整合，是具有动力一致性和连续性的自我，是个体在社会化过程中形成的给人以特色的身心组织。简而言之，人格是一个人的整体的精神面貌，即是有一定倾向性的心理特征的总和。人格有以下特征：

（一）人格的整体性

人格的整体性（unity of personality）是指人格虽有多种成分和特质，如能力、气质、情感情绪、意志、认知、需要、动机、态度、价值观等，但在人身上并不是孤立存在的，而是密切联系的，它们依据一定的内容、秩序与规则组合成一个有机的、完整的动力系统。当一个人的人格结构各方面彼此和谐一致时，他（她）便呈现出健康的人格特征，否则就可能会引发各种心理冲突，甚至导致“人格障碍”。

（二）人格的稳定性

人格的稳定性（stability of personality）是指那些经常表现出来的特点，是一贯的行为方式的总和。我们常说的“江山易改，本性难移”就是这个道理。人格的稳定性主要表现为两个方面：一是人格的跨时间的持续性，昨天的我是今天的我，也是明天的我；二是人格的跨情境的一致性。例如，一个外倾的学生不仅在学校里善于交际，喜欢交朋友，在校外活动中也同样积极主动。

（三）人格的独特性

人格的独特性（uniqueness of personality）是指人与人之间的心理和行为是不相同的。正如俗话所说，“人心不同，各如其面”。在日常生活中，我们随时随地可以观察到每个人的行动都异于他人，每个人各有其能力爱好、认知方式、情绪表现和价值观。例如，有的人沉默寡言，有的人热情开朗，有的人胆小懦弱，有的人果敢坚毅。

（四）人格的社会性

人格的社会性（sociality of personality）是指社会化把人这样的动物变成社会的成员，

人格是社会的人所特有的。当然，这并不排除人格的自然性，即人格受到个体生物特性的制约。人格是在个体的遗传和生物基础上，在社会化的过程中逐渐形成的，是个体的自然性和社会性的综合。

二、与人格有关的几个概念

个性、气质、性格这三个概念与人格概念关系密切且容易混淆，为了进一步理解人格概念，有必要对这些概念进行简要的阐释。

（一）个性

个性也可称为人格，著名心理专家郝滨先生认为，个性可界定为个体思想、情绪、价值观、信念、感知、行为与态度之总称，它确定了我们如何审视自己以及周围的环境。它是不断进化和改变的，是人从降生开始，生活中所经历的一切总和。简单地说，个性就是个体独有的并与其他个体区别开来的整体特性，即具有一定倾向性的、稳定的、本质的心理特征的总和，是一个人共性中所凸显出的一部分。

（二）气质

气质是指人的相对稳定的个性特点和风格气度。气质是根据人的姿态、样貌、穿着、性格、行为、学识等元素结合起来的，给别人的一种感觉。例如，有的人温柔和顺，有的人暴躁易怒等。气质是一种人格特征，即依赖于生理素质或身体特点的人格特征。古希腊医生希波克拉底很早就观察到人有不同的气质，他认为人体内有四种体液：血液、黏液、黄胆汁和黑胆汁。根据人体内的这四种体液的不同配合比例，将人的气质划分为四种不同类型：胆汁质、多血质、黏液质及抑郁质，这四种基本气质类型在情绪和行动方式以及智力活动方面有着明显不同的表现。

1. 胆汁质

胆汁质的人情绪易激动，反应迅速，行动敏捷，暴躁而有力；性急，有一种强烈而迅速燃烧的热情，不能自制；在克服困难上有坚忍不拔的劲头，但不善于考虑能否做到，工作有明显的周期性，能以极大的热情投身于事业，也准备克服且正在克服通向目标的重重困难和障碍，但当精力消耗殆尽时，便失去信心，情绪顿时转为沮丧而一事无成。代表人物：张飞、李逵、晴雯。

2. 多血质

多血质的人灵活性高，易于适应环境变化，善于交际，在工作、学习中精力充沛且效率高；对什么都感兴趣，但情感兴趣易于变化；有些投机取巧，易骄傲，受不了一成不变的生活。代表人物：韦小宝、王熙凤。

3. 黏液质

黏液质的人反应比较缓慢，坚持而稳健地辛勤工作；动作缓慢而沉着，能克制冲动，严格恪守既定的工作制度和生活秩序；情绪不易激动，也不易流露感情；自制力强，不爱显露自己的才能；固定性有余而灵活性不足。代表人物：鲁迅、薛宝钗。

4. 抑郁质

抑郁质的人高度地情绪易感性，主观上把很弱的刺激当作强作用来感受，常为微不足道的原因而动感情，且有力持久；行动表现迟缓，有些孤僻；遇到困难时优柔寡断，面临危险时极度恐惧。代表人物：林黛玉。

知识链接

气质可以改变吗?

气质是由人的生理素质或身体特点反映出的人格特征，是人格形成的“原始材料”之一。在新生儿期即有表现：如有的婴儿安静，有的好哭，必然影响其父母或哺育者与婴儿的互动关系，从而影响人格的形成。表现在心理活动的动力特征上，如心理过程的速度、强度、稳定性、指向性和灵活性等。具体表现为情绪体验的强弱、意志力的大小、注意集中时间的长短、知觉或思维的快慢等，使个体的全部心理活动呈现独特的色彩。气质与人格的区别在于，人格的形成除气质、体质等先天条件为基础外，社会环境的影响起重要作用；而气质是人格中的先天成分。气质具有先天性、稳定和可变性。气质的稳定性是相对而言的。说“禀性难移”，也并不是绝对不能改变的。换句话说就是，气质具有一定的可塑性。在生活环境和教育的影响下，人的气质在一定程度上是可以改变的。

资料来源：http：//m. sohu. com/a/71054671_159137。

（三）性格

性格是指表现在人对人、对己、对现实的态度和相应的行为方式中的比较稳定的、具有核心意义的个性心理特征，它是一种与社会关系最密切的人格特征，在性格中包含有许多社会道德含义。性格表现了人们对现实和周围世界的态度，并表现在他的行为举止中。性格主要体现在对自己、对别人、对事物的态度和所采取的言行上。

知识链接

杂草和心灵

一位智者的弟子个个满腹经纶。智者意识到自己去日不多，但对弟子们还有些不放心，于是露天设坛讲授了最后一课。

“你们看田野里长着什么？”

“杂草。”众弟子不假思索地回答。

“告诉我，你们该如何除掉这些杂草？”

弟子们愕然：这问题太简单了！

甲首先开口：“我只要一把锄头就够了。”

乙说：“还不如用火烧。”

丙反驳：“要想让它永不再生，只有深挖才行。”

等弟子们讲完了，智者站起来说：“这堂课就上到这里。你们回去后按照自己的方法除一片杂草，一年后再在此相聚”。

一年后弟子们来了，他们很苦恼，因为无论采用什么方法，都没有明显的效果，有的杂草反而更多了，弟子们急着向老师请教。

然而智者已经不在了，只给弟子们留下一本书。书中有这么一段话：“你们的方法是不能把杂草除掉的，因为杂草的生命力很强，除掉田野里的杂草的最好办法，是在上面种上庄稼。想没想过，你们的心灵也是一片田野……”

消极的心态就犹如“杂草”，来自原始的生物本能，不用“浇水施肥”，也会疯长；积极的心态犹如“庄稼”，它需要栽种，需要精心的呵护。

正因为消极心态的这种易生长性，所以很多人都被它牵着鼻子走。灰暗的心态不断侵占人的心灵，人也没有了精气神，还会有意无意地影响到周围的同事、朋友及家人……长此以往，人的心里就长满了“杂草”，心里想的，眼里看的也随之是一片灰暗，人也变得越来越悲观，甚至厌世……

积极的心态犹如“庄稼”，它不是“杂草”，不会自然生长，它需要人们自己去把握，要通过改变自己，通过心灵的蜕变，让自己不断成长、不断提升，不断适应环境，直至变成一个可以建设环境的人，用自己人格的力量去影响周围的每一个人。一定不要被坏情绪绊住脚，忘记赶自己的路，要积极地朝着有阳光的地方走。

坐过飞机的朋友都知道：在某个高度之上（平流层），就没有风雨云层。如果你生命中的云层遮蔽了阳光，那是因为你的心灵飞得还不够高。大多数人所犯的错误是去抗拒问题，努力试图去消灭云层。正确的做法是要发现使你上升到云层之上的途径，那里的天空永远是碧蓝的。

读万卷书，不如行万里路；行万里路，不如阅人无数；阅人无数，不如名师指路；名师指路，不如自己开悟。上面的小故事给那些一直沉浸在悲观、消极世界的人一个很好的提醒。由于工作学习中遇到一些不尽如人意的事情，由于创业初期的艰苦环境（例如，重工的三铝、新疆希铝等），人们愈来愈苦恼、消极甚至悲观，人也开始邋遢起来，以至感觉跌到了深深的低谷。这则故事会让我们绝地逢生，开始从低谷往上爬，让我们明白马斯洛先生所说的“心如果改变，态度就会跟着改变；

态度如果改变，行为就会跟着改变；行为改变，习惯就会跟着改变；习惯改变，性格就会跟着改变；性格改变，命运就会跟着改变”的深刻道理。行成于思，思想永远是行动的先导，心态决定思路，思路决定出路，出路决定活路，给自己一个积极的心态，我们一定会受用终生。实际上，在很多事情上，积极的心态都能给人们带来很大的精神和物质的回报。

资料来源：https：//wenku. baidu. com/view/366bcb2b453610661ed9f44a. html。

第二节　人格与健康

都说“人格决定一个人的命运”，也许这句话不完全正确，但是一个人的人格却可以影响个体的健康以及健康行为，从而对个体命运造成影响。在科技飞速发展的今天，人们对于健康的理解不仅仅停留在生理层面，还延伸到了心理和社会等层次。人格对健康的影响也渐渐地得到了重视，从希波克拉底（Hippocrates）和盖伦（Galen）起，经历几个世纪，人格与健康的研究几经高潮，已经得到了不少的成果。

一、人格与疾病

关于人格与疾病的相关研究，可以追溯到20世纪中期。早有专家提出，同患某种疾病的人，其性格有类似之处。如何根据自己的性格避免得病，防患于未然是我们的目标。

在20世纪60年代，美国医学博士心脏病专家迈耶·弗雷德曼在诊所里发现，来就诊的冠心病患者，所坐的椅子后腿下的地面上，有两个凹陷。经过仔细观察，原来是患者来诊所候诊时，心情都很急躁，抱怨候诊的时间太长，往往把椅子两条前腿翘起来，以椅子后腿作为支撑，并把自己的双腿交叉起来，不断地摇动或转动着椅子，直到护士叫到他的名字为止。就这样，年复一年，许多冠心病人都这样摇晃，使地面形成了凹陷。

在观察研究了大量这类行为之后，弗雷德曼在1987年用4个单词来概括其特性：易恼火（aggravation）、激动（irritation）、发怒（anger）和急躁（impatience）。这4个英文单词中有两个都以字母A开头，于是“A型性格”这一概念从此出现。具有这种性格的人，雄心很大，有进取心，时间观念特别强，整天闲不住，但易急躁，对人不信任，人际关系不融洽。弗里德曼和罗森曼等人经过长达20年的观察研究，发现A型性格的人患冠心病是B型性格的1.7~4.5倍。后来，许多医学研究有统计表明，85%的心血管疾病与A型性格有关。

弗雷德曼和罗森曼发现了易致冠心病的A型性格的同时，又把与A型性格相反的性格归为B型性格。其实，生活中绝大部分人都是处于中间的位置，偏A型或偏B型。现在，医学和心理学界总结出了典型B型性格的特征——容易相处、不易激动，社交适应性较好，遇事想得开，不耿耿于怀。

例如，《红楼梦》第二十九回，贾母一干人去清虚观，一个十二三岁小道士避让时慌忙中撞上了王熙凤。王熙凤“一扬手，照脸一下把那小道士打了一个筋斗”，众婆娘媳妇“都喝声叫打”。贾母听了，忙嘱咐“别吓着他”，并派人带到跟前，叫他别怕，给他钱买果子吃。

这里的描写反映着贾母性格宽厚，遇事随和。小说中，贾母平时少病少灾，享年83岁，在当时可说是“人瑞”。近年来，国内一些研究部门对上海长寿老人（大于或等于90岁）做了一系列性格调查，发现长寿老人B型倾向占83%；A型倾向为主的占14%；而C型、E型性格则与长寿无缘。

与贾母性格不同，《红楼梦》另一个人物迎春是大观园众小姐里最懦弱的一个，她平日不善言辞，不喜欢出风头，时时处处与人为善。她的乳母偷了她的首饰去赌钱，她都不敢追问，事发了，乳母的子媳玉柱儿媳妇还欺负她。丫鬟为她抱不平，争吵起来，她劝阻不住，便“自拿了一本《太上感应篇》来看”；在抄检大观园时，她的丫头司琪出事，要被赶走，求她说情，她也不敢去；迎春的性格悲剧最终被发挥到极致，便是被父亲随便嫁给了禽兽般的孙绍祖，结果“金闺花柳质，一载赴黄粱”。

如果从现代心理卫生学的角度来看，迎春的性格应该是C型的典型。C型性格在20世纪80年代由德国心理学家首先提出。其认为，C型行为的主要特征为：童年形成压抑，如幼年丧失父母，缺乏双亲的抚爱；行为特征表现为过分合作，过分忍耐，回避矛盾，自生闷气，过分焦虑。

这个类型性格的人忍气吞声、逆来顺受，往往过度克制自己，压抑自己的悲伤、愤怒、苦闷等情绪。在生活中，往往属于“大好人”“与世无争”的人。这种人在遇到挫折时，其实内心并不是无怒无恨，只是强行对自己进行压制。

C型人的抑郁心理打乱了体内环境平衡，干扰免疫监控系统的功能，不能及时清除异常突变细胞，从而引发癌症。所以，医学专家以英文cancer（癌）的第一个字母C为这种性格命名。C型性格者患癌症的危险性比一般人高3倍。

D型性格的人是孤僻型，往往沉默寡言，待人冷淡；缺乏自信心，有不安全感；爱独处，不合群；情感消极，忧伤，容易烦躁不安。

1998年，比利时心理学家德诺列特首先报道了D型性格的特征，并发现他们易患心脏病和肿瘤。德诺列特在一项心脏病康复计划中，对319例样本进行5年的跟踪观察发现，具有D型性格的人，反复发生心绞痛或心肌梗死的概率为52%，而同年龄组非D型人的发生率仅12%，因此确定D型性格是使心脏病反复发作的一个危险因素。此外，他根据对其他246例观察了6~10年的样本分析发现，D型人发生癌症的概率也有明显的增加。

2005年，荷兰的研究人员，对刚接受过心脏支架手术的近900名冠心病人的调查发现，D型性格的病人在接受手术后的6~9个月内，心脏病再次发作或因发作导致死亡的病人，是其他类型性格者的4倍。

另外，在众多身心疾病的研究中，还提到一种E型性格，这类型人大多感情丰富、善于思索、很少攻击性，他们很少找别人的麻烦，情绪较为消极，自我评价偏于悲观。

此类性格好发神经官能症。生活中点滴小事就可引起这类人的焦虑，一有焦虑就又产生一系列生理功能紊乱，例如心悸、头晕、头痛、失眠等症状。这种焦虑状态带有一种波动性和不稳定性，故名之为神经质型焦虑症。

二、各类型性格如何调整心态

A 型性格的人在事业上多有所成，如能注意调整身心，就能减少患病危险。A 型性格的人首先是调适期望，准确估量自己，尊重别人，多听别人意见，并以之修正奋斗目标；其次是注意劳逸结合，防备疲劳过度；最后是善于与人处，少挑剔，戒急躁，多关心别人，建立良好人际关系。

B 型性格的人，应参加集体活动，培养事业心，积极进取，多参加有竞技内容的活动。

C 型性格的人，首先应多交朋友，开阔心境，遇事及时向朋友倾吐，多参加集体文体活动等；其次，关心自己的同时更关心别人，在别人感到你是有用时，你就会体会到自身价值，增强信心；最后，要学会认识自己的长处和短处，要克服回避矛盾和过分忍耐的缺点。

D 型性格的人，应改变离群独处的习惯，多参加社会活动；多交朋友，培养兴趣爱好；学会向他人倾诉。家人的关爱，有助于打开 D 型人的心扉，使他们的负面情绪得到排解和释放。

E 型性格的人，应提高对心理健康的认识，提升自己情商，增加自信心，逐步学会心情开朗和自得其乐。可以每天记录自己的情绪，逐渐做到自我控制，逐渐减少记录的内容。只要有一次成功，就要自我奖励一次。

知识链接

性格还会影响体重

1. 冲动任性型。美国得克萨斯大学的心理学教授阿特·马克曼认为：冲动任性的人可能自制力较弱，他们难以拒绝零食或美食的诱惑，因此容易冲动的人，应尽量少储备垃圾食品，并在工作期间少吃零食，避免体重的增加。

2. 可靠和值得信赖型。总是准时、遵循规则，意味着你是个认真负责的人，这会让你更容易坚持合理的饮食和健身计划。但因为考虑得多，如何制定减肥计划反而成了最大的困惑。解决方法就是直接告诉这类人怎么做。

3. 情绪容易波动型。这种人比较极端，总认为事情要么很好，要么很差。他们中的有些人是情绪化的进食者，即越是激动兴奋，就吃得越多。因此这些人要学会掌握自己情绪的波动模式，尝试用更健康的方式来排解压力，克服情绪的大起大落以维持自己的体重。

4. 安静型。喜欢处于安静环境中看书的人更容易减肥成功。《聪明的解决方案：基于大脑的最佳性能方法》的作者海迪·汉纳说："性格内向的人考虑问题时较为周到，不容易冲动，这就让他们能更为理性地考虑各种选择。"

5. 喜欢社交活动型。喜欢交际的人倾向于把所有压力积聚到一点后再爆发。这种人更容易在人多的地方感到愉快。而这种愉悦会让他们在参加饭局时吃得更多。马克曼建议，这类人应尽量尝试让自己处于不涉及食品的社交场合中，这或许会减少他们摄入的食物量。

6. 严于律己型。这类人不会轻易饶恕自己犯下的错误，会坚定地执行健康饮食方案；而缺乏自律的人在不慎出错后，情绪上会出现强烈的负面反应，继续暴饮暴食，使体重飙升。

7. 以自我为中心型。在减肥时，自我一点并不是坏事。以自我为中心的人，倾向于从自己的角度考虑问题，这就会让他们在减肥时更有动力。另外，乐于助人的人，将更多的精力放在了别人身上，因而导致了自己在减肥时执行力较差。

8. 随和型。发表在《人格与社会心理学期刊》上的一项研究显示，随大流的人普遍身材较瘦，但在某极端情况下可能会适得其反。随和的人害怕自己的失败导致别人的失望，因为这个原因，他们反而难以将减肥计划付诸实践。

资料来源：http：//jiankang. 163. com/15/0513/17/APGTJQAL0038002S. html。

第三节 大学生的人格

一、大学生人格健全的标准

（一）奥尔波特提出的六大标准

人格健康是指人格结构与社会环境、自我气质以及内心的和谐统一。著名人格研究专家奥尔波特在《人格形态与成长》中，提出了成熟人格的六要素。

1. 自我意识扩大

人在婴儿时期，只知道爱自己，不久自我意识扩大到母亲、朋友身上。成人以后，不管是谁，对于自己的衣服、金钱、所有物，都有"这是我的东西"的意识。若不限于这么低的层面，而能扩及职业、家庭，甚至扩大到所属的集团、地域社会、国家的话，便可视为成熟人格的表征之一。

2. 和他人建立密切的关系

成年后，由于自我意识的扩大，对于周围的人，人格健康的人能建立亲密感及同感。

不会随便在背后说人坏话、挑人毛病、发牢骚、嫉妒、讽刺等；不排斥对方，会尊重对方，包容对方；即使是男女之爱，除了被爱之外，也渴望爱人，而且能接受伴侣目前的状况，懂得包容对方的缺点。

3. 具有稳定的情绪

把自己的愤怒、恐惧、激情、性的冲动，都当作是一种“自我情绪”来处理。不盲目地压抑，也不钻牛角尖，所以没有罹患恐惧症及强迫神经症之虞。以尽量不和周围环境起冲突的方式来处理问题。而且碰到挫折、欲求不满时也具有相当的耐力，不会乱发脾气和牢骚，也不会随便责怪他人、自怜自艾。时时反省自己、等待时机，寻求解决问题的方法，避免情绪低落，或是能克制情绪不安。

当然，一个具有成熟人格的人，也不是时刻都能保持冷静、沉着的。既然是人类，就免不了有喜、怒、哀、乐等心情的转换，有时也会莫名其妙地忧郁。但他绝不会被这些情绪左右，做出冲动的举止，做有损于他人的行为；相反，他既能保持自己的情绪状态，又能愉快地生活。这种稳定的情绪，是由“均衡感”以及能自我控制所造就的；即使遭遇危险，也不会惊慌失措、畏缩怯懦，对别人的情绪表现也不会感到威胁。

4. 具备对现实的知觉和应对技能

能够正确地认知现实，而且具备解决问题的技能。即使有着高度智慧的人也不一定就是具有成熟人格的人，但是，智慧却是成熟人格所不能欠缺的部分。对自己的职业欠缺技能，即使在其他点上合格，也不能说是人格成熟。另外，投入自己工作的能力，也和正确的认知、技能一样重要。所谓投入工作的能力，是指从事具体工作的时候，那种忘我投入的工作热情。

5. 自视客观

自视客观指能客观认识自己并具备幽默的态度。以自我为对象，客观的视察，也就是说要真正地洞察自己、了解自己。很多人认为自己很了解自己，其实真正称得上了解自己的人并不多。除了洞察自己之外，还要有幽默的态度。真正的幽默，是保持某种距离审视自己、认识理想的自己和实际的自己差距。其实，人生就像一场戏，能够客观地审视自己所扮演的角色，同时以幽默的态度面对生命中的起起落落，才是成熟人格的表现。

6. 有统一的人生哲学

把自己的人生当作有意义的事，具有统一人生各种活动的人生哲学。这里所说的哲学，并不是指专门的学说，而是指个人的生活信条、生活目标。即把什么当作人生最高的价值、应该以哪种方式生活，换一种说法，就是具有自己独特的人生观。

（二）目前公认的健全人格的标准

一是自我悦纳，接纳他人。人格健全的学生能够积极地开放自我，正确地认识自己，坦率地接受自己的囿限并对生活持乐观向上的态度。

二是人际关系和谐。人格健全者心胸开阔，善解人意，宽容他人，尊重自己也尊重他人，对不同的人际交往对象表现出合适的态度，既不狂妄自大，也不妄自菲薄，在人际关系中具有吸引力，深受大家的喜欢。

三是独立自尊。人格健全者人生态度乐观向上，生活态度积极热情，有正确的人生观与价值观，能够用理性分析生活事件，头脑中非理性观念较少。人格独立，自信自尊。

四是能够发挥自己的潜能。人格健全的大学生具有自我发展、自我塑造与自我完善的能力。能够充分开发自身的创造力，创造性地生活，发现生命的意义并选择有意义的生活。

二、大学生常见的人格缺陷

近年来，关于大学生人格缺陷酿成悲剧的新闻所见不少，从西安音乐学院药家鑫事件到复旦大学投毒案，引发人们更多的反思。

人格缺陷是介于正常人格与人格障碍之间的一种人格状态，可以说是人格发展的不良倾向，或是某种轻度的人格障碍。人格缺陷并不少见，比如人的高级神经系统类型决定了人的气质类型，各种气质类型的人，在人格上会有其特定的倾向性。如抑郁质的人更易形成抑郁、自卑、孤僻、固执、多疑等人格缺陷；胆汁质的人更容易形成冲动、狂躁、攻击性等人格缺陷。

每个人的成长环境、受教育的方式是不同的，对人生观、价值观、道德观的理解也存在很大差异，因而具体到每个人身上的人格也是不同的。大学生心理发育还没有完全成熟，人格出现一些偏差也在所难免。有些大学生自认为自己的人格是正常的，可是走入社会后却发现矛盾重重。因为，自我人格是需要在社会生活实践中不断地得到检验和完善的，要根据社会的要求来加以调适和矫正。因此，充分了解自身个性，找出缺陷并进行调适，有助于我们今后更好地适应社会。常见的人格缺陷有自卑、抑郁、怯懦、孤僻、冷漠、悲观、依赖、敏感、多疑、焦虑或对人敌视、暴躁冲动、破坏等，这些都是不健康的心理表现。不仅影响活动效率，妨碍正常的人际关系，还会给人蒙上一层消极、阴暗的色彩。

三、大学生中常见的人格障碍

人格障碍，是指人格发展的内在不协调，指在没有认知障碍或智力障碍的情况下，个体出现的情绪反应、动机和行为活动的异常。多数心理学家认同病态人格区别于精神病，它是人格的一种变异，介于精神病与正常人之间。人格障碍者行为问题的程度不同，有人格障碍的学生一般能处理自己的日常生活和学习，智能正常，意识清醒，但是由于缺乏对自身人格的自知，常与周围的人发生冲突，很难从错误中吸取应有的教训加以纠正，常被他人感觉怪异，难以相处。严重者表现为明显的社会适应障碍，不能正常地学习和生活。值得重视的是，人格障碍与精神病有时可以相互转化，严重的人格障碍如果得不到及时有效的矫正，可能成为精神病的高发人群。

人格障碍的类型有很多，大体分为三大类群。第一类以行为怪僻、奇异为特点，包括偏执型、分裂型人格障碍；第二类以情感强烈、不稳定为特点，包括癔症型、自恋型、反社会型、攻击型人格特征；第三类以紧张、退缩为特点，包括回避型、依赖型人格障碍。

在我国大学生中，出现频度相对较高的有自恋型人格、回避型人格、偏执型人格以及最近几年出现的依赖型人格。

（一）自恋型人格障碍

古希腊有一个神话故事，讲一位英俊的少年纳喀索斯有一天于水中发现了自己的影子，便一见倾心，再无心恋及他人他事，在水边依依不舍，没能离去，终于憔悴而死。后来，心理学上便以纳喀索斯的名字来命名自恋症。自恋型人格的核心特征是以自我为中心。自恋型人格的大学生，自我评价过高，主观自我高于客观自我，因而在生活中爱听表扬，忌听批评，且具有高度幻想性，特别是过高的自我评价带来成功的虚幻体验，过度自信，希望引起别人的重视。一般而言，这类大学生天赋较好，一直处于被关注的中心，自信心与自尊心都较强，缺乏失败；但一旦失败，可能无法面对现实世界而导致心理崩溃。

自恋型人格障碍有以下特点（有五条以上就可以判断为自恋型人格障碍）：

（1）对批评的反应是愤怒、羞愧或者感到耻辱，有时未必直接表露出来。

（2）喜欢指使别人，要他人为自己服务。

（3）过分自高自大，对自己的才能夸大其词，希望受到特别关注。

（4）坚信他关注的问题是世界上独有的，只能被某些特殊人物了解。

（5）对无限的成功、权力、荣誉、美丽或理想的爱情有非分的幻想。

（6）认为自己应享有他人没有的特权。

（7）渴望持久的关注与赞美。

（8）缺乏同情心。

（9）有很强的嫉妒心。

（二）回避型人格障碍

回避型人格又叫逃避型人格，其最大特点是行为退缩、心理自卑，面对挑战多采取回避态度或无能应付。

回避型人格障碍的主要特征有以下几点（只要满足其中的四点，即可诊断为回避型人格）：

（1）在没有从他人那里得到大量的建议与保证之前，对日常事务不能作出决策。

（2）明显的无助感，希望别人为自己作出人生的重要决定。

（3）依赖性，很少独立地开展计划或行动。

（4）过度容忍，为讨好别人去做自己内心不愿意做的事，不轻易拒绝别人。

（5）容易因未得到赞许或遭到批评而受到伤害。

（6）当亲密关系中止时感到失落无助，甚至崩溃。

（7）经常受被人遗弃的念头的折磨，且在交往中，担心被朋友遗弃，不坚持自己的观点。

（8）回避型人格的核心是退缩。当面临内心的冲突时，不是选择解决问题而是选择逃避、一味地迁就忍让。这种人格障碍的形成与个体的不良成长环境以及早期生活经验有关。

（三）偏执型人格障碍

偏执型人格又叫妄想型人格，具有这种人格障碍的人，总是将周围环境中无关的现象或事件看成与自己关系重大、是冲着他来的，甚至还将报刊、广播、电视中的内容跟自己对号入座，尽管这种怀疑与客观事实不相符合，与生活实际严重脱离。病人甚至对被怀疑对象发生攻击行为，从一般的心理障碍演变成精神性疾病。

偏执型人格的特征主要有以下几点（只要符合三点，即可诊断为偏执型人格障碍）：

（1）广泛猜疑，常将他人无意的、非恶意的，甚至友好的行为误解为敌意或歧视。

（2）或无足够根据，怀疑会被人利用或伤害，因此十分警惕与防卫。

（3）将周围事物解释为不符合实际情况的“阴谋”，并可成为超价观念。

（4）易产生病态嫉妒。

（5）过分自负，若有挫折或失败则归咎于人，总认为自己正确。

（6）好嫉恨别人，对他人的过错不能宽容。

（7）脱离实际地好争斗和敌对，固执地追求个人不合理的“权利”或“利益”。忽视或不相信与自己想法不相符合的客观证据。因而很难以说理或事实来改变患者的想法。

（四）依赖型人格障碍

依赖型人格的人，对亲近与归属有过分的渴求，这种渴求是强迫的、盲目的、非理性的，与真实的感情无关。他们宁愿放弃自己的个人趣味、人生观，只要他能找到一座靠山，时刻得到别人对他的温情就心满意足了。这种处世方式使得他越来越懒惰、脆弱，缺乏自主性和创造性。由于处处委曲求全，依赖型人格障碍患者会产生越来越多的压抑感。

依赖型人格障碍有以下几点主要特征（只要符合其中的七点，即可判断患有依赖型人格障碍）：

（1）深感自己软弱无助，总是感觉“我真可怜”。当需要自己拿主意时，便感到一筹莫展。

（2）在没有从他人处得到大量的建议和保证之前，不能对日常事务作出决策。

（3）让他人为自己做大多数的重要决定，如在何处生活、该选择什么职业等。

（4）无意识地倾向于以别人的看法来评价自己。

（5）理所当然地认为别人比自己优秀、比自己有吸引力、比自己能干。

（6）缺乏独立性，很难单独展开计划。

（7）过度容忍，为讨好他人甘愿做低下的或自己不愿做的事。

（8）害怕被人忽视，明知他人不对也随声附和。

（9）很容易因为没有得到赞许或遭到批评而受到伤害。

（10）经常被遭人遗弃的念头所折磨。

（11）当亲密的关系中止时感到无助或崩溃。

（12）独处时有不适和无助感，或竭尽全力逃避孤独。

（13）遇到重大的挫折或刺激，会比常人容易引发妄想症，甚至精神分裂症等其他心理障碍。

第四节 大学生良好人格的培养

案例导读

失败的大学

反思大学四年，感觉过得一团糟。学习成绩没起色，工作更是一张白纸。谈了个恋爱，后来发现，她只爱我的钱，分手了。我现在有些茫然，感到压力很大，但是这些都不应该成为不思进取的理由。唯一的理由归结为我不够坚强和优秀，意志不够坚定，对付外界的抵抗能力还太弱。这使我想到一种说法：做不成大树，就做一棵小草。这是无奈的选择，虽然它包含一种达观的人生境界。

现在我渐渐对自己失去信心与耐心。也许我只是重视时间上的投入，却极少有精力上的投入，所以事倍功半。学习时杂念太多，有时甚至坐立不安。有时有种发泄的冲动，但就是不知道应该发泄什么、对谁发泄；同时，觉得心里特别浮躁，干什么都不能安下心来。我曾不止一次地骂自己，并且也一直在尝试着努力摆脱，可是效果并不理想，现在无法像高中那样痛痛快快地玩，学习时也不能集中精力，我现在真的感到心有余而力不足。

在生活面前，我必须摆出强者的姿态，我曾默默流泪，但我不应该说累。我知道一切都得靠自己。我也不想家人对我失望，因为我是家里唯一的希望。如果说家里现在是多雨天，那么我是家里唯一的一束阳光。在家人期望的目光中，我不敢暴露自己的懦弱、自卑、烦恼和忧伤，因为我怕家里从此连这点希望都没了。现在我真的有一种严重的危机感，我放弃了继续求学考研的打算，这也许是缺乏眼光的一种表现。但我真的感到自己的思想包袱太重了。我在学习方面背负的担子并不比考研轻松多少，我要求自己在这一年半时间里英语要达到一般翻译的水准，计算机要掌握好一门语言，要为注册会计师考试做准备。对我而言这些都是严峻的挑战，我现在所要做的是去证明我的想法不是好高骛远。我现在缺乏的不是目标而是应付外界的能力，如何将压力变为动力……

资料来源：http：//www. schxmvc. com. cn/info/1208/7558. htm。

当我们综合分析这位学生的情况时发现，失恋、学业成绩不理想这两副担子压到他身上，他变得不再坚强，变得脆弱，变得有些茫然不知所措。有一句谚语："压垮骆驼的最后一根稻草。"良好的人格发展需要良好的环境，更需要对自身正确的认识、不逃避竞争和放弃责任并能够解决面临的问题，而个体人格的成长也是在经历挫折、失败与成功等诸多方面后才能够逐渐成熟起来的。

一、健全大学生人格的积极策略

第一，我们要对自己有满意感，对自己所做的事情、对经过努力完成的目标有认同感。就算是没有完成的事情，只要尽力而为即可。承认别人的存在价值，由衷地为别人的成功而高兴，即使他和你有不同的意见，也一样地为他祝福，这样的话，你将是一个受欢迎的人。同时，我们还要善于容纳社会上现实存在的事物。包括承认一些丑陋的现象，乐于接受科技发展带来的新经验和新观点，对社会产生的新变化能较快顺应，即能以一种非传统非固定的思维方式去思考问题，并愿意改变固定的生活方式，去适应和创造新的生活。

第二，我们要独立，相信自己有能力改变目前不够理想的状态，相信人们可以通过自己的努力来改变现状。同时，在学习和生活上，要拒绝被动，不迷信传统和权威，要相信命运是可以改变的。还有，我们是为自己而不是为别人而活着，因此，我们不要随波逐流、见风使舵，要有正义感，说话做事不要违背自己的良知。

第三，我们要以理智的态度处事，要客观地认识自我和评价自己。我们对自己提出的目标必须是切实可行的。要善于控制自己的情绪，喜、怒、哀、乐都适可而止，活泼而不轻浮、豪放而不粗鲁、坚定而不固执、勇敢而不鲁莽、干练而不世故，建立自己和谐的人格，不可肆意放纵自己。

第四，我们要培养自己的社会道德感。对社会上的不良现象敢于面对，不要麻木不仁。看到周围有需要帮助的人，给他们力所能及的帮助，对他人抱有深切的同情心和爱心，善于理解别人。要遵守各种法律和学校的规章制度，恪守流传几千年的中华民族美德。

还有，我们要热爱生活，树立正确的世界观、人生观和价值观，形成积极向上的人生态度。培养广泛的兴趣，在读大学期间，要积极参加学校举行的各种活动，多交朋友，使自己的身心得到很好的发展。要博学广识，全面发展自己。

二、大学生健全人格的培养

（一）重视人格培养

作为当代大学生，既要重视专业知识的学习和技能训练，又要重视人文素质的培养和心灵教化，努力使自己成为既有改变自然世界之技能，又有心灵自我唤醒的能力的人。在个体人格中，做到理性与情感意志、科学与人文精神、知识与道德的协调发展，促进健全人格的形成。

（二）注重人格熏陶

所谓“熏陶”就是被某种思想、品行、习惯、风气所濡染而趋向同化，对被熏陶对象而言，这是一个将外在影响逐渐内化的过程。也就是说，人格培育的过程是一个由外及内产生心灵感动，从而影响其品德、提升其人格境界的过程。从这个意义上讲，人格培育的过程既是人与环境互动的过程（人在良好的氛围中受到浸染又以自己的行为影响周围环境），也是人与人互动的过程（教育客体因主动参与组织活动变成教育主体）。在这一过程中，被教育者的意识、观念及品德可以通过认知、实践、体验等程序得到升华，进而完善其人格。梁漱溟说：“道德习惯非德”“道德为理性之事，存在于个人之自觉自律”。但从现实道德教育的实践看，却存在着仅仅满足于道德习惯的浅层的倾向，教育者与被教育者处于主客体对立的位置，忽视了由外及内的心灵体验和人格境界的塑造，长此以往，必然弱化道德教育的效果。另外，从大学生自身的特点看，自主性和独立性反差太大。一方面拒斥框框、说教、约束，表现出极强的自主意识；另一方面对道德认知、道德判断、基本公德意识又存在不同程度的欠缺，心理健康问题较多。因此，很有必要在改善环境、营造氛围等方面下功夫。

（三）提升大学校园文化品位

大学校园的文化品位，既可以从校园环境上体现出来，也可以从大学的人文传统和教育者自身的素质、人格魅力、工作理念、目标、方式、作风，以及各种制度等软环境中体现出来。哈佛管理学院有一句名言：“决定一件事情最终成败的因素不是知识、经验，而是思维方式。”所以在硬软环境建设上，我们应改变以前的思维方式，着力于文化品位的提升。品高人自殊，有什么样的成长氛围，往往就有什么样的人格气质。在这方面古人就非常重视，孔子曰：“里仁为美。”孟子的母亲为了儿子有一个好的成长环境，不惜搬了三次家，其目的就是为后代的成长营造一个良好的“文化氛围”。

（四）通过参与活动促进人格完善

鼓励大学生通过多种途径积极地参与体验，促进自我人格的完善。情感体验是构成品德的重要因素，也是行动的动力之一。让大学生广泛参与各种社会文化活动，对他们来说既是一种学习也是一种享受；既可陶冶情操、升华境界、获得启示，又可在成功与失败中磨砺自己、坚强意志、健全人格。例如，让大学生参与社会实践和社团活动，不仅使他们获得了自我教育、自我管理的广阔空间，而且还可以在实践中丰富知识、增长才干。

（五）自律与他律结合

作为当代大学生，重要的就是加强个人修身的主动性、自觉性，处理好自律与他律的关系，坚持以自律为主，通过长期不懈的努力，不断提高思想境界。市场经济已经使人成为独立的市场主体。这种主体性要求现代人具备全面发展的、完备的人格素质，要有独立性及创新性、规范性、道德性等方面的人格特征，而这种人格特征是需要经过不断地加强自我修养才能实现的。当然，我们不是说不要社会客观因素的帮助和制约。个人修养不仅是在一定的社会环境中自我完善的，而且也需要借助社会和他人的力量才能完成，他律是人生修养的重要条件，只有他律与自律结合起来才能取得良好效果。

因此，在大学生的人格培养过程中，学校的教育、管理、引导、帮助是必要的，家庭、社会的影响也是不可缺少的，法律规范的制约更是必不可少的。

章末拓展

◇心理影视

《心灵捕手》（见第一章）。

◇心理资源推荐

1. 相关书籍

（1）［奥］弗洛伊德的《梦的解析》，陈焕文、翟飕译，中央编译出版社 2008 年出版。

《梦的解析》从心理学角度对梦进行了系统研究，这些研究使梦与疾病的关系渐渐清晰起来。奥地利心理学家阿德勒认为，梦是在潜意识中进行的自我调整和激励，以及对未来目标的设定。美国心理学家弗洛姆认为，梦的功能是探讨做梦者的人际关系，并帮其找到解决这些问题的答案。

（2）高铭的《天才在左，疯子在右》，北京联合出版社 2016 年出版。

《天才在左，疯子在右》是国内第一部精神病人访谈手记。作者高铭是北京人，在听过一次自己的深度催眠录音后，他决定去接触一些具有典型特征的精神病人，去看看他们眼中的世界。作者用老练却朴实易懂的文字，记录下与数十个精神病人的互动，为我们带来了一场不一样的脑力盛宴——几十个不同的视角，几十个迥异的世界。那么到底哪一个才是我们真实存在着的世界呢？“不论你看见了什么，请不要对号入座！”这是忠告，更是戒律，因为，天才和疯子只是一念之差。

2. 相关视频

雷铭的《九型人格》。

雷铭：IEA 国际九型人格协会会员，南京理工大学性格分析导师，西安外事学院客座教练，长江投资集团特约企业教练，江南大学素质教育基地特约培训导师，中国一汽特约企业教练，ACT 教练训练学院认证导师，IPTA 国际培训师认证导师，中国青少年素质教育基地特约教练……雷铭导师在九型人格、家族系统排列、企业教练、静心、塔罗等方面均有极深的功力，并将以上相关领域的知识及心得融汇交融，使其讲述的九型人格独具风格，将九型人格阐述得更为深刻透彻。

3. 相关网站

（1）心理学之家：http：//bbs. libidos. cn/。

（2）力比多学院：http：//school. libidos. cn/。

（3）科学心理人：http：//www. psychologist. org. cn/。

（4）中国心理学会：http：//www. cpsbeijing. org/。

（5）壹心理：http：//www. xinli001. com/。

（6）友心人：http：//www. yoxinli. com/。

（7）简单心理：http：//www. jiandanxinli. com/。

（8）心融网：http：//www. xrong. cn/cloudIntroduce. html。

第四章　情绪管理

案例导读

给我一双翅膀，我想去飞翔

李某是某大学二年级学生，爱好音乐，长相出众。身体无重大疾病史，父母均为工人，从小对李某要求严格。李某为家中独女，自小成绩优异，在班上一直担任班干部，不论做什么事都严格要求自己。其父母喜欢在别人面前夸耀自己的女儿。李某性格内向，好强，做事认真仔细，力求完美。有时也会感觉到责任和压力，但心中告诉自己一定要做到最好。高考以地区第二名的优异成绩考入某大学。但大学一年级时考试成绩并不理想，在全年级只排到 11 名。在大学以前成绩一直是前三，她认为只有前三名才是优秀的好学生。所以，对自己很失望，心情一直不好。近三周来感到头昏脑涨，情绪低落，焦虑烦闷，睡眠质量差。

想一想

（1）小李为什么感受不到快乐？

（2）小李应如何处理自己的情绪？

个案中，小李的情绪困扰是很多同学都经历过的。其实，情绪是我们在日常生活中亲身体验的一种心理活动，它既可以给同学们带来快乐和满足，又使同学们不可避免地遭受苦恼和折磨。那么，为什么情绪有时像美丽的天使，有时又像暴怒的魔鬼？我们应该如何驾驭自己的情绪，找到快乐的金钥匙？

第一节　哭了笑了的生活

一、情绪的概述

人类的情绪复杂多样，每个人在一生中都体验到各种不同的情绪，有高兴、愉快、欢乐、喜悦、轻松、欣慰，也有悲伤、害怕、恐惧、不安、紧张、苦恼、忧郁等。但是我们为什么有烦恼、有忧伤，而不能够快乐、幸福至永远呢？让我们来了解一下情绪的相关知识。

人们将情绪理解为一种主观感受。但从 19 世纪心理学家对情绪进行的一系列研究后发现，情绪是一个涉及生理变化、认知、行为多方面的复杂变化模式。为了更加生动地理解这个抽象的概念，我们想象一个场景：你正在考试，可是，一道题也不会做。你的情绪是怎样的？愤怒？难过？焦虑？害怕？此时你的情绪除了这些主观体验，还有你此时的生理状况，例如，心跳加快、血压升高、呼吸加速，甚至是晕厥。

如果我们仔细地回忆曾经体会到的各种不同情绪，就会发现情绪除了主观感受以外，还伴随着生理、认知和行为的多方面变化。也正是由于情绪会影响到人们心理过程的各个方面，对情绪进行管理才显得尤为必要。

综上所述：情绪是躯体和精神上的复杂变化模式，包括生理唤醒、认知过程及行为反应。

（一）情绪的唤醒——情绪的生理基础

一定的情绪状态总伴有内脏器官、内分泌腺或神经系统的生理变化。例如：当人们焦虑时，交感神经兴奋、血压升高、呼吸加快等。

（二）情绪的体验——情绪的内心感受

喜、怒、哀、乐等主观感受称为情绪体验。情绪不同于认知，认知是对事物的直接反映，它直接反映事物或事物的属性及其联系和关系。例如，眼前的红花、绿树，任何正常人都会有相同的逼真的认知，把它看成红花和绿树，而不会把它看成其他东西。情绪则不同，它是一种主观体验。不同的人对同样的事物或者同一个人在不同的时间、地点和条件下对同样的事物，情绪体验可能是不同。即使同属一种主观感受，如“喜”，每个人感到的“喜”也是不同的，甚至同一个人每次感受到的“喜”也可能不同。

（三）情绪的行为——情绪的行为反应

情绪也会直接反映到人的表情、语态和行为动作中。情绪的表现形式分为面部表情、语言表情、动作表情。

情绪总是或隐或现地伴有行为表现，情绪在行为上的表现称为情绪行为（或表情）。人的许多情绪体验可能有明显的外部表现。例如，当你感到极端恐惧时，你的手会发抖，面部扭曲，动作紧张，并保持防御的姿势；高兴时会笑容满面；悲哀时哭丧着脸等。全世界的人们都有相似的表情模式，它们分别是恐惧、厌恶、高兴、惊奇、轻蔑、生气、悲伤。除了跨文化的相似性，实际上还有很多表情存在明显差异，如果你有机会去其他民族或种族的聚居区，就能明显地看到这些差异。要强调的是，单纯依靠表情线索判断人们的情绪状态是不可靠的，还需要其他很多辅助的线索去准确判断人们的情绪。

肢体语言也能表达情绪状态，由于肢体语言多是无意识的举动，因此肢体表现也会不带欺骗性地表达真实的情绪状态（见表4－1）。

表4－1　　肢体语言代表的含义

典型动作	情绪含义
环抱双臂	愤怒，不欣赏，不同意，防御或攻击
咬嘴唇	不相信或惊讶
向前倾	紧张，害怕
懒散地坐在椅中	注意或感兴趣
避免目光接触	无聊或轻松一下
抖脚	冷漠，逃避，不关心，没有安全感，消极，恐惧或紧张
扭绞双手	紧张，不安或害怕
眯着眼	不同意，厌恶，发怒或不欣赏
走动	发脾气或受挫

当然，肢体语言和情绪状态并不是一一对应的，如环抱双臂也可能是寒冷造成的。不同文化背景下，相同的姿态可能表达完全不同的含义。例如：伸出食指，在美国表示让对方稍等，在法国表示请求对方的回答，在缅甸表示请求、拜托。

二、情绪的分类

在跨文化研究中，人们发现不管文化背景和成长环境如何，有几种最基本的情绪，而其他复杂的人类情绪，都是由基本情绪的不同组合派生出来的。这有点像三原色和其他色彩的关系。这些基本情绪都有着独特的神经反应、内部体验和外部行为表现，其中包括惊奇、痛苦、厌恶、高兴、愤怒、恐惧、悲伤、害羞、轻蔑等。不同心理学家对基本情绪的划分有所不同，例如伊扎德的11种划分和普拉切克的8种划分。此处我们选取最基本的快乐、愤怒、恐惧、悲哀4种情绪进行分析。

（一）快乐

快乐是一种目标达到和需要得到满足时产生的情绪体验。由于目标得以实现，需要得到满足，心理的紧张感得以解除，快乐随之而生。快乐是人类的基本情绪之一，是一种积极而美好的感受。快乐的程度取决于事情的重要程度和目的达到的意外程度，如果追求的目的非常重要，并且目的的达到带有突然性，则会引起极大程度的欢乐，否则只能引起微小的满意。一般把快乐程度分为：满意、愉快、异常的欢乐、狂喜。

（二）愤怒

愤怒是指愿望无法实现或所追求的目标受到阻碍时而产生的情绪体验。愤怒也有程度上的区别，一般的愿望无法实现时，只会感到不愉快或者生气，但当遇到不合理的阻碍或者破坏因素时，愤怒会急剧爆发。一般把愤怒的程度分为：轻微的不满、生气、愠怒、大怒、暴怒等。

（三）悲哀

悲哀是失去所追求的事物或理想破灭时，而引起的情绪体验。悲哀的强度取决于失去的事物对个体的重要性和价值。失去的东西价值越大，引起的悲哀也越强烈。一般把悲哀的程度分为：遗憾、失望、难过、悲伤、悲痛。

（四）恐惧

恐惧是企图回避某种危险情景而又无力应付时所产生的情绪体验。恐惧的产生不仅仅由于危险情境的存在，而且与个体处理或摆脱可怕的情景的力量和能力有关。恐惧具有很强的感染力，一个人在恐惧时，往往会引起周围人的不安和恐惧。一般将恐惧程度分为担心、害怕、恐慌、惊恐等。

三、情绪的维度

情绪总是在一定的情境中产生的，而人所处的情境又是变化无穷的。这样就很难对情绪体验作较细致的分析。但是，如果撇开具体情境和情绪所指向的对象，仅就情绪体验的性质来看，可以从不同的维度进行分析。冯特（Wundt，1896）最早提出情绪维度（emotional dimension）的观点，认为情绪是由“愉快—不愉快”“激动—平静”“紧张—松弛”三个维度组成的，每一种具体情绪分布在三个维度的两极之间的不同位置上。他的这种看法为后来情绪的三维模式（three-dimensional pattern）奠定了基础。

施洛伯格（Schloberg，1954）通过对面部表情的研究，提出了自己的观点：情绪的维度有“愉快—不愉快”“注意—拒绝”“激活水平”三个。他建立了一个三维模式（见图4－1）。其中，椭圆切面的长轴为快乐维度，短轴为注意维度，而垂直于椭圆面的轴则是激活水平的强度维度，三个不同水平的整合就可以得到各种情绪。

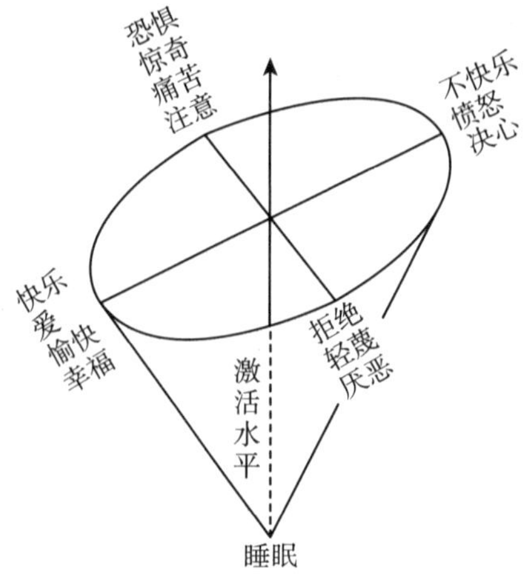

图 4－1　施洛伯格的情绪三维模式

资料来源：http：//www. 360doc. com/content/15/0721/10/16261526_486367482. shtml。

普拉切克（Plutchic，1970）提出的情绪三维模型则主张情绪具有强度、相似性和两极性三个维度。他采用了一个倒锥体来形象地描述情绪三个维度之间的关系（见图 4－2）。其中，锥体的截面被划分为八种原始情绪，相邻的情绪是相似的，对角位置的情绪是对立的，锥体自下而上表明情绪由弱到强的变化。这个模型的特点是描述了不同情绪之间的相似性及对立性特征，这在情绪的实验研究中对于情绪的界定是很有用的。

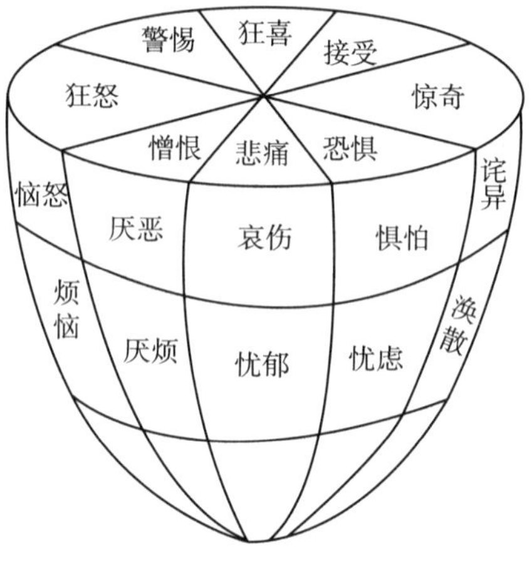

图 4－2　普拉切克的情绪三维模式

资料来源：http：//www. 360doc. com/content/15/0721/10/16261526_486367482. shtml。

罗素（Russell，1980）提出了情绪分类的环状模式。他认为情绪可划分为两个维度：愉快度和强度。其中，愉快度分为愉快和不愉快，强度分为中等强度和高等强度。由此可以组合成四种类型：愉快—高等强度是高兴，愉快—中等强度是轻松，不愉快—中等强度是厌烦，不愉快—高等强度是惊恐（见图 4 – 3）。这种分类用评价情绪词或归类的方法，在英语国家和非英语国家如中国、克罗地亚、爱沙尼亚、希腊、日本、波兰、德国等都得到了一致的研究结果（Larsen & Diener，1992；Reisenzein，1994）。

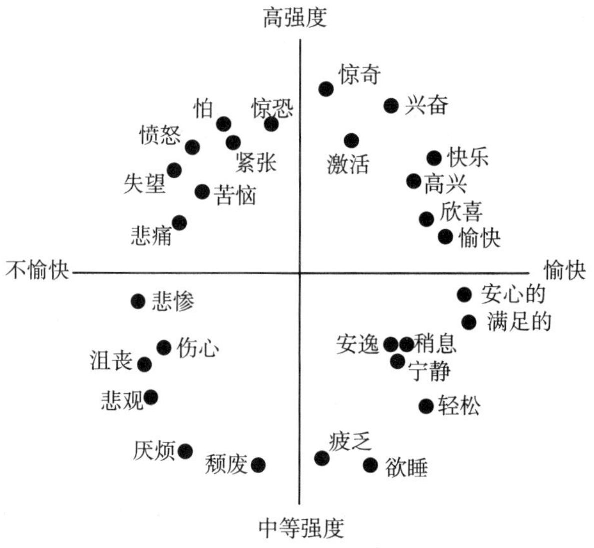

图 4 – 3　罗素的情绪环状模式

资料来源：http：//www.360doc.com/content/15/0721/10/16261526_486367482.shtml。

下面，试从情绪的强度、紧张度、快感度和复杂度四个维度对情绪体验的性质做一些分析。

（一）强度

情绪体验可以在强度上有由弱到强的不同等级的变化。例如，喜，可以从适意、愉快到欢乐、大喜、狂喜；哀，可以从伤感到难过、悲伤、哀痛、惨痛；怒，可以从轻微的不满、生气、愠怒、激愤到大怒、暴怒；惧，可以从害怕、惧怕、惊恐到惊骇。情绪的强度越大，整个自我被情绪卷入的程度也越深。

情绪体验的强度，首先，取决于对象对人所具有的意义。意义越大，引起的情绪就越强烈。而这种意义的大小，是由该对象在个人生活中所占的地位来决定的。其次，情绪体验的强度，还取决于人对自己所提出的要求。人们对一幅画的不良评价，可能不会使业余绘画者产生强烈的情绪，但可能引起专业画家的强烈情绪反应。最后，情绪体验的强度，也取决于人的需求状态。食物的气味，对饥饿者和不感到饥饿的人，其情绪体验的强度是不同的。

（二）紧张度

在紧张度方面，情绪体验的变化是很大的。紧张的情绪体验，通常与活动的紧要关头、最有决定性意义的时刻相联系。在考试、讲演、运动比赛之前，人们都可以体验到这种紧张情绪。在活动进行的过程中，通常存在着关系到活动成败的关键时刻，情绪体验的紧张水平就会逐渐增长。活动成败对人越重要，则关键时刻到来时情绪就越紧张。关键时刻过去之后，则可以体验到轻松或紧张的解除。以前的紧张水平越高，则关键时刻过去之后，就越感到轻松。

紧张一般有助于全身精力的动员和注意的集中，可能对活动产生有利的影响，也可能起抑制作用而使动作失调，从而妨碍活动的正常进行。紧张对活动的不同作用，除了取决于紧张的程度外，也与活动的难度、人对活动的准备以及是否具有必要的知识、技能有关。

（三）快感度

快感度是指情绪体验在快乐或不快乐的程度上的差异。悲伤、羞耻、恐惧、悔恨等有明显不快乐的感受，而欢喜、骄傲、满意等有明显快乐的感受。还有一些情绪在快感度上显得模糊，如怜悯，惊奇，既不是明显的快乐，也不是明显的不快乐。

快感度在根本上是与需要是否得到满足有关的。事物能满足人的需要，就会引起快乐的体验；当事物不能满足需要或与需要相抵触时，则会引起不快乐的体验。情绪的强度会影响其快感度。微愠不一定是特别不愉快的，而强烈的愤怒则显然是不愉快的。渴望，通常伴有快乐的感受，但当它过于强烈而持久时，就可能产生不快乐的感受。

（四）复杂度

各种情绪的复杂程度是很不一样的。爱，包含柔情和快乐的成分；恨，包含愤怒、惧怕、厌恶等成分。如“惊喜悲叹”“惊喜疑惧”这两种情绪就比“快乐”要复杂得多，“悲喜愧惧”“悲恨爱悔”这两种情绪就比“悲哀”要复杂得多。有时，情感的成分非常复杂，甚至很难用言语来描述它到底是一种什么样的体验，而有的情感是很单纯的。

第二节　情绪与健康之谜

俗话说：“人逢喜事精神爽”“笑一笑十年少，愁一愁白了头。”可见情绪对身体的影响。快乐、开心等良好的情绪对健康有益，可以使人精神振奋，提高活动效率，对身心的发展有积极的促进作用；而悲伤、忧愁等消极情绪则会使人的精神萎靡，效率下降，并有害身心健康。

知识链接

不战而亡

古代阿拉伯学者阿维森纳曾把一胎所生的两只羊羔置于不同的外界环境中生活。一只小羊羔随羊群在水草地快乐地生活；而在另一只羊羔旁拴了一只狼，它总是看到自己面前那只野兽的威胁，在极度惊恐的状态下，根本吃不下东西，不久就因恐慌而死去。

医学心理学家还用狗做嫉妒情绪实验。把一只饥饿的狗关在一个铁笼子里，让笼子外面另一只狗当着它的面吃肉骨头，笼内的狗在急躁、气愤和嫉妒的负性情绪状态下，产生了神经症性的病态反应。

实验告诉我们：恐惧、焦虑、抑郁、嫉妒、敌意、冲动等负性情绪，是一种破坏性的情感，长期被这些情绪困扰就会导致身心疾病的发生。一个人在生活中对自己的认识与评价和本人的实际情况越符合，他的社会适应能力就越强，越能把压力变成动力。

资料来源：https：//zhidao. baidu. com/question/1641890155235952660. html。

一、情绪对健康的影响

情绪与身心健康关系密切。长期焦虑、忧愁悲伤、恼怒、压抑，可能导致精神分裂、高血压、心脏病、溃疡、胃病和癌症等多种疾病，一般称它为心因性疾病。例如，在我国古代就曾有一个“杯弓蛇影”的故事。一个人到朋友家吃酒，突然发现酒杯里有一条蛇影，随之心情紧张疑虑，心境颇坏，不久身体颇感不适，不思饮食，最后患了一场大病。后来，他得知那杯中的蛇影原来是朋友挂在墙壁上的一张弓的影子，这才解除了疑虑，恢复了心情的平静和身体的健康。

情绪一般分为正性情绪和负性情绪。正性情绪与负性情绪对人的健康的影响是不同的。

二、正常情绪及其对健康的影响

正常的情绪是指由适当的原因引起的，该原因并为当事者本人所觉知，而且情绪反应的强度，和引起它的情境相称，当引起情绪的因素消失之后，反应会视情况而逐渐平复。因此不论是积极的还是消极的情绪，只要是在正常情绪范围内基本可以被个体适应。正常情绪的功能主要体现在以下几方面：

第一，愉快而平稳的情绪能使人的大脑处于最佳活动状态，保证体内各器官系统的活动协调一致，使得食欲旺盛，睡眠安稳，精力充沛，充分发挥有机体的潜能，提高脑力和体力劳动的效率和耐久力。

第二，愉快的情绪还能使整个机体的免疫系统和体内化学物质处于平衡状态，从而增强对疾病的抵抗力。

◆ 心理故事

据说英国著名物理学家、化学家法拉第，在年轻时由于工作紧张，神经失调，身体虚弱，久治无效。后来，一位名医给他做了详细检查，没有开药方，只留下句话：“一个小丑进城，胜过一打医生。”法拉第仔细琢磨，觉得有道理。从此以后，他经常抽空去看滑稽戏、马戏和喜剧等，并在紧张的研究工作之后，到野外和海边度假，调剂生活情趣，以保持心境愉快，结果活到 76 岁，为科学事业作出了很大贡献。有人调查发现，几乎所有长寿老人平时都比较愉快，并且长期生活在一个家庭关系亲密、感情融洽、精神上没有太大压力的环境中。

资料来源：https：//wenku. baidu. com/view/f4e6c2e11b37f111f18583d049649b6648d709b2. html。

第三，快乐的积极情绪还能使别人更喜欢接近自己，从而有助于建立良好的人际关系。美国心理学家杰·列文认为：“会不会笑，是衡量一个人能否对周围环境适应的尺度。”此种说法虽不免有些夸张，但真诚的笑，的确能感染别人，消除隔阂。来了陌生的客人，相视一笑，即可握手言欢；打扰伤害了别人，歉然一笑，便能得到谅解；遇到异国朋友，投之一笑，彼此的心就通了。一个面孔阴郁、从来不笑的人，很难说心理是健康的。莎士比亚说：“如果你一天之中没有笑笑，那你这一天就算是白活了。”

第四，焦虑、忧愁恐惧、愤怒等不愉快的情绪，只要适当也是正常而有益的。个体在适度的焦虑情绪之下，大脑和神经系统的张力增加，思考能力增加，反应速度加快，因而能提高工作效率和学习效果。人们常说，生于忧患，死于安乐，革命者要忧国忧民，先天下之忧而忧，这说明忧愁也有好的一面。适度的惧怕，可使人们小心警觉，避免危险，预防失败。恐惧使个体进入紧张激动状态，由于交感神经兴奋，肾上腺分泌增加，呼吸、心跳、脉搏加快加强，血压、血糖和血中含氧量升高，血液循环加快，把大量营养输向大脑和肌肉组织，血小板较平时增加很多，因之血液较易凝固，而消化器官的活动将会减低，甚至完全停止，这种应激反应的作用，使身体有较多的能量来应付当前的危险。人在发怒时也有类似反应，面对敌人的挑衅，战士义愤填膺，“天兵怒气冲霄汉，横扫千军如卷席”。对这种积极的怒，不但不要遏制，相反有时还要激发。

三、不良情绪及其危害

所谓不良情绪是指过于强烈的情绪反应和持久性的消极情绪，不良情绪对于人的健康和社会适应都是有害的。

（一）过于强烈的情绪反应的危害

人的情绪虽然主要受大脑皮层下中枢支配，但是当这一部分活动过强时，大脑皮层的高级心智活动如推理辨别等将受到抑制，使认识范围缩小，不能正确评价自己行动的意义及后果，自制力降低，引起正常行为的失常，并使工作和学习效率降低。

◆ 心理故事

国外有人做过这样一个实验：让几个大学生个别地进入实验室，该室有四个门，其中三个门是锁住的，只有一个门可以打开。实际上，只要按顺序将各门试下便能很快找到出路。但当实验者用冷水、电击、强光、大声等强烈刺激同时加之于受试者，使之趋于紧张状态时好几个被试者呈现慌乱现象，不知道按顺序找出路，四面乱跑，已经试过是被锁住的门，还会重复地去尝试，阻碍了逃生。

资料来源：https：//wenku. baidu. com/view/3b5e5fb30722192e4536f6db. html。

像这一类因情绪激动而失去理智的现象，在日常生活中经常发生。很多学生平时成绩不错，到了考试时，由于过分紧张，成绩反而不好；有些运动员在重大比赛中，也常常因心情紧张而临场发挥不好。过度的精神紧张，还可能引起超限抑制，一个人吓得呆住或气得说不出话来就是这种表现。在盛怒之下引起心脏病猝发而突然死亡的事例，在临床上也时有所见。即使高兴的情绪也需要适度，“乐极生悲”并不是危言耸听。心肌梗死患者大笑容易发生意外，重症高血压病人过度兴奋可能诱发脑出血。《儒林外史》中就讲述过屡试不第的穷书生范进，在突然听到自己中了举人的消息后，喜极发疯的事情。

（二）持久性的消极情绪的危害

当人焦虑、忧愁、悲伤、惊恐、愤怒、痛苦时，会发生一系列生理变化，通常此类变化为时短暂，没有什么不良的影响，但若情绪作用的时间延续下去，生理方面的变化也将延长。久而久之，就会通过神经机制和化学机制引起心血管系统、消化系统、泌尿生殖系统、呼吸系统、内分泌系统等各种躯体疾病。

◆ 心理故事

有人用动物做了这样一个实验：将 A、B 两只老鼠的身体固定在相邻的铁架上，只让前肢自由活动，下肢均有导线相连，可由一自动控制的仪器通电给以电击。两只老鼠面前各置一个弹簧开关（放松即自动弹回），不同的是 A 老鼠面前的开关可用以切断电流，而 B 老鼠面前开关虽可操作但无效用。实验开始前，先让老

> 鼠学会操纵开关。每次实验时间为 6 小时，然后休息 6 小时。实验中每隔 20 秒电击一次，在通电之前先亮灯为信号。由于 A 老鼠要时刻警觉，每隔 20 秒操纵一次开关（倘若疏忽，便会受到电击），因而比“坐以待击”的 B 老鼠加倍紧张。实验持续 23 天后 A 老鼠便死亡，经解剖发现其肠胃中已产生溃疡，而 B 老鼠的肠胃却安然无恙。
>
> 还有学者曾对五百多人进行调查分析，结果表明，人们在经历系列紧张事件后，各种疾病都有所增加。据美国耶鲁大学医学院报告，在所有门诊病人中，属于情绪紧张而患病的占 76%。这些病人因为长期陷于某种情绪状态，对那种紧张心情已经习以为常，所以往往把注意集中到身体的症状上，而不觉得它和情绪有关了。
>
> 资料来源：https：//wenku. baidu. com/view/09f266fd04a1b0717fd5dd27. html。

第三节　郁闷情绪向谁诉

大学是人生的过渡期，在这段时间里，或多或少会遇到一些心理问题。关注心理健康就显得格外重要。

一、抑郁

（一）抑郁的表现

抑郁是一种感到无力应对外界压力而产生的消极情绪，常常伴有厌恶、羞愧、自卑等情绪体验。处于抑郁状态中的大学生，看到的一切仿佛都笼罩着一层暗淡的灰色。对大多数人来说，抑郁只是短暂出现，时过境迁很快会消失。但也有少数人长期处于抑郁状态，导致抑郁症。抑郁情绪与抑郁症既有联系，又有质的区别。前者属于一种不良情绪困扰，需要的是心理上的调整；而后者则属于精神疾病，需要及时到医院就诊。

情绪抑郁的大学生的主要表现是：情绪低落、思维迟缓、话语减少、郁郁寡欢、闷闷不乐、兴趣丧失记忆力差、缺乏活力，对什么事都提不起兴趣，常感到精力不足；不愿与人交往，不参加集体活动，有意回避熟人，对生活学习缺乏信心，体验不到生活的快乐；自我评价偏低，对前途悲观失望，并伴有食欲减退、体重下降、失眠，并有时有轻生的念头等。

（二）大学生抑郁的原因

大学生抑郁情绪的产生与学习、感情问题、家庭经济困难、就业压力、人际关系不和谐、个性原因以及其他有关的负面生活事件的有关。

（1）学习问题：学习方法不当，学习效率低，时间安排不合理，学习目标不明确等都会导致学习成绩下降。

（2）感情问题：大学生社会阅历浅，思想单纯，对恋爱问题的看法不成熟，据调查，大学生因恋爱造成的情感危机是诱发大学生产生抑郁情绪的重要因素。

（3）经济压力：贫困地区和家庭的学生，坐在课堂里，担心的是下周的生活费、下学期的学费。

（4）就业问题：巨大的就业压力，对就业的恐惧和未来的迷茫，使大学生失去信心。

（5）人际关系：不会与人相处，不知道如何与人沟通，不懂交往的技巧和原则，使大学生人际关系处理得不是很和谐。

（6）个性原因：性格内向孤僻、任性、自私、敏感多疑、依赖性强、易悲观、不爱交际的大学生更容易陷入抑郁状态。

长期的抑郁会使人的身心受到严重伤害，使大学生无法有效地学习和生活。

（三）抑郁的调适

1. 与人多接触交往，扩大交际圈

当抑郁烦闷时，要增进与人的交流，向亲友、同学诉说自己的苦闷和烦恼。经常与人保持交往的人，精神状态远比孤僻独处的好得多，尤其在心情不佳时。

2. 正确认识自己，确定恰当的目标

正确认识自己的缺点和不足，实现自我接受和自我悦纳，对于自身的缺点和不足，可以改进和完善的，则进一步努力。确定符合自己能力的目标，不要对自己求全责备。

3. 改变追求完美的性格

顺其自然，一切随缘。谋事在人，成事在天，学会以释然的态度对待自己、他人和社会，不要过分计较得失、利弊，糊涂一点。

4. 改变不合理观念和思维模式

对出现的负面生活事件和自我价值建立正确认识、评价和态度，从消极看待事情转变为积极看待事情，把困难和不幸视为生活的磨砺、成长的契机。

5. 学会自我放松

当心情抑郁时，可以做一些放松训练，可以听听音乐、散散步，排除不良情绪。

6. 培养乐观的人生态度和良好的个性

做到胸怀坦荡，真诚坦率，豁达大度，宽仁博爱，使自己有个好心境和乐观的人生态度。

二、焦虑

（一）焦虑的定义

焦虑是一种比较复杂的情绪现象，是人们对即将发生的某种事件或情境感到担忧和不安，又无法采取有效的措施加以预防和解决时产生的情绪体验。大学生的焦虑大多是正常的，保持适度焦虑是必要的，适度焦虑有益于个人潜能的开发，如果一个人没有焦虑或是焦虑不足，就会导致注意力涣散，工作学习效率下降。所以，无论是听课还是课下自习，都需要保持一定的焦虑。但是过度的焦虑，往往又会使人心情过度紧张，情绪不稳定，注意力分散，不能正确地推理判断，记忆力减退，工作学习效率降低，以致影响考试成绩和人际关系，这里所说的焦虑，是指自身的焦虑程度已经构成了对学习和生活的不良影响或干扰。

（二）焦虑的原因

引起学生焦虑的主要原因有：学习问题（如考试焦虑）、人际交往引起的焦虑以及求职就业问题引发的焦虑等。

（1）考试焦虑：例如，“我高考考砸了，只上一所普通的大学，我很不争气，平时背得滚瓜烂熟，到考场就什么也记不得了，脑子里一片空白，有时腹疼，呕吐，甚至昏厥过去”。

（2）人际关系焦虑：例如，“我与人打交道时紧张急切，很不沉稳。一遇到什么不好的事情我就惊慌失措、六神无主，经常搞得对方很尴尬。即使事情已经解决好，我仍然坐卧不安，担心又有什么事情发生”。

（3）求职择业焦虑：例如，“我从高考前就紧张不安，当时想可能是升学考试压力太大了。进了大学后几年中我也无缘无故地感到紧张，一点不比中学轻松。现在一想到做毕业设计和面临就业，我就心烦意乱，做事一点耐心也没有”。

（三）焦虑的调适方法

1. 考试焦虑

考试焦虑的同学，可以在考前给自己确定一个合适的目标，学会恰当地估计自己的能力，既相信自己的能力水平，又能实事求是，不抱过高的期望。降低过高的学习目标，保持恰当的学习压力，重视学习的过程而不是考试的结果。同时改变对考试的不合理认知。明确考试只是衡量学习好坏的手段之一，考试成绩不能全面反映一个人的学习能力和知识水平，更不能决定一个人的前途和命运，不把考试成绩看得太重，用理智和意志来控制和调节情绪。另外，考前要认真学习和复习。平时学习做到刻苦勤奋，考试时就会“艺高胆大”，充满信心，考前全面复习，尽量熟悉考试题型、时间、地点、要求等，做到心中有数，胸有成竹。也要注意劳逸结合。科学用脑，讲究方法，注意营养，睡眠充足，维护神经系统的正常机能，保证充沛的精力、清醒的头脑和良好的身心状态，是防止考试焦虑的有效途径。

2. 就业焦虑

（1）认清就业形势，正视就业现状。

当前及今后一个时期大学生的就业形势会相当严峻。大学生要认清就业形势，正视就业现状，方能做到心中有数、处变不惊。

（2）转变就业观念，调适就业心态。

要打破传统意义上的就业“一锤定终生”的就业观念，建立新型的就业观，强化择业的自主意识，树立正确的就业观。毕业生要打破事事求稳、事事求顺的思想，树立市场竞争的观念。

（3）把握就业机会，顺利实现就业。

良好的心态有利于把握就业机会。在就业过程中，大学生既要适当地放松自己，使自己保持一个平和的心态，又要注意把握机会。把握机会并不是越紧越好，就像我们手中的沙子，你把握得越紧，留下的就会越少。

（4）做好职业生涯规划，增强就业信心。

大学生之所以对将来的工作焦虑和担心，是因为对未来没有明确的目标和方向，而要应对这种焦虑，不是去观望遥远的将来，而是踏实做好身边的工作。因此，大学生一入学，就应该增强职业生涯规划的自主意识，做好职业生涯规划。考虑“我想做什么”“我能做什么”“我适合做什么”“就业市场需要什么”这些问题后，确定自己的方向；然后集中所有的智慧、热忱和努力，向着目标不断前进。

3. 人际关系焦虑

（1）把握成功的交往原则：比如，交往中要平等交往、尊重他人、真诚待人、互助互利、讲究信用、宽容大度等。

（2）掌握人际交往的艺术：如语言艺术与非语言艺术。

（3）努力增强自己的人际魅力：建立良好的第一印象，提高个人的外在素质，培养良好的个性特征。

（4）掌握与人交往的基本技能：比如，微笑，学会倾听、认同，学会赞美和感激等。

三、愤怒

（一）愤怒的表现及原因

愤怒是大学生中常见的一种消极情绪，当个体的需要不能被满足或愿望不能实现并一再受到挫折而产生的敌意情绪。

大学生正处在身心急剧发展、情感丰富强烈、情绪波动起伏大的青年期，他们精力充沛、自尊、敏感和争强好胜，因而容易在外界刺激下激起愤怒情绪。有的大学生因一句不顺耳的话、一件不顺心的事，就激动得暴跳如雷，或出口伤人，或挥拳相向、拳脚相加；盛怒过后，却后悔不已。

发怒对一个人的身心健康有明显的不良影响。人在发怒时，出现心跳加速、心律失常、心悸失眠、高血压、胃溃疡及心脏病等。此外，发怒会使人丧失理智、自制力减弱，不能正确评价自己行为的意义和后果，发生犯罪等许多冲动行为。大学生中一些违规违纪事件，大多是在愤怒的情绪下发生的。

大学生易怒的原因：一是由于性格因素和个性修养所致，如胆汁质的大学生更具有冲动、易怒的情绪特征；自我评价偏高、鲁莽的大学生也容易发怒。二是由于许多错误认识所致，认为发怒可以威慑他人，使别人尊重自己，发怒是男子汉气概的体现，发怒可以推卸责任，发怒可以换回面子，发怒可以满足愿望及发怒可以维护自己的利益等。然而事实上，易怒者总是事与愿违，得到的不是尊严、威信，而是他人的厌恶和疏远。

（二）愤怒的调试方法

1. 冷静克制

要做情绪的主人，在与人发生矛盾冲突，即将动怒时，要用理智和意志控制冲动的情绪，使自己冷静下来，尽量避免怒气发作。可以先想一想发怒是否合理，再想一想发怒后会有什么后果，有没有其他方式来代替？

另外，愤怒的时候，“数到十”是个得到广泛应用的“急救”方法。这种方法中断了愤怒想法的升级，让我们有机会冷却下来。

俄国作家屠格涅夫就曾经劝告那些易怒的人，在发怒之前，先将舌头在口内转 10 圈，用以加强自制。

2. 转移注意力，合理宣泄

使自己生气的事，一般都是触犯了自己的尊严或利益，令人很难一下子冷静下来，当你察觉到自己的情绪非常激动，采取的最好办法就是暂时离开，转移注意力，脱离情景。生理学的研究表明：人在遇到恼怒、伤心的事情时，会将不愉快的信息传入大脑，逐渐形成神经系统的暂时性联系，形成一个优势中心，如果马上转移去做一些令自己高兴的事情，向大脑传送愉快的信息，就会建立起新的兴奋中心。所以，当你愤怒时，可以去一个安静平和的环境，去做些令自己开心的事情，如利用跑跑步、读一本小说、看电影等方式缓解愤怒情绪，还可以在情绪激动时进行剧烈的体育活动或喊叫以宣泄愤怒，但是，无论是哪种方式，都要适度，既不能影响他人，也不能损害自身，更不可危害社会。

3. 加强个性修养

大学生应认识到发怒并不能解决任何问题，只会激化矛盾和招来别人的敌意和厌恶，只有加强自身修养养成自我克制的习惯，培养良好的心态以开阔的胸襟宽容体谅他人，不为小事斤斤计较，才能得到别人的信任尊重和理解，并建立真诚的友谊。

知识链接

理性情绪理论

理性情绪理论，又称为 ABC 理论，是由美国临床心理学家艾里斯提出的。

艾里斯认为，在人们情绪产生的过程中，有三个重要的因素：①诱发情绪的事件；②人们对诱发事件所持的相应的信念、态度和解释；③由此引发人们的情绪和行为结果。情绪并非是由导致情绪发生的诱发事件直接引起的，而是通过人们对这一诱发事件的解释和评价所引起的。也即，并非是事件引起了情绪，而是人们对事件的认识引起了情绪。

ABC 理论

A ———————— C

刺激事件　　　　情绪反应

A ———— B ———— C

刺激事件　认知　情绪反应

理性情绪理论的应用步骤：

首先，将引发不良情绪的事件和认识，一一列出。

其次，找出引发不良情绪的非理性观念。

非理性观念有以下几种主要特征：

（1）绝对化。对什么事物都怀有认为必须或不会发生的信念。这种特征表现在日常生活中“应该”“必须”“一定”和“绝对”等用语上。

（2）过分概括化。以偏概全的思维方式。在这种非理性特征中，世界上的事物只有两类，要么正确，要么错误。

（3）灾难化。常会表现为“一旦出现了某种情况，天就要塌了，再也没有比这更可怕的了”，等等。

再其次，通过对非理性观念的认识和纠正，找出合理的观念。

最后，通过建立合理的信念，最终达到情绪感受的改变。

A ———— B ———— C ———— D ———— E

刺激事件　认知　情绪反应　辩论　新的情绪行为

资料来源：杨兢，周婧．大学生心理健康导读［M］．北京：首都师范大学出版社，2012：85－86。

课堂练习

“半杯水”的思考

思考：为什么同样一件事，会有两种完全不同的情绪反映？

事　情	想　法		情　绪
满头大汗，特别口渴，桌上只有半杯水	甲	真倒霉，怎么只有半杯水	沮丧、失望、埋怨、难过
	乙	哈哈！太好了，还有半杯水	开心、愉快、喜出望外、满足感

从“半杯水”故事中你受到什么启发？

同样一件事情，由于各人的想法不一样，因此产生的情绪也不一样。一个人苦恼也好，快乐也罢，都是由他（她）的想法决定的。所以，当我们遇到一些麻烦时，要试着改变一些不合理的想法，让自己快乐起来。

快不快乐，完全是由自己的想法决定的。

四、恐惧

（一）恐惧的表现及原因

恐惧是人类和动物共有的一种原始情绪之一，它是指个体在面临并企图摆脱某种危险情境而又觉得无能力摆脱时产生的情绪体验，恐惧发生时常有缩回或退避的动作并伴有异常激动的表现和生理反应，如心跳加快、毛发竖立、惊叫并有奇怪的面部表情等。引起恐惧的因素是多方面的，如熟悉的环境发生了意想不到的变化，奇怪、陌生、可怕的事情突然发生，黑暗、巨响、坏人、失去平衡及被其他人的恐惧情绪感染等。

（二）恐惧的调试方法

1. 克服羞怯心理

有些人见到陌生人就会感到羞怯，因此，我们要调整羞怯的心理。增强独立意识，重视个人发展，尊重自身价值观念，不必过多考虑人家是否认可，要相信自己。放下包袱，正确面对周围的环境，打消顾虑，大胆地从一件事、一次谈话开始。

2. 不要在意别人的看法

许多恐惧症患者过多担心他人对自己的评价，羞于与人打交道。这种心态会抑制自己表现能力的发挥，导致意志消沉、情绪低落、孤独彷徨，严重的甚至会导致社交恐惧症。

3. 克制多疑的心态

有些恐惧症患者比较敏感、多疑，常常破坏人际关系，又损害身心健康，轻则使自己陷入消极颓唐，重则导致各种极端事件发生。多疑的形成与性格内向、易激怒有关，患者常常缺乏安全感。

克服多疑的方法是建立良好的人际氛围，养成高尚的人生志趣，把主要精力用于事业和学习。乐善好施，乐而忘忧，是医治疑心病的好办法。

4. 合理认知

当恐惧发生时，要冷静想一想，是什么诱发了恐惧，恐惧的对象是什么，恐惧是客观发生的还是主观产生的，你认为恐惧时，别人是否和你一样恐惧，值不值得恐惧。恐惧症患者可通过类似上述的自我提问，借以改变自己不合理的认知。

恐惧症患者主要是存在心理的阴影，只要患者敢自己跨出第一步，对于病情的治疗会有巨大的推动作用。

第四节　幸福金钥匙

一、大学生情绪的特点

（一）大学生情绪体验的丰富性

大学生活的丰富多彩，使得大学生的情绪也变得丰富多彩。进入大学，学习生活的环境发生了巨大的变化，情感的体验不再局限于之前的学习成绩以及家庭，而是扩展到了更为广阔的世界里。人际关系、社会实践、自己的兴趣爱好、对于国家社会的关注、对于爱情的向往和追求等很多方面都为大学生的情感体验开辟新的天地。

（二）大学生情绪的波动性和两极性

与中学生相比，大学生的情绪兴奋性仍然较高，有时好激动，情绪容易波动起伏。表现为会因一时成功而欣喜、激动不已，又会因一点挫折而垂头丧气、沮丧，呈现情绪两极间的波动；有时还可能出现莫名其妙的情绪交替变化。大学生相比成年人比较敏感，一句善意的话语、一个感人的故事、一首动听的歌曲、一首情理交融的诗歌，都可以致使青年情绪发生骤然变化。有调查显示 70% 的大学生情绪都是经常两极波动的。

（三）大学生情绪的心境性

随着大学生认知思维的发展，大学生已不像中学生那样情绪主要受外界环境的控制，他们的情绪易于心境化。情绪一旦被激活，即使刺激消失，仍然会继续分析与思考，使得激情的状态转化成一种心境。这种情况具有两重性，正性激情转化为心境后使学生保持乐观的情绪，并成为不断前进的动力。而有的负性事件引发的狂躁、愤怒等可能会转化为一种压抑，长时间的没有热情快乐的心境。如果这种不良心境持续时间太长，极容易产生心理问题，乃至影响学习、工作和身体健康。大学生的许多心理问题都是长期处在不良的心境之中导致的。

（四）大学生情绪的文饰性

由于大学生的自尊心比较强，更多地注意自己的情绪在特定环境中的适合性。当环境不适宜的时候，避免直接的情绪表达，而是通过文饰的方式，隐藏自己内心的真实体验，用自己认为合适的方式表达自己的情绪。这样就可以保持自己在他人心目中良好的形象。

（五）大学生情绪的阶段性和层次性

大学阶段由于不同年级培养目标和培养重点不同，教育方式和课程设置都有所不同。因此，不同年级的学生面临不同的任务和情绪体验。刚进大学，新的环境、新的目标、新的生活方式、新的同学老师对于不同的个体会产生各自不同的情绪体验，这一阶段情绪的波动性比较大。大二、大三时随着入学新鲜感的褪去，对于学业、情感、未来人生的重新思考以及其他事件也会给大学生带来丰富的情绪体验，这一阶段的情绪比较稳定。毕业时的升学、择业、分离等使得成就感和压力感等混杂在一起，情绪含有较大的起伏性。除此之外，不同个体之间情绪控制和管理的能力有较大的差异性。

二、情绪对大学生的影响

对于大学生，情绪极大地影响着他们的生理健康、人际关系、学习和工作效率。并且由于情绪的不同类型使得正性的情绪容易产生积极的影响，负性情绪常常会对个体产生消极影响。

（一）情绪影响大学生生理健康

由于情绪的发生伴随着一系列的生理唤起，因此情绪的变化对于人体的生理功能产生着直接的影响。自古以来有“动气伤肝”的说法，现代的医学、心理学的研究都表明，情绪和人的身体健康有着密切的联系。大学生活的丰富性使得学生面临很多的机遇和挑战，对学生的心理素质也是极大的考验。如果大学生不能够顺利适应新的环境，不能正确地看待自己和他人的关系，极容易产生一些消极情绪，容易陷入悲伤、抑郁的心境里；这些消极的情绪如果不能得到及时的消解，容易使人体的免疫力下降，身体各器官功能紊乱等，甚至会引发严重的疾病。相反，如果大学生积极乐观，保持愉快的心情，对于身体的健康有极大促进的作用。

（二）情绪影响大学生学习

人们的情绪是变化的，我们时常会听到人说：“今天心情不好，什么事情也不想做。”实际上这就是情绪在作怪，它在悄悄地影响我们的学习。良好的情绪状态使得身心各器官功能协调，使我们充满学习的动力，注意力集中且持续时间比较长，思维的创造性也极容易被激发，从而使我们学习效率得到极大的提升。然而，当我们处于不良情绪中，学习效率会受到严重影响。因此，保持良好的情绪是一个人发挥自己能力的前提和基础。

（三）情绪影响大学生人际关系

社会心理学的研究显示，人们更愿意和快乐、自信的人做朋友。这是因为情绪的感染性在起作用，快乐或痛苦的情绪会在相邻的个体之间产生影响。良好积极的情绪会使陌生人之间的心理距离缩短，容易建立良好的人际关系。相反，如果大学生在面临突发事件时，不能很好地控制自己愤怒或者其他负性的情绪，极容易使得人际关系变得僵硬，更甚者失去朋友。

（四）情绪影响大学生就业及未来发展

情绪管理的能力，是大学生未来就业和发展的重要心理素质。如果在大学期间没有形成良好的情绪管理的能力，那么在面临激烈的竞争压力或者一系列的挫折时，就不能够迅速地调整自己的情绪，积极乐观地投入新的活动中，错失很多的机遇。

总之，情绪对于大学生的影响是双重的。良好的情绪使大学生充满活力与激情，消极的情绪影响着身心的健康和工作、学习、人际关系等诸多方面。

三、大学生积极情绪的培养

积极的情绪犹如清新的空气，让人心旷神怡、精神抖擞；消极的情绪就像一片片乌云笼罩着我们的心扉。虽然消极的情绪在某种程度上也有其社会适应等的功能，但是积极情绪能让我们感觉良好，它拓展我们的思维，它可以抑制消极情绪，更有益于我们的身心健康。因此，对大学生来说，培养积极的情绪，提高自己的情绪管理能力，是通向幸福之路的必要准备。

（一）学会宽容

“金无足赤，人无完人”，任何人都有出错的时候，大学生要学会正确看待自己和别人的缺点和不足。当别人不小心冒犯了自己，只管抱怨、指责的话，就是“要拿别人的错误来惩罚自己”。给他人犯错误的机会是体现大学生成熟心理素质的一个方面。

（二）幽默与微笑

幽默是一种智慧，生活中幽默的人总会给自己和身边的人带来生活的乐趣。幽默是生活的调味剂，它能让我们每时每刻都能发现生命的美好。相反，刻板、封闭的人往往发现不了开心快乐其实就在身旁。当产生不良情绪时，一句适当得体的幽默话语，可以消除忧虑、稳定情绪，还可以帮助我们摆脱尴尬和困境、增强自信心。因此，在大学生活中，可以有意识地增加自己幽默的成分。例如，多读一些笑话和同学分享，面临一些特殊情境时，能机智的利用幽默增加气氛或者化解尴尬。真诚的微笑可以拉近人与人之间的距离，传达出一种友好和信任，可以增进彼此的交流，从交流中体验丰富多彩的世界。

（三）建立和维持牢固的友谊

友情是大学期间比较珍贵的情谊，它是人类依恋情感的一种表现方式。大学生是特殊的群体，远离父母的时候，朋友便是获得情感支持抑或是物质帮助的重要来源。大学生活的复杂多变会带给我们各种不同的体验，与朋友分享自己的心情，不管是快乐或是悲伤都会在一定程度上带给我们心灵的慰藉。与朋友建立稳固的情感联系，在很大程度上满足了人的归属的需要，因此更容易使大学生感到幸福和满意。

（四）坚持身体锻炼

体育锻炼可以带来积极的情绪状态。它促进人类心血管的健康和机能，大大提高人们的免疫力。有规律的锻炼会降低心脏病或一些癌症的发生概率，使人长寿。长期锻炼可以使大学生降低焦虑和抑郁，提高学习的效率。因此，大学生保持身体健康，有规律的锻炼是培养积极情绪的基本途径。

（五）与大自然亲密接触

当大学生忙碌于学习的时候，有计划地给自己留出时间享受大自然是调节自己情绪的好方法。大自然的魅力会不由自主地吸引人们的注意，让自己浮躁、焦虑的心慢慢地沉静。温暖的阳光、美丽的山水风景常常会带给我们积极的情感体验。

（六）合理的宣泄

台湾作家罗兰在《罗兰小语》中写道：“情绪的波动对有些人可以发挥积极的作用。那是由于他们会在适当的时候发泄，也会在适当的时候控制，不使它们泛滥而淹没别人，也不任它们淤塞而使自己崩溃。”情绪的宣泄，特别是不良情绪的宣泄相当重要。从心理健康的角度讲，过分压抑自己的情绪只会使情绪困扰加重，不利于身心健康；适当的宣泄可以把不快的情绪释放出来，从而使紧张的情绪得到轻松、缓和。宣泄的方式有很多，可以通过诉说、运动、呐喊、哭泣、写日记等来使自己压抑的心情得到释放。

（七）乐于助人

帮助别人是人类快乐的一大源泉。俗话说“助人自助”，如果在需要的时候你能勇于伸出自己的双手，给予他人力所能及的帮助，别人的感激会带给你莫大的快乐和欣喜。而且在你困难的时候，也会得到别人的关心和帮助，这样的友好互惠容易使人产生非常愉快的情绪；相反，如果与人关系冷淡，经常受到别人的轻视或冷遇，则会产生郁闷的情绪。因此，要想保持良好的情绪状态，就要适时表示自己的善意，真诚地与人沟通和交流，主动伸出友谊之手帮助他人，朋友自然会增多，隔阂自然会减少，心情越来越充满阳光。

总之，培养积极情绪的方法有很多种，除上述提到的以外，还可以通过做自己感兴趣的事情、听听美妙的音乐、学会感恩和珍惜等来让自己体验到积极的情绪、幸福的感觉。

章末拓展

◇心理影视

《三块广告牌》

中国上映时间：2018 年

剧情介绍：

米尔德雷德的女儿在外出时惨遭奸杀，米尔德雷德和丈夫查理之间的婚姻因此走到了尽头，如今，她同儿子罗比过着相依为命的生活。一晃眼几个月过去了，案件仍然没有告破预兆，而警方似乎早已经将注意力从案子上转移开了。

被绝望和痛苦缠绕的米尔德雷德租下了高速公路边上的三块巨型广告牌，在上面控诉警方办案无能，并将矛头直接对准了警察局局长威洛比。实际上，威洛比一直隐瞒着自己身患绝症命不久矣的事实。因为这三块广告牌，米尔德雷德和威洛比的生活发生了翻天覆地的变化。

心理分析：

《三块广告牌》以一起悬而未决的奸杀案件为引，悲痛欲绝的母亲米尔德雷德为了给警方施压，租下了三块无人问津的公路广告牌，在广告牌上写下了“强奸致死”“至今没有抓到凶手?”“为什么，威洛比警长?”，简短的三句话即有力地道出了作为母亲的痛苦，也写出其对警察破案水平的愤慨，一石激起千层浪，米尔德雷德的行为给当地警方造成了极大的压力，电影也从而带出了另外两个主角，被直指的警长威洛比和他鲁莽的下属迪克森。

从剧情的伊始来看，本以为其所控诉的是警察的怠政不公，是一位母亲为了给女儿讨要公道的坚守，特别是在小镇警长、神父、医生轮番给身为母亲的米尔德雷德施压之时，一个痛失爱女，讨要真相的母亲无疑跃然光影。然而随着电影剧情一转，马丁·麦克唐纳镜头下的警长威洛比，其实是一个深受小镇居民爱戴的好人，同时他也因为癌症生命即将走向终点，而母亲的形象随着剧情的推进也变得更为多元，原来她与孩子的争吵也是导致悲剧发生的间接因素，内疚自责才是这位离异母亲内心真正的动力……

面对疾病与案件的重压，警长威洛比选择了自杀来结束生命，然而没有了威洛比，警员迪克森与母亲米尔德雷德的矛盾变得更为深化，由此所衍生的种种暴力，正义是非的取向开始变得模糊。最后，迪克森和米尔德雷德看到威洛比写给他们的遗书后和解，这一过程中，电影所要表现的“仇恨从来就无法解决问题，但是爱可以解决问题”这一关乎人性之善的内核才真正显现。

◇心理资源推荐

1. 相关书籍

（1）李子勋的《幸福从心开始：李子勋的100个快乐处方》，中国广播电视出版社2012年版。

这本书主要是作为心理医生的作者对涉及有关复杂的内心世界和人际间亲密关系的一些疑难问题的解答。这些解答和普通心理学的解释可能会很不一样，他认为大多数的心理冲突源于文化（观念系统、生活方式、群体规则）的冲突，而他的很多观念能够给读者带来一些新的体验，并提供一些面对心理困境的新方法，帮助读者开拓人生的快乐之旅。

（2）武志红的《心灵的七兵器》，世界图书出版公司，2012年出版。

贯穿本书的是这样一个基本观点和视角——如果认真聆听我们内心的声音，你会发现，生命中每一部分都是你的朋友，都是为了帮助你更好地生活。当你理解这一点时，就会带着感激的心去面对你本来仇视的缺点和恶习，开始把它们当作朋友来看待。这时，你就不会再像面对敌人一样试图去击败它们，而是去接纳它们、了解它们。

（3）［美］保罗·艾克曼的《情绪的解析》，杨旭译，南海出版公司，2012年出版。

保罗·艾克曼是享誉全球的著名心理学家、全球首席识谎专家，专精于非语言沟通。美国联邦调查局、中央情报局、警方、反恐小组等政府机构，以及皮克斯动画公司，常常请他当表情顾问。40年来，他系统研究新几内亚土著、精神分裂症患者、间谍、连续杀人犯和职业杀手的面容，《情绪的解析》就是他集大成的突破性研究成果。本书科学地解析了产生情绪时体内的生理变化外在的肢体语言声音、面部表情等，并提供小测试和练习，考察我们对情绪的了解，帮我们认清自己和他人最细微的情绪表现，提高我们对情绪发生的敏感度。我们的生活中不能没有情绪，我们要在情绪的世界里生活得更好！

2. 相关视频

中央电视台《心理访谈》之《我的情绪我控制》。

这是《心理访谈》节目“我的大学”系列中的一集，心理专家通过情绪ABC的方法，让我们学会换一种角度认识事件，从而改变消极情绪获得积极体验。

3. 相关网站

同第三章。

第五章　人际交往与合作

案例导读

小张是大一新生，性格较内向，从来没有住过校，从小都住在属于自己的房间里，进大学后与7名同学同住，在条件优裕的环境中成长的他，看不惯的是同寝室同学“不良”的卫生习惯，更不喜欢他们随便的作息时间，尤其不喜欢他们的高谈阔论。总之，看谁都不顺眼。由于内向的他本来就不擅长与人沟通，再加之看不起那些同学，于是，就以独来独往来减少与同学们的交往。时间一长，他发现寝室同学说说笑笑，进进出出都结伴而行，似乎他不存在，开始感到失落了，孤独感油然而升，曾经多次萌发过主动与他们交往的念头，可都事与愿违。他回寝室时总觉得同学们都在议论他，对他品头论足，还窃窃私语，一副嘲笑、鄙视的模样，他觉得受不了了，想过换寝室，但没有得到批准。

为了不和他们交往，他很少回寝室，只有睡觉时才回去，即使这样避开他们，似乎还是没有减少他们对自己的议论与不满，他开始失眠，食欲下降，精神状态越来越差，身体急剧消瘦，在寝室，话越来越少，甚至连笑声都很少听见，他感觉到听课的效率也越来越差，最后终于病倒了。在住院期间，寝室同学轮流守护在病床旁，看到那些平时让自己反感透顶的同学都忙着照顾他，送水喂饭，就像自己的家人生病了似的，他的心被震撼了。他把内心的苦闷与孤独告诉了他们，才知道原来一切都是自己“想”出来的，同学们只是觉得他不愿与他们交往，并不知道由此引发了他内心如此大的震荡……

想一想

（1）你曾有过上述案例中小张的经历吗？

（2）你会用什么方法来改善寝室中的人际关系？

资料来源：https：//www. wenkuxiazai. com/doc/f65e069bcc22bcd126ff0ccd－4. html。

第一节 人际关系概述

◆ 心理故事

穿行在沙漠中的两个人是一对好朋友。途中，两人发生了激烈争执，其中的一个人掌了另外一个人一记响亮的耳光。被掌耳光的人什么话也没有说，只是在沙子上写道："今天，我最好的朋友在我的脸上打了一耳光。"他们继续行走，终于发现了一个绿洲，两个人迫不及待地跳进水中洗澡，很不幸，被掌耳光的那个人深陷泥潭，眼看非常危险，他的朋友舍命相救，终于脱险。被救的人什么话也没有说，在石头上刻下一行字："今天，我最好的朋友救了我的命"。打人和救人的这个人问："我打你的时候，你记在沙子上，我救你的时候，你记在石头上，为什么?"另一个人答道"当你有负于我的时候，我把它记在沙子上，风一吹，什么都没有了。当你有恩于我的时候，我把它记在石头上，什么时候都不会忘记。"

资料来源：https：//www. docin. com/p－1344095026. html。

在东方哲学里，关系就是生产力。在西方，关系是最稀缺的商业资源。关系是一个很庞杂的概念，也是一个很复杂的社会现象。良好的人际关系能为我们的成功插上翅膀，因此锻炼人际交往能力就显得格外重要。无论我们走到哪里，"人熟好办事"的潜规则都是适用的。要想获得事业上的成功，必须建立良好的人际关系。

一、大学生人际关系现状调查

2013 年 4 月 17 日下午，复旦大学官方微博发布消息称，该校 2010 级硕士研究生黄洋，经抢救无效在上海中山医院去世。上海警方表示，在该生寝室饮水机内残留水中检测出某有毒化合物成分，认定其寝室室友林某有作案嫌疑，林某认罪，受到法律的严惩。那到底林某的作案动机是什么？因为林某来自农村，家庭背景不是很好，然而在林某的性格中，自尊、上进、好强、善良的一半，始终没有停止与苦闷、自责、充满挫败感的那一半的战争。他以自己的方式竭尽全力与同学沟通，却始终效果不佳。最终因为与室友关系不和，而导致自我与他人的毁灭。

曾有一个关于大学生人际关系现状的调查，结果显示：

第一，大学生的人际交往情况整体上比较良好，在人际交往方面有困扰的比例比较正常。调查分析显示，56% 的大学生认为自己的人际关系不错，自己很满意；37. 50% 的大学生认为关系一般过得去，但也有 6. 25% 的大学生觉得自己的人际关系很糟糕、很失败。

第二，大学生与人交流的意向比较强。68.7%的大学生觉得自己性格不内向；问及“当你建立了稳固的朋友圈子后，你还愿意去结识新的朋友吗?”68.7%的人选了愿意，另外31.3%的同学也选了视情况而定，没有人选择“不愿意”和“没想过”。这说明大学生对自身的性格还是比较自信的，大部分人都有良好的心态和主动性去结交新朋友，都是渴望有好的人际关系的。

第三，大学生与朋友、家人的联系偏少。问卷显示，大多数大学生通过短信和上网聊天来联系朋友。所以设置了关于短信发送量和上网时间的问题。大多数学生的短信发送量在300条以下。你可能觉得这比较多，但是大学生卡一般有短信套餐500条，只用300条不到、甚至低于50条，确实说明大学生和朋友联系得不多，心态不够积极。同家人的联系也一样，只有极少数人主动联系家人，很多人甚至极少和家人互相联系。家该是最温暖的港湾，家人是最亲近的人，都应该记得常回家看看，或打个电话，或发个短信。

第四，大学生能比较好地适应寝室的生活。寝室是除了教室和图书馆，大家最常待的地方，是在学校的家。调查显示大多数大学生都能创造出比较和谐的寝室氛围。虽然来自不同的地方，有着不同的习惯，但是都能调节和互相适应。

第五，大学生的心理自卑和孤僻现象还比较严重，影响交往主动性。不少的学生常觉得自己是孤单一人，即使身边有室友有伙伴。这体现出当代学生对交谈技巧的缺乏，在交际中不能正确地表现自己，觉得自己孤单一人，不能和别人进行很好的沟通。有自卑心理的大学生在交往中，往往极其看重他人对自己的看法，不敢主动与人交往，人际交往的主动性被压抑。自卑者常感不安，从而限制自己在狭小的人际交往圈中，极少主动进行人际交往。孤僻等不良情感也对大学生的人际交往主动性产生重大影响。孤僻表现为不合群，待人不随和，或是由于行为习惯上的某种怪僻而使人难以接受，交往的主动性本来就不强，继而遭到交往人群的拒绝，在心理上造成更深的自信危机，从而愈演愈烈，可能陷入恶性循环之中，交往的主动性变得很弱，难以自拔。

第六，针对大学生的自杀或他杀行为，正是由于因为嫉妒或学习方面的原因，当事人不能很好地处理与同学、室友的关系，导致了悲剧的发生。

二、人际关系的定义

人不仅是生物意义上的人，而且也是社会意义上的人，人离开了社会是不能独立存在于世界中的。人们为了生存，就不可避免地以一定的方式联合起来，形成各种群体，同自然界发生关系，以创造物质财富与精神财富。

人际关系（interpersonal relations），在社会学中，被定义为人们在生产或生活活动过程中所建立的一种社会关系；在心理学中，被定义为是人与人之间在活动过程中直接的心理上的关系，或心理上的距离。人际关系反映了个人或群体寻求满足其社会需要的心理状态。因此，人际关系的变化与发展决定于双方社会需要满足的程度。

不同的人际关系会引起不同的情绪体验。人与人之间心理上的距离越接近，双方越会感到心情舒畅，无所不谈。若人与人之间发生了矛盾与冲突，心理上的距离变大，彼此会产生不愉快的情绪体验，心情抑郁、孤独、忧伤，从而影响个人的身心健康，严重的还会导致心理失常。

可见，人际关系是人与人之间心理之间的关系，也就是情感上的关系。表现为双方发生好感或恶感，对别人的行为容易接受或无动于衷、积极地交往或闭关自守、心理上与他人相容或不相容等。

三、人际关系的重要性

人际交往能力是指妥善处理组织内外关系的能力。包括与周围环境建立广泛联系和对外界信息的吸收、转化能力，以及正确处理上下左右关系的能力。

人际交往能力就是在一个团体、群体内与他人和谐相处的能力，人是社会的人，很难想象，离开了社会，离开了与其他人的交往，一个人的生活将会怎样？有人存在，必须与人交往。当我们走上社会的时候，会与各种各样的人物打交道。在与人交往中，能否得到别人的支持、帮助，这涉及自身能力的问题。大学生在校学习期间，就要培养自己与同学、与教师、与领导、与职工打交道的能力。与同学交谈，可以论证不同的学术观点，可以谈对社会现象的不同认识，在论辩中提高自己的思辨能力；与老师交谈，可以交流读书心得，理清不同的思想认识，可以从中受到启迪；与领导交谈，可以充分交流自己对问题的不同见解，还可以锻炼自己在领导面前不怯场；与职工打交道，你可以了解到他的工作状况和不同的心态。善于与人交往，你会从中学到很多书本上学不到的东西。

现代社会是信息社会，信息量之大，信息价值之高，是前所未有的。人们对拥有各种信息和利用信息的要求，随着信息量的扩大，也在不断地增长。通过人际交往，我们可以相互传递、交流信息和成果，使自己丰富经验，增长见识，开阔视野，活跃思维，启迪思想。

古人云："独学而无友，则孤陋而寡闻"。人际交往，可以帮助我们提高对自己的认识，以及自己对别人的认识。在人际交往的过程中，彼此从对方的言谈举止中认识对方。同时，又从对方对自己的反应和评价中认识自己。交往面越宽，交往越深，对对方的认识越完整，对自己的认识也就越深刻。只有对他人的认识全面，对自己认识深刻，才能得到别人的理解、同情、关怀和帮助，自我完善才可能实现。

人际交往是协调一个集体关系、形成集体合力的纽带。而一个良好的集体，能促进青年学生优良个性品质的形成。如正义感、同情心、乐观向上等都是在民主、和睦、友爱的人际关系中成长起来的。良好的人际关系还能够增进学生集体的凝聚力，成为集体中最重要的教育力量。人际交往是人与人之间的一种互动。良好的人际交往能力是积极向上的，反之，不利于个体全面健康地发展。

四、人际关系建立与发展的过程

奥尔特曼和泰勒（1973）认为，良好的人际关系的建立和发展，从交往由浅入深的角度来看，一般需要经过定向、情感探索、感情交流和稳定交往四个阶段。

（一）定向阶段

定向阶段包含着对交往对象的注意、抉择和初步沟通等多方面的心理活动。在熙熙攘攘的世界里，我们并不是同任何一个人都建立良好的人际关系，而是对人际关系的对象有着高度的选择性。在通常情况下，只有那些具有某种会激起我们兴趣特征的人，才会引起我们的特别注意。在一个团体中，我们在人际关系方面会将这些人放在注意的中心。

注意也是选择，它本身反映着某种需要倾向。比如在我们选择恋人时，某些与我们观念中理想的情人形象相接近的异性，尤其会吸引我们的注意。

与注意不同，抉择是理性的决策。而注意的选择是自发的，非理性的。我们究竟决定选择谁作为交往对象，并与之保持良好的人际关系，往往要经过自觉的选择过程。只有那些在我们的价值观念上具有重要意义的人，我们才会选作交往和建立人际关系的对象。

初步沟通是我们在选定一定的交往对象之后，试图与这一对象建立某种联系的实际行动。目的是对别人获得一个最初的了解，以便使自己知道是否可以与对方有更进一步的交往，从而使彼此之间人际关系的发展获得一个明确的定向。由于初步沟通实际上是试图建立更深刻关系的尝试，因此，尽管我们所暴露的有关自我的信息是表面的，但我们都希望在初步沟通过程中给对方留下良好的第一印象，以便使以后关系的发展获得一个积极的定向。

人际关系的定向阶段，其时间跨度随不同的情况而不同。邂逅而相见恨晚的人，定向阶段会在第一次见面时就完成。而对于可能有经常的接触机会而彼此又都有较强的自我防卫倾向的人，这一阶段要经过长时间沟通才能完成。

（二）情感探索阶段

这一阶段的目的，是彼此探索双方在哪些方面可以建立真实的情感联系，而不是仅仅停留在一般的正式交往模式。在这一阶段，随着双方共同情感领域的发展，双方的沟通也会越来越广泛，自我暴露的深度与广度也逐渐增加。但在这一阶段，人们的话题仍避免触及对方私密性的领域，自我暴露也不涉及自己根本的方面。尽管在这一阶段人们在双方关系上已开始有一定程度的情感卷入，但双方的交往模式仍与定向阶段相类似，具有很大的正式交往特征，彼此都仍然注意自己表现的规范性。

（三）感情交流阶段

人际关系发展到感情交流阶段，双方关系的性质开始出现实质性变化。此时双方的人际关系安全感已经得到确立，因而谈话也开始广泛涉及自我的许多方面，并有较深的情感卷入。如果关系在这一阶段破裂，将会给人带来相当大的心理压力。在这一阶段，双方的表现已经超出正式交往的范围，正式交往模式的压力已经趋于消失。此时，人们会相互提供真实的评价性的反馈信息、提供建议，彼此进行真诚的赞赏和批评。

（四）稳定交往阶段

在这一阶段，人们心理上的相容性会进一步增加，自我暴露也更广泛深刻。此时，人们已经可以允许对方进入自己高度私密的个人领域，分享自己的生活空间和财物。但在实际生活中，很少有人达到这一情感层次的友谊关系。许多人同别人的关系并没有在第三阶段的基础上进一步发展，而是仅仅在第三阶段的同一水平上简单重复。

五、人际关系的影响因素

（一）交往目的

每个人都有各种社会需求，而这些社会需求是在人际交往过程中获得满足的。这些需求可以分为三种：被他人接纳的需求、影响他人的需求以及情感的需求。首先，人们都希望被别人所关注、承认和重视，并通过各种人际交往活动来满足这种需求。一般来说，人们是通过展示自己的优点来吸引别人，让别人关注自己、接纳自己。虽然有的学生调皮捣蛋、故意犯错误，其实，很多时候他们是希望通过这样的方式使别人注意自己，并接纳自己。一名优秀的教师应拥有宽大的胸怀，在与学生的交往中发现他们的优点，以及容纳并帮助学生改正缺点。其次，影响他人的需求往往表现为对别人行为、观念其决定的影响，如有的学生与别人交往的目的，是为了让其在决定某件事时做出能满足自己意愿的选择。最后，人人都需要别人的关爱以避免孤独，情感需求在人际交往中有着举足轻重的作用。以满足情感需求为主的人际交往是建立在友爱、关怀基础之上的，当交往双方彼此关心、互相爱护时，情感需求便得到满足，人际交往就会朝着积极的方向发展；反之，则会使双方疏远，人际交往活动减少。

（二）交往工具

人际交往必须借助一定的工具才能进行，交往的工具大致可分为语言工具和非语言工具。语言是人类传递信息最重要的工具，复杂的思想、知识、观点等只有通过语言才能被明确地表达。善于言辞的人在人际交往中具有天然的优势，他们能清楚地表达自己的思想，使交往顺利进行，而不善于用言语表达的人，跟人交流时往往会遇到困难，因此他们的人际活动不多，所交的朋友也很少。

非语言工具是指除语言工具之外所有的沟通方式，如面部表情、肢体动作、语言语速、交往距离、穿戴服饰，甚至绘画、沙游、做梦、笔迹等，在人际交往中起着非常重要的作用。

（三）交往情境

情境是指影响事物发生或对有机体行为产生影响的环境条件，有客观情境和心理情境之分。客观情境是指诸如光线的明暗、温度的高低等物理环境，如教学活动在明亮、爽朗的环境里更容易进行，而晚会活动则在光线柔和的环境里更适宜。心理情境则是指如交往的场合、气氛等由个体主观体验到的环境。不同的社会背景、不同的社交场合，存在不同的社会行为规范。人们必须根据交往情境做出相应的行为，才能使交往活动达到好的效果。

（四）人际吸引

人际吸引（interpersonal attraction）也称人际魅力，是人与人之间在情感方面相互喜欢、相互悦纳的现象。影响人际吸引的因素，主要有时空接近性、相似性与互补性、特质因素以及外表吸引力。

（1）时空接近性。在学校里，我们可以发现，同桌或邻桌的学生往往会成为朋友，经常碰面的人也很容易拉近关系，这表明时空接近性（proximity）是导致人际吸引的重要因素之一。时空上的接近性会使人们有更多机会接触，有助于双方发现共同的经验、话题，从而建立起密切的人际关系。

（2）相似性与互补性。相似性（similarity）是指人们倾向于喜欢那些跟自己在态度、兴趣、价值观、背景以及人格方面相似的人，即“物以类聚，人以群分”。相似性之所以能导致人际吸引，一方面是因为在许多方面相似的人那里可以得到更多的赞同和支持，另一方面，人们总是会被别人的优点所吸引，但如果对方的条件太好，被对方拒绝交往的可能性也越大，所以跟自己相似的人往往是理想与现实的最佳结合点。相似性的作用是有一定范围的，如当人们得知与自己相似的人具有某种不好的特质时，会担心自己也跟别人一样，因此拒绝和他们来往。需求的互补性（complementarity）也会导致人际吸引。如果一方所表现出来的行为或品质正好与对方相反又能满足另一方的心理需求，则很可能彼此产生强烈的吸引力，让人际关系变得密切。

（3）特质因素。个性品质也是人际吸引的一个重要因素，如性格开朗的人，总是比性格内向的人更容易交到朋友，而能力高的人也常成为别人接近的对象。个性中哪些因素才是人际关系中最重要的呢？安德森（Anderson，1968）向一群大学生呈现 555 个描述人性格的形容词，并让其评价当对方拥有这些形容词所描述的特质时，他们对这个人的喜欢程度。结果发现：与诚信有关的词受欢迎的程度最高，如真诚、诚实、忠诚、坦率、可靠，而得分最低的则是不诚实和弄虚作假。由此可见，诚信的人才是最受欢迎的人。

（4）外表吸引力。虽然以貌取人是不正确的，但事实上人们很难消除在形成对别人的印象时对方外表所起的巨大作用。外表引力既包括相貌、身材这些生理因素，也包括穿着、仪态等非生理因素。人们不但会对别人的外表进行评价，而且会根据外表来评价别人的内在品质。例如，长得好看的人往往会被看作同时拥有其他一些优秀的品质，如心理健康、有支配力、聪明等，虽然这些品质实质上与外表毫无关系（Jackson，Hunter & Hodge，1995）。外表吸引力除了会与个人品质联系起来外，还有一个重要的作用是人们认为拥有一个漂亮的朋友会有助于提高自己的公众形象，因此从中得到收益。但外表吸引力存在很多局限，不同文化、时代甚至不同的个人对美的评判标准是不一样的。例如，一个追求时尚的人可能会得到大多数年轻人的喜爱，但也可能受到年长者的排斥。更重要的是，外表吸引力对人们判断力的影响会随时间而减弱，在交往时间较长后，人们更多依据个人的特质来对其进行评价。

（5）宽容与热情。宽容与热情也是影响人际吸引的重要因素。其中，宽容是指待人温和、友好、宽厚及知足，它是人际交往中接纳对方、表示友爱的重要条件。一个苛求他人、对别人缺点和错误都耿耿于怀的人，在人际交往中是难以被别人接受的。

第二节　大学生人际关系解读

大学生的人际关系总体来说是积极健康的，但由于社会大环境的变化、家庭环境的差异以及学校环境的变迁，大学生的人际交往中还存在着一些问题。

一、大学生人际交往中存在的问题

（一）交往范围的问题

许多大学生交往意识较强，他们不仅与校内的同学交往，还因工作等其他需要积极投入社会，主动结交社会上的朋友。但有些大学生交往范围十分狭窄，例如，有些仅限于班级同学及老乡，形成一个小圈子，就因为几个同学相处很好，导致不自觉地排斥他人；有些同学封闭在一个狭小的空间里，他们仅与寝室室友有接触，很少走出寝室与其他同学交往；有些同学一旦谈恋爱，就沉浸在二人世界中，完全忽略周围的人。

（二）同学关系方面的问题

进入大学以来，不少同学感受最深的就是自己和同班同学相处特别困难。表面上似乎同班同学经常在一起上课、搞活动，大家接触的机会很多，实际上有相当一部分同学相互之间显得比较冷淡。有些学生在路上遇到时相互之间根本不打招呼，如同陌路人，甚至大学四年都没跟班上好多同学讲过话。

（三）寝室关系方面的问题

寝室人际交往是大学生人际交往最直接的形式，相互影响最为明显。但是部分大学生却在寝室里煎熬着。资料显示，有一所高校一年来接待类似处理不好寝室内人际关系，导致抑郁、焦虑、强迫等症状的心理咨询就达1100余人次。20世纪90年代逐步升温的校外租房现象中，逃避集体生活的约束和不适应是一个不容忽视的主要因素。

（四）异性关系方面的问题

许多大学生认为异性之间的相处会比同性之间的相处更容易些，许多女生觉得与男同学交谈更轻松一些，不会有任何压力。但是大学生中的异性交往也存在着不少问题。在异性交往的感受上，男生比女生更紧张，更困难，因此女生能够比较大方地对待异性朋友之间的关系，而男生对于异性交往比较敏感、害羞，甚至不知道应该如何适当地与异性交往。

（五）师生关系方面的问题

有些大学生时常会有感觉不到老师的存在；有些同学对老师缺少亲近的欲望，不敢惹他生气；有些同学认为许多老师根本不理解学生的心理状态；也有同学将其他同学与老师的相处，特别是与班主任的相处看作是他们通向成功的一种手段而觉得特别难受。

二、大学生最常见的人际交往心理问题

人际交往是人们社会生活的重要内容之一，自我的发展、心理的调适、信息的沟通、各种不同层次需求的满足，都离不开人际交往。

每一个人，都希望善于交往，都希望通过交往建立起和睦的家庭关系、亲属关系、邻里关系、朋友关系、同学关系、同事关系……而这些良好的社会关系可以使个人在温馨怡人的环境中愉快地学习、生活和工作。但在实际的交往过程中人们（包括大学生），总是或多或少地存在着一些不尽如人意之处，影响了人际交往的正常进行。

（一）自负

在与他人交往中，不少大学生总是把自己的个人利益和意识放到第一位，关心个人的需要，强调自己的感受，表现为目中无人，不顾及别人的感受；只希望得到别人的尊重，却不懂得如何去尊重别人；说话、做事、看问题总是站在自己的立场，不懂得换位思考；一旦自己的需求得不到满足，就会怨天尤人、情绪失控。

比如，与同学相聚，不高兴时会不分场合地乱发脾气，高兴时则海阔天空、手舞足蹈讲个痛快，全然不考虑别人的情绪和别人的态度。另外，在对自己与别人的关系上，过高

地估计了彼此的亲密度，说话随意。这种过于亲密的行为，反而会使人出于心理防范而与之疏远。

◆ 案例

谢某，女，20岁，大学二年级学生，身高1.65米，是学校舞蹈队队长，认为自己长得非常漂亮、才能超群。参加活动积极、踊跃，喜欢卖弄自己，认为自己什么都行。穿着鲜艳、时尚，常常对同学不屑一顾，看不起周围同学，认为别的女生穿衣没品位，男生就知道献殷勤。担任班上文娱委员，什么工作都喜欢插一手，喜欢指使、支配别人做事。而对别人提的意见却总不能接受，认为自己做的都是对的、好的，别人没有资格评论。

[案例分析]

每个人都有属于自己的东西，我要争取我应得到的，但不嫉妒别人应得到的。除此之外，大学生应正视社会现实。社会上每个人都有其欲望与需求，也都有其权利和义务，这就难免会出现矛盾，不可能人人如愿。

资料来源：http：//blog. sina. com. cn/u/1942557607。

如何克服自负，可以从以下方面着手：

（1）不能只顾自己，忽视别人的存在。当你想做某件事时，设想一下，如果另外一个人也同样想做时，你认为他这样做对你有什么利害关系？

（2）学会关爱别人。从自我的圈子中跳出来，多设身处地地为别人着想，以求理解他人。学会尊重、关心、帮助他人，生活中最简单的爱的行为便是关心人。俗话说：要想获得爱，首先必须付出爱。我们要遵循成熟的爱的原则——“我被爱因为我爱”，而摒弃幼稚不成熟的爱的原则——“我爱因为我被爱”。相信“只要人人都献出一点爱，这个世界将会变成美好的明天！”

（3）正确认识自我。每个人都有自己的优点与缺点，长处与短处，大学生应该正确认识自己，学会取长补短，提升自我，完善自我。

（二）嫉妒

西班牙作家赛万提斯指出：“嫉妒者总是用望远镜观察一切，在望远镜中，小物体变大，矮个子变成巨人，疑点变成事实。”嫉妒是对与自己有联系的、而强过自己的人的一种不服、不悦、失落、仇视，甚至带有某种破坏性的危险情感，是通过自己与他人进行对比，而产生的一种消极心态。当看到与自己相关的人取得了比自己优越的地位或成绩时，便产生一种忌恨心理；当对方面临或陷入灾难时，就隔岸观火，幸灾乐祸。甚至借助造谣、中伤、刁难等手段贬低他人，安慰自己。正如黑格尔所说：“有嫉妒心的人自己不能完成伟大事业，便尽量去低估他人的伟大，贬低他人的伟大使之与他本人相齐。

嫉妒的特点是：针对性——与自己有联系的人；对等性——往往是和自己职业、层次、年龄相似而超过自己的人；潜隐性——大多数嫉妒心理潜伏较深，体现行为时较为隐秘。

◆ 案例

小明是日语系的大一学生。大一开学时，与室友小强关系不错，两人无话不谈。大一期末考试，平时不努力的小强拿了高分，而非常用心的小明成绩却不理想。小明心里特别不舒服，与小强的交流也减少了。进入大二后，小明就更加一门心思扑在学习上，很少参加活动；而小强竞选上了组织部部长，经常召集其他同学来宿舍讨论。每当这个时候小明心里就不是滋味："我平时学习比他用功，而且我的能力一点不比他差，为什么我不能像他那样呢？"原本打算挽回友谊的小明渐渐对小强充满了敌意。

资料来源：http：//www.doc88.com/p－1136848817548.html。

既然嫉妒心理是一种损人损己的不健康心理，严重影响自己的身心健康，那么如何克服呢？

（1）认清嫉妒的危害。嫉妒的危害一是打击了别人，二是伤害了自己、贻误自己。遭到别人嫉妒的人自然是痛苦的，嫉妒别人的人一方面影响了自己的身心健康，另一方面由于整日沉溺于对别人的嫉妒之中，没有充沛的精力去思考如何提升自己，害人又害己。认清这些是走出嫉妒误区的第一步。

（2）克服自私心理。嫉妒是个人心理结构中"我"的位置过于膨胀的具体表现。总怕别人比自己强，对自己不利。因此，要根除嫉妒心理，首先根除这种心态的"营养基"——自私。只有驱除私心拓宽自己的心胸，才能正确地看待别人，悦纳自己，机常说的"心底无私天地宽"。

（3）正确认知自己。客观公正地评价别人，也要客观公正地评价自己。别人取得成绩并不等于自己的失败。"人贵有自知之明"。强烈的进取心是人们成功的巨大动力，但冠军只有一个，尺有所短，寸有所长，一个人不可能事事都走在人前，争强好胜不一定能超越别人。一个人只要客观地认识自己的优势和劣势，现实地衡量自己的才能，为自己找到一个恰当的位置，就可以避免嫉妒心理的产生。

（4）将心比心。将心比心在心理学上叫"感情移入"。当嫉妒产生时不妨设身处地地为对方着想，扪心自问，"假如我是对方又该如何？"运用心理移位法，可以让自己体验对方的情感，有利于理解别人，有利于抑制不良心理状态的蔓延，这是避免嫉妒心理行为之有效的办法之一。

（5）提高自己。嫉妒的起因就是看不惯别人比自己强。如果能集中精力，不断地学习、探索，使自己的知识、技能、身心素质不断得到提高，那么，也可以减少嫉妒的诱因。而且，丰富多彩的课余生活，自然也就减少了“无事生非”的机会，这是克服嫉妒心理最根本的方法之一。

（6）完善个性因素。嫉妒心理极强的人，不少是心胸狭窄、多疑多虑、自卑、内向、心理失衡、个性心理素质不良的人。努力完善自己的个性，提高自己的心理素质，以健康的心态面对生活。

（7）树立正确的竞争意识。公平、合理为基础的竞争是向上的动力，对手之间可以互相取之所长，共同进步从而建立正确的竞争意识。嫉妒是人类心灵的一大误区，祝愿所有的大学生自觉克服嫉妒心理，走出心灵误区，成为身心健康的个体。

（三）多疑

这是人际交往中的一种不良的心理品质，可以说是友谊之树的蛀虫。正如英国哲学家培根说的：“多疑之心犹如蝙蝠，它总是在黄昏中起飞。它能使你陷入迷惘，混淆敌友，从而破坏人的事业。”具有多疑心理的人，往往先在主观上设定他人对自己不满，然后在生活中寻找证据。带着以邻为壑的心理，会无中生有，甚至把别人的善意曲解为恶意。这种狭隘的、片面的心理必经克服。

◆ 延伸阅读

可悲的猜疑

在美国阿拉斯加，有一位年轻人的太太因难产而死，遗下一个孩子。他忙于生活，又忙于看家，没有人帮忙看孩子。因而他训练了一只狗，那只狗聪明听话，能照顾孩子，咬着奶瓶喂奶给孩子喝，抚养孩子。有一天，主人出门去了，叫狗照顾孩子。他到了别的乡村，因遇大雪，当日不能回来。第二天才赶回家，狗立刻高声出来迎接主人。他把房门打开一看，到处是血，抬头一望，床上也是血，孩子不见了，狗在身边，满口也是血。主人发现这种情形，以为狗性发作，把孩子吃掉。大怒之下，拿起刀来向着狗头一劈，把狗杀死了。之后，突然听到孩子的声音，又见他从床下爬了出来，于是抱起孩子，虽然孩子身上也有血，但并未受伤。他很奇怪，不知究竟是怎么一回事，再看看狗身，腿上的肉没有了，旁边有一只狼，口里还咬着狗的肉。原来，狗救了小孩，却在主人的猜疑与误解中丢了性命。

资料来源：https：//baobao. baidu. com/question/3951ef8e6d01f892c6d51ddeaae43b28. html。

（四）自卑

自卑感是一种自助困难的复杂的情感，个体心理学的创始人阿德勒把自卑感解释为自卑情结。阿德勒认为，自卑情结是以个体认为自己的能力、所处环境、天赋不如别人的观念导致的潜意识欲望和情感组成的一种复杂心理。

美国心理学家的研究表明，儿童时期如果各项活动取得成绩而得到老师、家长及同伴的认可、支持和赞许，便会增强他们的自信心、求知欲，内心获得一种快乐和满足，就会养成一种勤奋好学的良好习惯。反之，他们会产生一种受挫感和自卑感。个体自卑感的形成主要是社会环境长期影响的结果。

自卑的浅层感受是别人看不起自己，而深层的理解是自己看不起自己，即缺乏自信。

在大学生中，自卑感是一种较多见的情感状态，这种情感并不是完全消极的，也有积极的一面。自卑感只有在达到使自己感觉痛苦、影响人际关系、持续时间较长的程度下，才能成为自卑问题。

◆ **延伸阅读**

在1951年，英国人富兰克林从自己拍得极为清晰的DNA的X射线衍射照片上，发现了DNA的螺旋结构，就此还举行了一次报告会。然而富兰克林生性自卑多疑，总是怀疑自己论点的可靠性，后来竟然放弃了自己先前的假说。可是就在两年之后，霍森和克里克也从照片上发现了DNA分子结构，提出了DNA的双螺旋结构的假说。这一假说的提出标志着生物时代的开端，因此而获得1962年的诺贝尔医学奖。假如富兰克林是个积极自信的人，坚信自己的假说，并继续进行深入研究，那么这一伟大的发现将永远记载在他的英名之下。

资料来源：http：//www. mofangge. com/html/qDetail/08/c1/201408/6qg9c108214610. html。

测一测

羞怯量表（见第二章）。

（五）社交焦虑

社交焦虑是指在与人交往时出现的不舒服、不自然的体验，严重的会导致紧张、恐惧的情绪。

大学生常见的社交焦虑表现在与不熟悉的人交往时会脸红、一定程度的紧张，有些情况下会出汗、心慌等。这些表现经过自我调节和锻炼，可以有较好的改善或消失。较为严重的社交焦虑会表现出回避社会交往、害怕与“权威人士”接触，有些甚至与普通人也出现交往困难。有的还会出现“场景回放”的表现。即在离开了产生焦虑的现实社交环境后，还会不断地在头脑中分析、再现焦虑的情景，使焦虑的情绪体验得到强化。

预防和治疗社交焦虑，具体措施包括：

（1）增强自信心，克服自卑心理。有社交焦虑的大学生，大多对自己缺乏足够的自信，主动性较差，在公众场合无法保持正常的心态，在内心深处有着较强的自卑感。这些学生由于各种原因对自己的品质、智力、能力等感到怀疑，因而在人际交往中常表现出忧虑、紧张、不安、回避等情绪和行为反应。因此，克服社交焦虑首先应该从心理上对自己充满信心，要多看到自己的长处，多想成功的经历，多用积极的语言暗示自己“我能行”，激励自己“我一定会成功的”“我不比别人差”“我是最好的我”；其次，从心理上去掉“怕”字，在社交场合越是拘谨越不利于个人水平的发挥，必须消除交往中的自卑和胆怯心理，大胆与人交往就能收到满意的交往效果。

（2）客观评价自己，克服完美主义倾向。有社交焦虑的大学生，大多过分苛求自己，有完美主义倾向强烈，非常希望给人留下美好的印象。有的学生在交往中过分注重自己的言谈举止，对自己的言行希望别人积极回应，如果某句话别人没有给予回应，就会思前想后，从而让自己更加的拘束和无言。有的学生有时候还会经常想自己和他人的对话，老是担心自己说的话别人是否会在意、别人会怎么看、会不会有什么不好的影响。这些学生太在意别人对自己的评价，特别是害怕在交往中出现言行失当、话不投机的窘态，心理负担过重，久之就会出现社交焦虑。如果我们能正确、全面评价自己，愉快地接纳自己，以自我评价为主，经常告诫自己“人无完人，金无足赤”，我们就会以积极的态度审视和面对别人对自己的评价，特别是对自己的否定性评价，与人交往时就会坦然、从容得多。

（六）敌视

敌对是个体遭受挫折引起强烈不满时而表现出来的一种仇视、对抗、不相容的情绪状态。这是人际交流中比较严重的一种心理问题。这种人总是以仇视的目光对待别人。这种心理或许来自童年时期的家庭环境，由于受到虐待使他产生“别人仇视我，我仇视一切人”的心理。对不如自己的人以不宽容表示敌视；对比自己强的人用敢怒不敢言的方式表示敌视；对处境与己类似的人则用攻击、中伤的方式表示敌视。周围的人随时有遭受其伤害的危险，而不愿与之往来。

◆ 案例

大一男生A，考入大学前一直担任班长，还曾被学校评为优秀班干部，但考入大学后，没有进入班委，心里已有失落感；在学期结束评选三好学生时，又名落孙山，他感觉自己比被评为三好学生的B同学和C同学更为优秀，便大发雷霆，追查不投他票的同学，寻机报复；对被评为三好学生的同学，制造谣言，恶意中伤。在学校老师稍有批评，找碴跟老师作对，跟同学争吵。把别人对他的真诚赞扬看成是冷嘲热讽；把老师和同学给他提的意见当作挖苦打击。对他人怀有一种明显的敌对情绪。

资料来源：https：//wenku. baidu. com/view/99f3f6e604a1b0717fd5dd3d. html（改编）。

我们应该看到，对人敌视也是一种心理问题。大家不应该歧视这种人，或以为他们故意和自己过不去，而应该对他们更加宽容，使他们在实践中不断纠正自己的敌对心态。对有这种障碍的人来说，可以采取以下措施：

（1）要消除偏见。在人际交往中，不要戴着有色眼镜曲解他人的态度，不要不分青红皂白地认为他人的言谈举止都有敌意，凡事要多从正面去理解，恶意伤害别人的人毕竟是极少数。即使是恶意伤害，只要心平气和地加以处理，也会使伤害降低。同时，也不要以自身的好恶取舍他人，要懂得人的兴趣、需要、性格是各不相同的。如果对与自己好恶相左的人都看不顺眼，则势必会把自己孤立起来而成为孤家寡人。因此，一定要尊重他人，理解他人。只有这样，他人才能尊重自己，理解自己。

（2）要热情待人。人与人是平等的，不管他人才智、性格、地位、名声如何，应该与之和谐相处，任何形式的轻视、蔑视、歧视和敌视都是造成敌对状态的温床。只有热情待人、接纳他人，他人才能热情待己、接纳自己。人与人之间的关系是互酬的，因此一定要在人际交往中逐步学会互相包容、互相谅解、互相支持、互相协助，并逐渐习惯和适应这种交际方式，使敌对情绪渐趋淡化。

（3）要学会宽容。对自己要宽容，做事情不要把标准定得太高；对别人要宽容，不要斤斤计较，要抱着与人为善的态度，即便是别人的错误，也要尽量持宽容的态度。这样，你就会有一个和谐的人际环境了。

三、大学生人际交往问题的调适

（一）调整认知方式

出现大学生人际交往问题的一个关键原因，是大学生本身存在着认知偏差。调整大学生的认知方式是改善人际关系的重要措施。它要求我们调整思维模式，学会正确看待自己、他人以及自己与他人的关系。

首先，调整头脑中不合理的信念，比如，对人或事的绝对化和过分概括化这些不合理的信念，它会导致消极情绪的产生从而阻碍人际交往。大学生在人际交往中要认识到有些绝对化要求的不合理之处、不现实之处，学会以合理的方式去看待自己和周围的人与事物。过分概括化是一种以偏概全、以一概十的不合理思维方式的表现。只有将这些不合理的信念用合理的信念代之，我们才能客观地看待自己、他人以及我们与他人的关系，人际关系才能趋向于和谐。

其次，我们在人际交往过程中要善于发现、欣赏自己与他人的优点，承认他人的长处，虚心向对方学习；正确全面把握自己的长处，扬长避短，自我肯定。无论是自己还是他人，存在短处是在所难免的，大学生要考虑的往往不是如何去克服它们，更重要的是如何避开它们，使自己的长处得到最充分的发挥。

（二）增强人格魅力

首先，增强自身的仪表魅力。仪表既包括外貌长相，也包括人的穿着、体态、风度等因素，它们对人际吸引力都有很大的影响。所以，大学生应恰当地修饰自己的容貌，注意在不同场合下选择合适服饰，形成自己独特的气质和风度。同时，我们应注意追求外在美和内在美的协调一致，由内而外的美才是最具魅力的。因为随着时间的推移，交往的加深，外在美的作用会逐渐减弱，对他人的吸引会逐渐由外及内，从相貌、仪表转为才能、风度。

其次，增强自身的个性魅力。良好的个性特征，对建立良好的人际关系有促进作用。大家都愿意与性格良好的人交往，没有人愿意与自私、虚伪、狡猾、性情粗暴、心胸狭隘的人打交道。因此，大学生要形成尊重他人、关心他人、富有同情心、待人真诚、心胸宽广等性格特点，培养健全而有魅力的个性。

（三）学会倾听

善于倾听也是人际交往的一种重要技巧。交往是双向的，讲与听是必不可少的两个方面。大学生在谈话时更喜欢陈述己见，以引起别人的注意。事实上，用心倾听不仅是一种友好的表现，而且也有助于我们用心去体会说话者的内心世界及感受，更深入地了解对方。

首先，要少讲多听，不要打断对方的谈话，最好不要插话，要等别人讲完之后再发表自己的见解。其次，要尽量表现出聆听的兴趣，听别人讲话时要正视对方，切忌小动作，以免引起对方的误会。最后，力求站在对方的角度设身处地地考虑问题，对对方表示关心、理解和同情；同时，不要轻易地与对方争论或妄加评论。

（四）加强角色扮演的心理训练

模拟现实问题场面，让自己扮演各种不同角色，站在不同的立场上来处理问题，以便了解别人的需要、感受，从而改善待人的态度。在现实生活中，许多大学生仅仅从自身立场考虑问题，无法理解对方，容易造成双方的误解。这就需要在心中扮演对方的角色来了解对方，从而改善人际关系。例如，在父母面前我们是孩子，在老师面前我们是学生，在公交车上我们是普通乘客等。这就要求我们在人际交往过程中随着场合的变换，能及时调换角色，作出与该角色相对应的心理、行为反应，否则将导致角色僵化，产生人际关系问题。

测一测

人际关系综合诊断量表（见本书附带的《课程实践环节手册》）。

第三节　大学生良好人际交往能力的培养

卡耐基说过：一个人的成功，15%靠专业知识，85%靠人际关系。意大利的诗人但丁说：要是白松的种子掉在英国的石头缝里，它自会长成一棵很矮的小树；但是，要是它被种在南方肥沃的土地里，它就能长成一棵大树。这就说明如果大学生人际交往良好、健康，就会给其成长带来益处；如人际环境不良就会对大学生不利，也会影响大学生的发展。心理学研究表明，人类对爱、关心、尊重等交往活动的需要，并不亚于食物等生理需要。

一、善用人际交往中的特殊效应

社会心理学研究表明，在人际交往中，对交往对象的认知、印象、态度以及情感等，都会直接影响到交往的正常进行。然而，人际交往中存在着一些特殊现象，它们对于建立良好的人际关系有着巨大的影响。善用这些人际交往中的特殊效应，可以使我们在与他人交往的过程中达到事半功倍的效果。

（一）首因效应

通常所说的第一印象或最初印象，在社会心理学中称为首因效应，是指最初获得的信息的影响比后来获得的信息的影响更大的现象。它是人们初次见面后留下的印象，这个印象对后来信息的认知、解释、评估、判断具有影响。所谓先入为主，就是首因效应产生的影响的通俗描述。

第一印象一经建立，对于后来获得信息的理解有着巨大的影响，对其后信息的组织、理解有较强的指导作用。如一位大学生入学时出色的自我介绍，在同学的头脑中留下强有力的第一印象，即使以后他的表现不如以前，同学们也认为不是能力问题而是不够尽力；相反，有的同学在寻求职业时留下不良的第一印象，那么要转变这个印象则需要很多长时间。

依据不同的解释，首因效应会出现不同的判断结果。即同一个人，在不同人眼中会留下不同的印象。有的人会认为某人不修边幅，另外的人则会认为是自然随意。最典型的首因效应是“一见钟情”，两个人初次见面，就产生了强烈的情感连接，快速进入情感交流阶段。

做中学

6~8人组成一个小组。

1. 小组讨论，怎么理解首因效应？

2. 小组分享，你曾经经历过的首因效应是什么？请叙述第一印象对你和他/她以后的关系产生了什么影响？

（二）近因效应

与首因效应相比，新近获得的信息比原来获得的信息影响更大的现象，被称为近因效应或称为最近效应。

近因效应不如首因效应突出，它的产生往往是由于在形成印象的过程中不断有足够引人注意的新信息提供，或者原来的印象已经随时间推移而淡忘。因此，人际交往中近期发生的特殊事件对于人际关系的变化影响也比较大。

近因效应容易出现在熟悉或者亲密的人之间。对熟悉的人，由于新近发生的事情，改变了此前固有的看法，并对人际关系产生较大的影响。

◆ 案例

相貌平平却自信

小林是个相貌平平的男孩，到一个单位参加面试，进考场后，考官只简单地问了他是哪个学校毕业的，是哪个地方的人等几个问题后，就说面试结束了。正当他要离开考场时，主考官又叫住他，说："你已回答了我们所提出的问题，评委觉得不怎么样，你对此怎么看？"小林立刻回答："你们并没有提出可以反映我水平的问题，所以，你们也并没有真正地了解我！"考官点点头说："好，面试结束了，你出去等通知吧。"结果是录取通知书如期而至。

最近、最后的印象，往往是最强烈的，可以冲淡在此之前产生的各种因素。其实，考官第一次说面试结束，只是做出的一种设置，是对毕业生的最后一考，想借此考查一下应聘者的心理素质和临场应变能力。如果这一道题回答得精彩，大可弥补"首因效应"的缺憾；如果回答得不好，可能会由于这最后的关键性试题而使应聘者前功尽弃。

资料来源：https：//wenku. baidu. com/view/d55d4037ff00bed5b9f31db6. html。

（三）晕轮效应

也称为光环效应，人们将从已知的特征推知其他特征的普遍倾向称为晕轮效应。人们按照自己对一个人的一种品质推断出他还具有一些其他品质是种普遍的倾向，如知道某人是正直的，则容易把这人想象成刚直不阿、真诚可信、办事认真、可信赖等等。外表的吸引力有着明显的晕轮效应，当一个人的外表充满魅力时，其与外表无关的特征也会得到更好的评价。

晕轮是月亮被光环笼罩时出现模糊不清的现象，晕轮的出现对月亮的整体轮廓产生了影响。美国著名心理学家爱德华以此来类比他的一个观点：人的认知和判断往往从局部出发，然后扩散而得出整体现象。需要注意的是，晕轮效应常常会带来错误的偏见，影响对他人的判断。

◆ 心理故事

晕轮效应

1977 年，著名社会心理学家理查德·尼斯比特（Richard Nisbett）做了一个验证光环效应的实验，学生们被告知这是一项评价讲师的研究。研究者们还特别向学生强调，学生和讲师接触的情况将对实验的结果产生影响。

实际上，学生被分成两组，分别看了两段同一个讲师的不同教学录像，这位讲师的口音带有浓重的地方特色。录像的差别之处在于讲师回答问题阶段，一组学生看到的是讲师态度和蔼地和学生交流；另一组学生看到的是讲师态度冷漠疏远地回答学生提问。

学生看完视频后，被要求给讲师打分。打分项目包括讲师的外表、特殊语言习惯、口音等。态度“和蔼”形象的讲师，被学生认为更有吸引力、语言习惯更受喜爱、口音也更有魅力。

资料来源：刘小明．大学生心理健康教育［M］．长春：吉林人民出版社，2015，有删改。

（四）刻板效应

又称刻板印象，是指通过自己的经验形成的对某类人或某类事较为固定的看法。刻板印象是基于已有的经验或有限的经验为基础，对群体作出归类。是指人们用刻印在自己头脑中的关于某人或某事、某一类人或事的固定印象，作为判断和评价人或事的依据的心理现象。

刻板印象的优势在于简化认知过程，通过人们共同的特征，快速了解某人的基本情况，增强个体环境适应能力，可以在一定范围内进行判断，不用探索信息，迅速洞悉概况，节省时间与精力，快速地了解一个陌生或不太熟悉的人或群体的特征。但也存在忽视个体差异的问题，因为对某人作出的判断是基于有限的经验，容易出现偏见。一是它夸大了群体内成员间的相似性，使我们对个体的知觉产生先入为主、以偏概全的偏差；二是夸大了群体间的差异性，容易产生偏见与歧视。如果偏见的因素是涉及本质性的，还可能形成成见，影响人际关系。

有些人习惯于机械地将交往对象归于某一类人，不管他是否表现出该类人的特征，都认为他是该类人的代表。总是将对某类人的评价强加于他人，会影响正确的判断，会影响正确的人际认知，特别是当这类评价带有偏见时，会损害人际关系，若不及时纠正，进一步发展或可扭曲为歧视。如有的大学生认为南方人小气、自私，家庭社会地位高的学生傲气、不好相处等，这种刻板的印象容易形成先入为主的定势，从而妨碍正常人际关系的形成。

◆ 心理故事

在七十年代的电影中，当一个留着长发，蓄着胡子，戴着墨镜的人物一出现，你就会感觉到这不是一个好人，肯定是一个坏蛋；在日常生活中，当一个仪表堂堂，潇洒的人盗窃和杀人时，你会感到吃惊，或一个你认为十分老实的人突然干了坏事，进了监狱，你往往难以接受这一现实；吃水果的朋友，也许会有这样的一种感觉，他们爱买黄皮橘子而不乐意买青皮橘子，尽管这两种橘子一样甜，一样好吃。因为在他们的印象中，青皮橘子是未成熟的和酸的，等等。

资料来源：https：//zhidao. baidu. com/question/25775645. html。

◆ 笑话一则

一个有英国警察、法国厨子、德国机械师、意大利情人，一切都由瑞士人管理的地方就是天堂。一个有德国警察、英国厨子、法国机械师、瑞士情人、一切由意大利人管理的地方就是地狱。

资料来源：http：//tour. sanqin. com/2015/0204/83729. shtml。

（五）投射效应

人际关系中的投射效应，是指将自己的特点归因到其他人身上的倾向，以己度人，认为自己具有某种特性，他人也一定会有与自己相同的特性，把自己的感情、意志、特性强加于人的一种认知。如自私的人总认为别人也很自私，而那些慷慨大方的人，认为别人对自己也应不小气。由于投射作用的影响，人际交往中很容易产生误解。

表现在日常生活中，人们往往在无意识中，就假设他人具有某种想法或应该知道自己心中的想法，错误地判断他人的思想、情感和意志等，造成人际关系问题。俗语“以小人之心度君子之腹”就是投射效应的表现。

◆ 心理故事

投射效应

心理学家罗斯为了研究投射效应，征集了80名大学生参加实验。实验的内容是询问被征集的大学生是否愿意背着一块大牌子在学校里面走动。实验的结果是48名愿意背着牌子在校园内走动，原因是他们认为大部分学生乐意这样做。不愿意背的学生，则普遍认为只有少数的学生愿意背。实验的结论是：这些学生将自己的态度投射到其他学生身上了。

资料来源：http：//tw. tsc. edu. cn/col/1337669467501/2017/11/23/1511403731497. html。

二、塑造良好的个人形象，增进个人魅力

首先应该提高心理素质。人与人之间的交往是思想、能力、知识及心理的整体作用，任一方面的欠缺都会影响人际关系的质量。有的学生在人际交往中存在着社交恐惧、胆怯、羞怯、自卑、冷漠、孤独、封闭、猜疑、自傲、嫉妒等不良心理，这些都会给交往对象留下不好的自我形象。因此加强自我训练，提高自身的心理素质，以积极的态度进行交往有助于大学生在人际交往中树立良好的自我形象。

其次还需提高自身的人际魅力。每个人都有其内在的人际魅力，人际魅力是一个人综合素质在社交生活中的体现。大学生应努力丰富自己的内心世界，从仪表到谈吐，从形象到学识，多方位提高自己。心理学研究表明，虽然初次交往中良好的社交形象会给对方留下深刻的印象，但随着交往的深入，学识更占主导的地位。因此大学生在努力塑造良好形象的同时，更应该加强个性培养，拓展自己的内涵。

三、大学生人际交往的技巧

（一）学会换位思考

换位思考对建立良好的人际关系很重要。如我们经常用“如果我在他的位置上，我会怎样处理?”这样的问句，经常站在对方的角度去理解和处理问题，许多人际冲突就会变得容易解决。善于交往的人，往往善于发现他人的价值，懂得尊重他人，愿意信任他人，对人宽容，能容忍他人有不同的观点和行为，不斤斤计较他人的过失，在可能的范围内帮助他人而不是指责他人。

◆ 心理故事

接纳自己的缺点

心理学家阿龙森等人的经典研究：请被试者根据主观感觉评价对录像中被访者的喜欢程度。被访者都是大学生，访谈的内容是一样的，分四种情况：第一位被访者才能杰出，完美无缺；第二位被访者与第一位大同小异，只是有些紧张，打翻了咖啡杯；第三位被访者表现平平；第四位被访者和第三位大同小异，又像第二位那样打翻咖啡杯。结果发现，大家最喜欢才能出众而又犯了错误的人。其次才是才能出众完美的人，最不喜欢才能平平而又犯了错误的人。所以，最被人欣赏的并不是全能的人。一方面，人们都希望与有才能的人交往；另一方面，如果这人近乎完美，可望而不可即，人们就会感到压力而对此人敬而远之。所以，接纳自己的小缺点，没人能做到完美。

资料来源：http：//www. chinavalue. net/MiniBlog/Comment. aspx？Tid = 132273，有删改。

（二）善用赞扬和批评

赞扬能释放一个人身上的能量，调动人的积极性。真心真意，适时适度地表示你对别人的赞扬，能够增进彼此的吸引力。感谢作为一类特殊的赞扬方式常常被我们忽视。我们倾向认为特别亲近的人不需要说谢，太小的事不需要说谢。事实上，真诚地发自内心的感谢，能够给他人带来极大的成就感和愉悦的心情，进而提高人际交往的质量。

与赞扬相对的是批评。一般情况下，人际交往中应少用批评。批评时应注意场合与环境，对事不对人。对一个人产生全盘否定会挫伤对方的积极性与自尊心。

◆ 延伸阅读

称赞是对他人的肯定。每个人都希望得到别人的肯定和尊重，交往中注重肯定对方的价值，有利于大学生之间建立融洽的关系。哈佛心理学家威廉·詹姆斯说过：“人类最基本的相同点，就是渴望被别人欣赏和成为重要人物的欲望。”每个人都有受尊重的需求，渴望得到他人的赞美是人的一种天性。赞美可以化干戈为玉帛，赞美可以使陌生人变成朋友，赞美可以使对方感到温馨与振奋。俗话说“良言一句三冬暖”。与客户见面，简单几句赞美的话语，往往可以收到出其不意的效果。马克·吐温说过：“一句赞美的话，可以使我受用两个月。”中华民族是一个含蓄的民族，大都没有赞美别人的习惯。我们常常听到“一切尽在不言中”之类的话语，其实别人不能完全准确地猜到你想表达什么。选择恰当的时机和适当的方式表达对对方的赞许是增进彼此情感的催化剂。

资料来源：https：//m. xzbu. com/7/view－3774766. htm（有删减）。

（三）主动交往

在社会交往中，那些主动始发交往活动，主动去接纳别人的人，总是显得“如鱼得水”。反之，那些不能主动出击的同学，往往处于被动状态，甚至成为被群体遗忘的“边缘人”。大学生学会主动交往是非常必要的，特别是当面临危机时，主动解释消除误解，对于重新建立良好的人际关系非常重要。

（四）乐于助人

心理学家们发现，以帮助与相互帮助开端的人际关系，不仅良好的第一印象容易确立，而且人与人之间的心理距离可以迅速缩短。因此，在日常生活中经常给予他人帮助，不仅仅能够帮助其树立良好的人际形象，而且可以使其迅速获得别人的认可和信赖。

（五）培养受人欢迎的个性品质

安德森曾向100名大学生展示表现性格的555个形容词的词表，询问大学生对各种性格的喜欢或者厌恶程度，让他们对各个词进行评价，并按照自己对它们的喜欢程度排出顺序。结果发现，热情是令人喜欢的重要个性品质，一个热情的人比总是冷淡的人具有吸引力。黄希庭教授研究了个性因素对人际交往的影响，结果发现一些个性特征有利于人际吸引力：尊重他人，关心他人，对人一视同仁，富有同情心；热心班集体活动，对自己的工作负责；持重，耐心，忠厚老实；热情，开朗，喜爱交往，对人真诚；聪颖，爱独立思考，成绩优良，乐于助人；兴趣爱好多样；有较高的审美眼光，有幽默感但不刻薄；温文尔雅，端庄，仪表美。富弼年少时走在洛阳大街上，有人过来悄声说："某某在背后骂你!"富弼说："大概是骂别人吧。"那人又说："人家指名道姓在骂你呢!"富弼想了想说："怕是在骂别人吧，估计是有人跟我同名同姓。"骂他的人"闻之大惭"，赶紧向富弼道歉。年少的富弼分明是假装糊涂，却显示了他的聪明睿智。富弼洛阳街头"不认骂"的故事说明，善于消释痛苦者，向来不"放大痛苦"；比起心胸狭窄的人，富弼更受欢迎。

（六）善于化解人际冲突

常言道：有人的地方就有争论。人们在交流、交往的过程中难免会出现各种各样的分歧与冲突，冲突可以带来挑战，也可以带来机遇。如果冲突中双方互不相让，就可能导致双方关系破裂；如果双方积极沟通，把隐藏的误解澄清，消除隔阂，找到问题的解决方法，就能有效地解决人际冲突，就会促进良好人际关系的建立。

总而言之，良好的人际关系是大学生全面发展的必要条件。大学生从高中过渡到大学，在人际关系上面临新的挑战，不良的人际关系妨碍大学生健康成长，造成留级、休学、退学等结果。大学生只有建立良好的人际关系，才能在大学里正常学习和生活，而建立良好的人际关系也是大学生尽早走向独立、自理、成熟的必要途径。

章末拓展

◇心理影视

《老友记》

英文片名：Friends

上映时间：1994年

剧情介绍：

《老友记》是一部美国电视情景喜剧，故事以生活在纽约曼哈顿的六个老友为中心，描述他们携手走过的十年风雨历程。全剧共10季236集。《老友记》是史上最受欢迎的电视剧之一，全十季收视均列年度前十，至今仍在全球各地热播和重映。詹姆斯·伯罗斯 1993 年拍摄了第一季《老友记》，该剧一炮而红，其后十年《老友记》每年一季，成为一代美国人的记忆，在美国权威媒体《好莱坞报道》2015 年评选出的 100 部最受欢迎美剧中名列第一。

评论及分析：

《老友记》之所以受人欢迎，其一是因为它完全具备消费良品的素质，而更重要的是，在不断的笑声中，它让我们看到了另一种和我们一样普通的生活，形形色色的人因为情感、原则、利益、地位等问题产生矛盾、闹出笑话，同时，亲情、友情、爱情也在这里升华。《老友记》无形中成为人们日常生活的一面镜子，可以让我们学习生活，去欣赏生活中的那些真善美。

◇心理自测

人际关系综合诊断量表（详见本书附带的《课题实践环节手册》）。

◇心理游戏

优点轰炸

6～8 人一组，每个小组成员观察其他成员的优点，把他们的优点写在一张纸上，在写的时候不让其他人看见。

要求：

（1）只允许记优点，不允许记缺点。

（2）写清楚被赞扬的成员的姓名。

（3）小组推举一位同学，将大家的观察记录收到一起，然后在组内逐一宣读。

小组分享：

（1）组员给你指出的优点，你是否都从自己身上有发现？是否接纳？

（2）当你获得别人的赞美时，内心是什么感觉？

（3）组员给你找的这些优点中，你最欣赏的优点是什么？

小组讨论：

人际交往中还可以通过哪些方式来主动表达对他人的接纳、喜欢和肯定？

◇心理资源推荐

1. 相关书籍

（1）［美］戴尔·卡内基（D. Carnegie）的《卡内基沟通与人际关系（卡内基成功经典）》，詹丽茹译，中信出版社 2008 年出版。

这本书只有一个目的，那就是帮助你解决最大的问题：如何与工作、生活中的人相处得更好，并能影响他们。它是卡内基沟通与人际关系训练的课本，卡内基训练是本书作者于 1955 年去世后留给世界的宝贵遗产。

（2）张明的《透视心理的巧妙技术：心理测量/图解现代人心理新话题》，科学出版社 2005 年出版。

本书运用心理学的理论，精选了数百道生动活泼的心理测试题，配以生动有趣的图片，对人的自我意识、情绪情感、智力、人格、人际交往、恋爱婚姻和职业兴趣七大方面进行测试，帮助读者洞见自己的内心世界，了解自己的心理特征。

（3）［日］斋藤茂太的《别让烦恼耗尽你的美好》，孙立成译，化学工业出版社 2018 年出版。

本书作者斋藤茂太长期从事心理顾问工作，被视为“一代情绪管理大师”，深受日本民众信赖。在本书中，他就人们在职场、生活、人际关系中，常常遇到的烦心事提供了战胜烦恼的良方妙策，为受到各种烦恼困扰的人们排忧解难。

2. 相关视频

（1）腾讯视频“大学生人际交往心理剧”。

当今大学生的人际交往状况不容乐观，传统的心理健康教育只能在知识上给学生一些启发，但不能给他们具体的行动指导。心理剧的应用，使学生们切身体会到自己在人际交往中存在的问题，及如何改善自己的人际关系。该视频比较详细地介绍了在教学实践中发展出来的心理剧使用方案。

（2）中央电视台《心理访谈》。

《心理访谈》是 CCTV12 的一栏电视节目，也是提供心理学帮助的一个活动平台，每期节目都有具体的当事人到场，他们把生活中经常遇到的一些难题，如夫妻关系，亲子教育，人际交往等等向主持人倾诉，专家则从心理学、社会学等各学科的不同角度，帮助人们认知、梳理、管理自己的情绪、心理和行为，并给出有大众借鉴意义的建议，以帮助公众提高生活质量，促进家庭和谐。

3. 相关网站

（1）壹心理：https：//www. xinli001. com/。

（2）525 心理网：https：//www. psy525. cn/。

（3）张路飞 2019 的博客：人际关系的关键——自我暴露，http：//blog. sina. com. cn/u/2095138503。

第六章　恋爱心理解析

案例导读

为什么受伤的总是自己

小美，女，大三学生，长相出众，父母较为传统。从小和父母一起生活，小美感觉自己一直不被父母重视，缺少关爱。小美性格要强，不断寻求突破，大三上学期为了证明自我准备考研，告知父母自己的决定后，父母对此态度冷淡，小美感到很伤心。

由于长得漂亮，小美在中学期间便有不少追求者。其中一位向其表现出的关心和照顾让小美感到很温暖。虽然小美知道对方是因为自己的外貌，并有所警惕，但是依然被对方的温暖所打动，最终同意对方的表白并与其确定男女朋友关系。在确定关系后，小美总感觉对方不能像当初那样对自己关心照顾，感觉对方的态度有很大转变。这种转变似乎印证了小美最初的担心，她认为男生都是追求到了就不再珍惜了。为此，小美多次感觉伤心失望而想结束恋情，但又难以招架男友的关心和暖意。一周前，小美被相恋 3 年的男友告知要分手，原因是其男友感觉小美在备考期间与某个男生走得太近，并对其态度冷淡，而小美对其怀疑不以为然的态度，似乎更验证了其男友的猜测。最后小美承认其和那位男生有过亲密行为，小美认为自己并没有真正爱上那位男生。但男友不能接受这种解释，最终选择离去。

小美原本打算毕业后就和男友结婚，而男友的离去让小美崩溃，她无法想明白，为什么在爱情中，受伤的总是自己？

想一想

(1) 小美的爱情为何总是不如意？

(2) 小美应如何走出总是被伤害的怪圈？

现实中，小美的经历每个同学不一定会经历，但是恋爱中的困惑却是不少大学生需要面对的。有些同学在恋爱前犹豫不决、朝思暮想、心神不宁，却不敢迈向恋爱“雷池”一步；有些同学则感叹于恋爱前和恋爱后的态度差异，争吵不断，内心平淡，无助失望之余却不愿结束这种困境；还有同学在恋爱结束后悲痛欲绝，心如死灰，伤痕累累之后也对爱情心生恐惧。爱情是一个永恒的话题，她让人着迷，令人向往，可当真的接触她的时候却又会为之所困，茫然失措，于是我们会问：到底什么是爱情？怎样才能获得美好的爱情？如何面对爱情中的裂缝？如果恋爱是同性的话又该如何处理？这些疑问是我们一生的必答题，也是大学生活的必修课。

第一节 爱情是什么

一、爱情的概述

爱情是什么？正如1000个人眼里有1000个哈姆雷特，每个人对这个问题都有自己的答案。有人说爱情是美梦，有人说爱情是套路，也有人说爱情是荷尔蒙。不同的学生对爱情也有不同的理解。诗人说爱情是“但愿人长久，千里共婵娟”；哲学家认为爱情是追求心灵沟通，排斥肉欲的精神交流；法学家认为爱情是婚姻契约的前提；历史学家认为爱情是重大历史转折的重要角色。爱情的定义是多元而丰富的，但不论爱情有多复杂，对其心理学的解释是摆脱恋爱心理困惑的重要一步。

沃森（1924）和佛洛伊德（1956）先后从心理学角度对爱情做过表述，他们认为爱情是由性所引发的一种情感体验；鲁宾（1970）和斯科尼克（1978）则从认知态度方面来定义爱情，从而弱化爱情中性的成分；斯温森（1972）与森特（1975）认为爱情基于与他人关系互动交流的一种行为。可以看出，爱情作为一种互动关系会有生理唤醒的参与，其情感交往过程中彼此不同认知态度交互所衍生的心理现象及行为是必然体现。

二、爱情的理论

（一）鲁宾的爱情观念理论

鲁宾最早开始对爱情进行科学的测量。20世纪70年代，鲁宾研究陷入爱河者的典型思想，并使用测量方法研究爱情。鲁宾认为爱情是亲密关系的最深层次，不仅包括审美、激情等心理因素，还包含生理激起与共同生活愿望等复杂因素。

鲁宾从文艺著作、普通常识及人际吸引的文献资料中建立爱情心理量表和喜欢量表，这也是第一个区分喜欢和爱的研究。他发现爱情与喜欢有质的差别，爱情是一种强于喜欢的情感，是对另一个人的依恋和关爱。鲁宾从量表所包含三种成分（亲和与依赖需求、欲帮助对方的倾向、排他性与独占性）中确定了恋爱中人们思想的三个主题：依恋、关心和信任。

（1）依恋：指一种需要及渴望对方的感受。

（2）关心：是指为对方的利益着想，尽自己最大努力使对方幸福以及满足对方的需求。

（3）信任：是指自我展露，愿意把自己的一切告诉对方。

（二）斯滕伯格的爱情三要素理论

美国社会心理学家斯滕伯格认为，爱情发展过程中观念难免会发生改变，但之所以能称为“爱情”，是因为其中有三个必不可少的要素。这三种要素分别是激情、亲密和承诺，也被称为“爱情三元论”。

1. 激情

激情属于生理因素维度，是一种渴望与对方发生身体接触或性行为的冲动，描述的是爱情中的动机成分。

性成熟是激情的前提。青春期之后，生殖系统发育成熟，男女之间的性别特征显现。男女之间不仅表现在骨骼、肌肉、身形等方面的变化，而且彼此在内分泌系统、神经系统以及生殖体统上有了明显的区别。由脑垂体所释放出的性激素不但改变了男女彼此的性别体征，还激活了性意识，于是性好奇、爱慕和性吸引也开始出现。

2. 亲密

亲密属于情感维度，是亲近对方，与对方形成依恋关系、互相契合、互相归属的感觉，描述的是爱情中的情感成分。亲密在爱情过程中所表现的形态也会有所不同。比如在热恋期间表现为浪漫、思念、甜蜜等较为强烈的情感体验，而在恋情成熟阶段更多体现为幸福感、可靠感、充实感等心境体验。

3. 承诺

承诺属于认知维度，是指个体对爱情发生发展的预期，描述的是爱情中理性的部分。从短期来讲，承诺是一个人决定爱上另一个人的决心；从爱情发展历程看，承诺是个体解决爱情中出现的挫折和障碍的冷静考虑；从爱情的抉择来讲，承诺是对已经逝去的恋情的理性分析。

斯滕伯格的爱情成分组合展示出来不同的爱情形式，同时我们也可以看出，不同的爱情形式似乎也会出现在同一段爱情中。这种现象难道说明爱情是会“变样”的吗？这种疑问的背后似乎充满了这样的担忧：如果爱情会“变样”，那它会不会“变坏”？对于这种担忧，我们需要冷静对待。可以肯定，爱情会变，但是这种“变”并非没有规律和不可掌控。斯滕伯格认为，爱情三要素在完美爱情的不同阶段中所占据的比例是会变化的。他认为，在完美之爱的开始，激情会迅速达到顶峰，但是其维持的时间并不会很长，而且在之后的爱情过程中会慢慢降低并保持在某个水平。亲密和承诺在之后会慢慢增加，并不断保持越来越高的比例，在完美爱情的长久保鲜中，亲密和承诺所占据的比例会更加重要（见图6－1）。所以，对爱情的“变化”进行理解显然更有利于我们维护和发展自己的爱情。

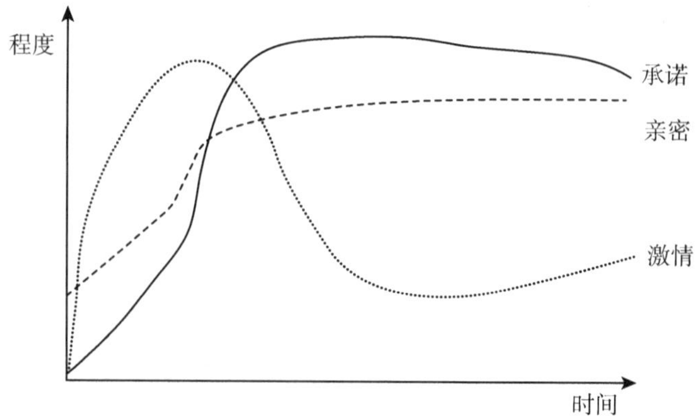

图 6－1　爱情三元论发展

资料来源：http：//blog. sina. com. cn/s/blog_4ff030dd01009onf. html。

斯滕伯格的爱情发展理论让我们知道，原来美好的爱情并非一成不变，美好也是分阶段的。在初恋时期，由于彼此了解和经历的不多，这时激情占据主要地位，双方也会有很多迷恋感，但是这并不是完美爱情的唯一样子。她需要借助这种强烈的吸引完成快速蜕变，只有亲密和承诺不断补足，当激情褪去之后，我们还能收获一份让人心安的幸福感觉。相反，如果激情高居的状态下并没有“称热打铁”去增进彼此的亲密和承诺，那当激情褪去的时候，原来比较薄弱的亲密感也会随之逝去。很多人会试图追回那股激情，从而让自己的身体保持新鲜感和吸引力。这种努力往往会落空，因为爱情有自己的发展规律，如果不理解和尊重这种规律，那难免会有“对方得到自己了就不珍惜了”的悲凉感，岂不知这是对完美之爱的误解。

三、爱情观的现状及特点

（一）大学生的“爱情观”现状

1. 部分学生恋爱动机不明确

有研究对大学生的恋爱动机进行调查①，在回答“你为什么谈恋爱”这一问题中，有 45. 63% 的学生选择了“寻找情投意合的伴侣”，16. 5% 的学生选择了“为了丰富自己的精神生活”，4. 12% 的学生选择了“为未来积累经验”，1. 3% 的学生认为“有人爱可以证明自己的魅力”，有 32. 99% 的学生选择了“其他”。可以看出 1/3 左右的大学生的恋爱动机中并不十分明确。很多学生对自己是否能拥有爱情，什么时候打算恋爱并不清晰，相信“爱情可遇不可求”。有调查指出，有 47. 3% 受访者表示“恋爱就是跟着感觉走、爱情来了就不会排斥”。

① 资料来源：熊吕茂，肖瑛、祁淑静．大学生恋爱心理及现象透析［J］．湖南第一师范学报，2003（3）4：58－60.

2. 恋爱中的道德观和婚恋观有矛盾

传统文化及伦理对现代大学生有一定影响力和束缚力，但是同时社会科技的变化对大学生的影响也在逐渐增加。有研究指出，很多大学生受到“试婚”“一人多配偶”等新型观念的冲击，对婚恋产生道德上的矛盾感，在一项调查中有近90%的大学生认为自己的恋爱不一定能走向婚姻。

3. 择偶观要求现实、心灵两兼顾

随着社会的发展，生活压力也在影响着青年大学生的择偶观。在一项2573例大学生网络调查中，性格、共同语言和外貌身材，成为择偶最关注的因素，分别占比87.1%、81.1%、58.2%；67.7%的受访者表示对“傍大款”行为理解，但是自己不会去实施。可以看出，现实环境和内心沟通成了大学生在择偶时两张缺一不可的“船票”。

资料来源：http：//www.sohu.com/a/15701076_110565（有删减）。

（二）大学生恋爱的特点

大学生的恋爱现状与其所具备的特点有重要关系。其中大学生成长阶段的需求性、社会环境的自由性、恋爱技能薄弱性是其重要特点。

1. 成长阶段的需求性

大学生的恋爱需求是其成长阶段所要求的，依据埃里克森的心理社会化发展阶段理论，大学生正处于“亲密感建立”（18～30岁）的阶段，这个阶段的重要成长任务就是发展和建构起稳定的亲密感。同他人建立关系和情感体验、更为强烈的亲密感，是这个时期大学生的强烈需求，他们渴望发展深层次且长期稳定的友情，也渴望拥有契合内心蕴含爱意的爱情。

2. 社会环境的自由性

相对于18周岁之前的中学阶段，不论是社会环境还是家庭环境，大学生所面临的恋爱环境都相对自由。从社会环境而言，大学生不需要承担太多社会任务，所承受的应试压力也相对较小，这保证了其在人际交往中更加自由。同时，互联网的发展也为人际交往提供了更加便捷自由的途径。另一方面，不同于对中学生的严格要求，家庭成员对待大学生的态度也更加尊重和支持。因此，大学生在面对恋爱时可以更加自由地表达和尝试。

3. 恋爱技能的薄弱

这是大学生面对爱情时遇到诸多困惑的重要原因之一。在大学之前，对“早恋”的禁止态度让他们对恋爱讳莫如深，大部分大学生的第一次恋爱经历是从大学开始，因此“经验不足”是遭受挫折的重要原因。同时，很多大学生在试图完成“亲密感建立”这一社会化任务之前，对自我探究和自我认识并没有很好地构建起来，以至于恋爱过程中充满了迷茫。

第二节　爱情的样子

爱情是什么样子？心理学家给出了爱情的成分，但是爱情就仅仅是如此吗？列夫·托尔斯泰曾说过："幸福的家庭都是相似的，而不幸的家庭却各有各的不幸。"在爱情中似乎连幸福都是各有各的幸福，更别说爱情中那些刻骨铭心的经历了。如果我们不能更好地了解爱情的样子，也难怪很多同学会认为爱情的样子只有在我遇到之后才知道。

爱情有很大的差异性，但恋爱并不是一个人的事情，它需要两个人共同完成。

一、爱情的形式

以斯滕伯格的爱情三种成分——激情、亲密以及承诺的不同组合来看，常见的爱情关系有以下七类（见图6－2）。

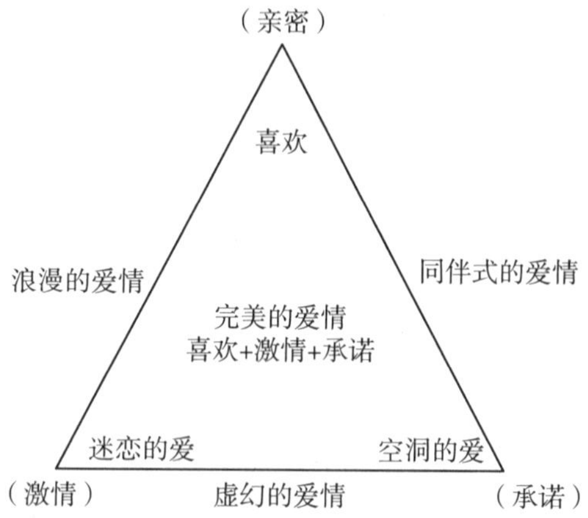

图6－2　斯滕伯格的爱情组合

（1）喜欢：只有亲密，没有承诺和激情。这种爱情形式经常发生在友情上。大学生阶段的友情往往需要很深刻的情感交流，亲密关系是友情的重要保障。喜爱因为存在激情和承诺的缺位，所以这种爱情关系的发展往往难以长久，且易被替代。

（2）迷恋：只有激情，没有亲密和承诺。迷恋状态下的爱情关系唤醒了人身上大量的生理反应。荷尔蒙的激增，让处于这类状态下的双方感觉对方很有吸引力，甚至误认为对方就是自己遇到对的人。由于人生理唤醒的时间有限性，迷恋往往无法长期保持，其最好的发展状态是亲密和承诺的补充。有人错误地将迷恋作为爱情真正的样子，从而失去理智。也有人因为痴迷于这种状态而不断寻求刺激，最后让自己失去了亲密和承诺的能力。

知识链接

警惕 PUA

PUA，全称（pick-up artist），起初指的是一群受过系统化学习、实践、不断自我完善情商的男性，后来泛指很会吸引异性，让异性着迷的男女们。字面上的解释，PUA 指的是搭讪艺术家，但因为 PUA 文化的变迁，PUA 的定义已从简单的搭讪扩展到整个两性交往流程。主要涉及：搭讪（初识）、吸引（互动）、建立联系，升级关系、直到发生亲密接触并确定两性关系。

2018 年 5 月，一个 PUA 组织被曝光其成员不仅教授骗财色技巧，教授以“自杀鼓励”“宠物养成”“疯狂榨取”为卖点的 PUA 课程，甚至为达到情感操控目的，不惜鼓励女生自杀。目前，PUA 组织这一群体在百度百科的数据上显示，其成员数多达 182.3 万人。

资料来源：http：//www. sohu. com/a/313320139_120148539（改编）。

遭受过 PUA 成员经历的女生会因此拥有一段痛苦的人生经历。在前不久播出的节目《和陌生人说话》里，报道了其中一位女生因为在 4 年前将一位 PUA 成员的手段当成了爱情的样子，当她终于在偶然中发现男友的一切美好形象是有意造假而成，而且自己还是其多个客户之一时，那一刻带给她的伤害，甚至想与对方同归于尽。而身为其中 PUA 的成员也并没有因此而感到快乐，在不断追求刺激的道路上他们感觉自己像失去了情感的丧尸，失去了爱情也失去了生活的乐趣。

资料来源：http：//3g. 163. com/dy/article/E043TTII0514FF74. html（改编）。

（3）空洞之爱：只有承诺，没有激情和亲密。传统中国社会的婚姻包办制度里，夫妻双方之间强调遵守“夫妻之道”，不注重情感的交流和爱情的浪漫。认为彼此之间不再适合谈情说爱了，有的只是对这个家庭的责任。有调查发现，导致婚姻破裂的第一“杀手”是生活琐碎，分居是第二原因，可以看出，婚姻生活的维系不仅仅需要承诺和理性，也需要一些情趣①。

（4）浪漫之爱：由亲密和激情组成，缺少承诺。在恋爱过程中往往会有“山盟海誓”“许你一世”的誓言，而这种誓言显然不是斯滕伯格所认为的承诺。承诺是一种认知理性，是对彼此了解、掌握、计划和实践的保障。处在浪漫之爱的恋人往往会做一些不切合实际的行为，而这种行为就是理性认知缺位的表现，如果不能及时调整，这类爱情也难以维系。

（5）伴侣之爱：有亲密和承诺，但是没有激情。柏拉图式的精神恋爱是这类爱情的表

① 资料来源：http：//dy. 163. com/v2/article/detail/E94KI4H80514T7S6. html。

现。性行为作为一种重要的生理表达，往往是爱情中美好体验的呈现。激情、情趣是在恋爱中扮演的角色也异常重要，“同妻”（指男性同性恋迫于世俗压力而结婚的妻子）们的伤痛不仅仅是感受到情感上被欺骗，还有就是身体上的冷落。

（6）愚蠢之爱：由激情和承诺组成，但是没有亲密。这类爱情形式常出现在追求快速成婚的人身上，他们对现实问题进行了充分考虑，也在对方身上感受到魅力吸引，但对对方了解甚少，没有深刻的情感交流。这种状况往往会诞生“闪婚”和“闪离”的现象。

（7）完美之爱：激情、亲密和承诺三种成分都存在，实现完美结合。一段完美恋爱显然不是一蹴而就的，而是需要不断和对方进行磨合和相处，只有彼此相互了解，相互促进，相互成长，完美爱情才能出现。

二、爱情的阶段性

纳普和万杰利斯蒂认为恋爱关系也是一种亲密关系，将这种亲密关系的发展区分为趋向亲密和步入分离两个趋势。

1. 趋向亲密阶段

这个阶段是指生活中的两个人，从陌生到成为亲密伴侣的互动过程，纳普认为这个过程可以分为五个阶段。

（1）初识阶段：两个个体开始接触和互动，从两人碰到对方并留下第一印象开始。

（2）实验阶段：也被称为试探阶段，在这个阶段里，双方会尝试着试探了解未知的对方。

（3）深入阶段：在这个阶段里，交往的内容在深度和广度上都有所增加，两人的沟通会逐渐发展到自我暴露的层面，朝着“好友”或“亲密伴侣”的层次发展。

（4）整合阶段：这个阶段开始将自己和对方整合为一个整体，将“我，我的”转换成“我们，我们的”。

（5）结合阶段：通过一些仪式或者公众关系的承认来达到这段关系的承诺兑现，比如表白，结婚仪式。

2. 关系分离的阶段

恋爱关系也会经历分离的阶段，这个过程也会有五个阶段。

（1）分化阶段：双方开始探寻对方的不同之处，区别彼此，将“我们”转换成“我”。

（2）受限阶段：双方交流开始被限制，减少交流。

（3）停滞阶段：双方积累的问题开始显现，关系停滞不前。

（4）回避阶段：彼此开始感到陌生，避免和对方发生接触和互动，相互回避。

（5）终止阶段：通过一些仪式（如分手，离婚等）宣告一段关系的终止。

可以看出，纳普和万杰利斯蒂发展阶段模型概括全面，但其真正的指导意义，是让人们能清楚地知道自己当前恋爱关系所处的阶段；并且在要升级的时候乘势而为，在要终结一段关系的时候能顺势而为，在要挽留一段关系的时候要及时作为。

三、恋爱中亲密关系的实质

正如纳普和万杰利斯蒂以亲密关系发展来划分恋爱阶段一样，亲密关系被认为是恋爱中的重要部分。如果说激情性行为被认为是爱情区别于其他关系的行为体现，那亲密感就是爱情之所以为爱情的情感体验。亲密感是恋爱的动人之处，而亲密感是如何形成的？它在恋爱中又是如何发挥作用的呢？

心理学家从心理成长轨迹的分析得到结果，在婴儿出生之后就开始与重要者建立情感关系。在其不断的互动和悉心照顾下，婴儿开始具备和获得较好的情感体验。相反，如果重要抚养人并没有给予其悉心呵护，婴儿就会获得较差的情感体验。心理学家将这种婴儿和重要抚养者之间建立的紧密的、强烈的、持久的情感联系称为是依恋。

约翰・鲍尔比对依恋关系做了详细的研究，他将依恋分为安全型依恋和不安全型依恋。其中不安全型依恋又分为焦虑－回避型不安全依恋和焦虑－反抗型不安全依恋。

哈赞和塞维尔将成人的依恋类型分为三种：安全型、焦虑型和回避型。

（1）安全型：和他人建立亲密关系并不是一件困难的事情，能够在情感上安心依赖和信任别人，并不担心被抛弃。

（2）焦虑型：非常渴望亲密关系，但是总是感觉在亲密关系中没有得到满足，很难忍受孤单的状态。有时候因为太过渴望亲密感，会表现得过于依赖或“黏人”，从而引起对方反感。

（3）回避型：十分重视保持情感上的独立，甚至否认自己的情感需要，难以在情感上完全依赖对方。当别人太亲近时会感觉紧张和不舒服。

依恋类型的形成和个人的成长经历有着重要关系，早年的分离经历、童年创伤和重要养育者的互动关系等都会导致个体形成不安全的依恋关系。而且依恋类型一旦形成就具有较强的稳定性。这种稳定性在个体与对方建立亲密恋爱关系的时候也能体现出来，而在恋爱的发生发展过程中，双方容易因为不同的依恋类型和依恋需求而形成各种冲突，而这些都是爱情过程中需要面对和改善的。

◆ 案例

小李是一位大二的女生，因为和男友存在争执而情绪激动，并做出危险行为，被老师及时发现和制止。后通过老师开导决定来心理咨询室寻求帮助。

在咨询过程中，小李谈及不能控制自己情绪的原因。原来小李是独生子女，爷爷奶奶有重男轻女的观念，感觉自己从小就是被大人们忽视。4岁左右，一次她的玩具被大自己一岁的表哥抢走，当时她感到很委屈，而一旁的奶奶却冷淡地说："给表哥玩一下又不少一块肉，女孩真是小气哦！"听到这种偏心的话时，父母冷淡的态度让小李终于还是忍不住大哭起来，而这时父母好像迫于爷爷奶奶的压力而简单应付自己。小李说，那次她哭了很久，感觉很委屈，自己就像是没人关爱的人一样。

这之后，小李认为"他们从来就很少主动关心我，除非他们心情好的时候，只是爷爷奶奶不在身边的时候才会主动关心我。"在这种状态下成长起来的小李一直感觉亲密感是不稳定的。男朋友是她的初恋，她当初答应和他在一起就是感觉他是暖男，对她非常好，但相处一年多之后发现他很情绪化，特别容易受他父母的影响。为此他们之间产生过很多次争执。这次也是因为这种小事起了争执，最后对方提出分手，这让小李很崩溃，她又一次感觉到那种无助的抛弃感。

［**案例分析**］

小李其实是典型的焦虑型依恋类型。在小李的成长过程中，感觉到父母作为自己的重要养护者在和自己的互动中是不确定的，对方要么受爷爷奶奶的影响，要么就是和他们的情绪有关。小李对于亲密关系很焦虑，她渴望互动稳定的关爱，当初男友的追求让她感受到了渴望的关爱，终于可以摆脱父母那种不可靠的依恋了，但对方和自己的父母一样不可靠。正如小李最后总结的那样："一直以为自己是因为长大了才去爱，现在才发现，自己是因为长不大才去爱的"。

四、爱是一种能力

在现实的恋爱中，人们容易静态地看待恋爱，比如将恋爱比作一种美好的物件，从而认为恋爱的过程就是这类物件的获得过程，获得之后便是努力维护它。这种观念与人们的成长经历有关，容易将一切外在关系进行客体化认识，比如将父母的婚恋状态理解为是恋爱的客体，认为这就是爱情本来的样子，并将其作为"遗产"一般被"继承"。同样的，受此观念影响，有人会将某些事件作为爱情结果的获得来对待，比如将发生性关系作为恋爱的结果来看待，将结婚作为爱情的结果来看待，将生儿育女作为婚姻的结果来看待。而真实的爱情真是如此吗？

弗洛姆在《爱的艺术》中指出：爱是一种能力，也是一种艺术。在弗洛姆的观点中，爱情首先是一种能力的获得和成长。这种爱的观念也符合个体的心理成长历程。每个个体从少不知事成长为一个爱自己、爱他人的人并非轻而易举地完成的。寻觅其成长经历就不难发现，这个过程都存在其恋爱能力成长的路径，比如从父母那里学会了照顾他人，从同伴那里学会分享，从学校学到了尊重，从社会经历中学到了责任和承诺等。这些经历的缺少会让内心的爱变得羸弱，爱的能力也正是在这些经历中得到锻炼的。

弗洛姆认为只有人格不断完善，才能不断赢得爱的阶段性成果。正如他所说的那样："人必须竭尽全力促成自己完善的人格，形成创造性的心理倾向，否则他追求爱的种种努力注定要付之东流"。显然，恋爱并非简单的亲密关系，也与人格的自我完善有关。因此，恋爱作为一种能力，在发展过程还需要涉及人格的成长和完善。在恋爱过程中，我们能更清晰地看到自我的创伤，内在的不足和强大之处，这些都是我们不断在恋爱双方交流过程中需要完善和加强的，只有这样，我们才能让自己从一个单薄的人成长为一个坚强而内心充满爱的人。

第三节　恋爱不困惑

有人说"恋爱是一门必修课"，既然是"必修课"，那就需要取得"合格"才能通过。但是这个通往"合格"的路并不顺利，知道"爱情是什么"和"爱情是什么样子"还不够，在实践中我们总会遇到各种问题需要解答。比如"课前"伴随好奇和期待的焦虑与迷茫；"课时"伴随充实的疲惫与付出；"课后"伴随收获甚微的失望与痛苦。那恋爱真的如歌词唱的那样"童话里都是骗人的"吗？在恋爱中我们又会遇到哪些困惑呢？这些需要我们一一解答。

一、恋爱前的困惑与调试

张爱玲曾描述过爱情开启的样子：于千万人之中遇到你所要遇到的人，于千万年之中，时间的无涯荒野中，没有早一步，也没有晚一步，刚巧赶上了，那也没有别的话好说，唯有轻轻地问一声："噢，你也在这里吗？"张爱玲描述爱情相遇的样子是美丽而浪漫的，可是她同样用自己的恋爱经历告诉我们：恋爱开启于浪漫，但是浪漫却不是爱情的全部。

恋爱前困惑主要表现为难以开启一段恋情时，不想或不敢主动表达自己的爱意，这可以表现为两种突出现象，一种是暗恋，另一种是恐惧恋爱。

（一）暗恋

暗恋指一方将自己对他人的倾慕情感有意隐藏，又苦于不被对方知晓和接受而造成的一厢情愿式的渴望。暗恋通常表现为两类：一是感觉对方太过优秀，在对方的众多追求者面前显得自己相形见绌；二是知道对方已经有伴侣，又因为认定对方是自己的爱情伴侣而将情愫投注于此，最后只能迫于社会道德原因选择隐藏自己的言行。

在恋爱的初期，大部分恋情都是一方先对另一方产生爱慕之情，这时当事人如果迫于各种原因而不能表达这种情愫，是大部分恋情发生发展的正常过程。可是暗恋困惑的本质不在不敢表述，而是当事人让自己陷于一种不知如何表达的困境中，从而使得自己的恋情发展止步不前。有暗恋困境的同学往往在理智上或情感上认为这段感情不可能有结果，向对方表达自己的爱意要么失去尊严，要么失去当前的情感纠缠，有的暗恋者甚至让这种情感纠缠维持数十年之久而没有结果。

走出暗恋困境的方式方法是多样的，主要有以下三种：

（1）主动淡化爱情中的浪漫色彩。陷于恋爱困境的同学往往在其暗恋中体验到其所幻想的罗曼蒂克，虽然这种体验的结果并非是正向，但是其过程中往往能带给当事人脱离现实的情感体验。这类情感体验有时还带着些悲剧色彩，可是其脱离现实的精神交流是满足当事人精神恋爱需要的重要原因。所以，走出这类困境的一个前提就是主动接纳恋爱中的现实性，将暗恋的对象从“天上”带入“人间”，全面而真实地看待暗恋对象，从而淡化自我想象中爱情的浪漫色彩。

（2）寻找困境中的关键点。无法找到陷于困境的关键原因，也是陷于暗恋困境之人不得摆脱的因素之一。有些人是因为恐惧爱情中的现实成分，而不敢让恋情“兑现”；有的是因为暗恋的对方不断与其有爱情纠缠，不想让其摆脱，从而继续为对方提供非现实情感的浪漫体验；有的则是害怕不再暗恋就意味着失去这段情感（或者友情）等原因。在摆脱困境的过程中，有了动力和动机是前提，找到原因是关键。

（3）勇敢表达。暗恋困境的核心还是因为不敢或不想表达自己的情愫，这样只会让暗恋无穷无尽地循环下去。不论结果如何，选择将自己的情愫表达，是走出困境的决定因素。

（二）恐惧恋爱

◆ 心理故事

害怕爱情的人

她说自己不可能有爱情，就像是《无极》里被诅咒的倾城一样。

“不过，我比她还要惨，至少她有绝世美貌和无数的追求者。而我却长相磕碜，连正眼看我的男生都没有，更别说追求者了。”她说到这些的时候脸上很是平静，似乎这种悲伤的结论已经在她脑海上演过千万遍，她已然接受了这些。

“可是长相并不能决定一个人的爱情权利呀，而且你的长相并不像你刚才形容的那样。”咨询老师轻声询问。

> “呵呵呵，可能吧。但至少也是没有追求者来主动搭讪我的，总不能让我去找对方吧？而且，我也觉得一个人挺好的，我没有感觉两个人在一起有多幸福。”她继续说道，“就像我的父母，从我有记忆开始，他们就是在吵架。好像在小学六年级左右就开始分床睡了，在一起生活就像是陌生人一样。我有一次还问过他们，这么不开心为什么不选择离婚？他们虽然说的有些不同，但是其实都是一个意思，那就是爱情本就是如此的。”
>
> “所以，你其实害怕这种爱情和婚姻生活，因为你不想像你父母一样不开心地过一辈子”。
>
> 她的眼睛开始湿润，哽咽地说道：“对的，我害怕这种生活，我害怕成为他们这样的人。”

我们都认为爱情是美好的，但是有时我们却也听到这样的回复：“爱情一点都不美好，一个人才是最好的。”而当我们细细地去品味这句话背后的缘由，往往会看到因为害怕恋爱而不敢恋爱的痛苦经历。这种害怕大部分是因为其成长经历中并没有见证过美好恋情而导致的，其中父母的不愉快情感经历是重要原因。和“恐婚”一样，恐惧恋爱也已经成为不可忽视的现象。这其中有两类原因，一类是因为痛苦经历而选择远离恋爱，还有一类就是让自己在多段感情中游走而不敢确定一段恋情。

不论是选择远离还是选择“风流”，让其恐惧恋爱的原因不在恋爱本身，而是对自我依恋关系建立能力的担忧，对恋爱发展的悲观看法。进一步探讨，我们就可以发现，这类不自信或者悲观的背后都和原生家庭带给自己的创伤有很大关系。因此，走出恐惧恋爱的前提是直面自己成长经历，认识到父母的恋爱是父母的事儿，父母不能处理好的事情并不代表自己也不能处理好，相信这类不幸不可遗传，自我心理成长完全可以完成这种超越。此外，恐惧的本身更多是停留在对恐惧源的远离，不敢尝试，就像从小被拴住的大象一样，即便长大后有能力了也不敢去尝试面对绳索带来的痛苦。因此直面恐惧并且尝试去战胜它是走出“恐恋”的关键。

二、恋爱中的困惑与调适

开启一段恋爱后，恋爱所带来的美好时光总是稍纵即逝，而当激情相对冷却后，恋爱中的各类问题也相继暴露。其中，有因为彼此生活习惯甚至三观不同所带来的无休止争执；也有异地恋的痛苦与抉择；还有三角恋的纠缠和尴尬。这些恋爱中的困惑和问题的解决可以让一段恋情得以维护，并最终走向更美好的状态。

（一）恋爱中无休止的争执

恋爱后便有人发现，恋爱中除了有“情话”和甜美的笑容，还有另外一张嘴脸，那就是“寒心话”和冷脸。这种差距是很多第一次恋爱者所不能理解和接受的，他们甚至会认为这是爱情变质的征兆，从而开始对爱情失去了信心和动力。而当我们认真分析恋爱中争执的原因时，不难发现，在恋爱中的双方不发生争执是很难的。原因有两点：一是因为彼此的生活经历存在差异，这种不同在两个人保有距离的时候自然有其吸引人的地方。当两者成为恋人的时候，就会发现彼此之间会有各种各样的冲突。这种冲突是必然的，其必然性不仅仅体现在原来两个人都已经建构完成的心理世界中相同元素之间的碰撞，还体现在一起生活过程中需要构建新的精神世界时不同的处理方式。因此，合理看待恋爱中的这类冲突的存在，是对恋爱现实的尊重。此外，两种观念对解决恋爱中争执问题也很有帮助。

首先是积极看待恋爱中的争执。很多恋爱中的人会将争执看作是恋爱的天敌，认为每一次争执就是完美恋爱中一道不可修复的裂痕。为了避免这种裂痕的出现，双方从最初的战战兢兢，到要求对方彻底改造，最后选择放弃挣扎而失望接受。不论最后这一心路历程是通向接纳还是失望，其本质都是消极看待恋爱中的争执。事实上恋爱中的争执是两颗心灵企图靠更近时不可避免地摩擦出火花，当恋爱双方抓住这样的机遇，解决了彼此摩擦的原因，那结果不但让彼此恋情更加牢固，而且还收获了人格的自我完善。恋爱双方就是通过不断解决恋爱中的争执来完成“打怪升级”，最终不断收获恋爱中各种美好的可能。

其次是要建立正确的解决机制。合理地解决争执的机制也很重要。在争执中要有约定，比如不轻易提“分手”，不能有肢体冲突和物件损坏，违反者要在冷静下来后作怎样的事情来弥补等。当然，这种机制本身不可能完全很好地执行，因为恋爱双方都是参与者而没有第三方监督，所以要给这种自我监督的机制留有时间缓冲，相信和肯定彼此的成长，这也是不断让争执变积极的保障。

（二）异地恋的痛苦

社会发展给了恋爱自由，科技的发展也让恋爱者来去自由。这也导致一种结果，那就是恋情还在，但恋人却在远方。如何维持这类异地恋情是很多恋爱者的一个担忧，如果异地本身就注定恋爱的终结，那这种恋爱显然是不可靠的。因为社会的流动性在增加，大学生来之五湖四海，其流动的概率不仅存在而且占比较大。如何看待异地恋、异地恋中会出现什么问题以及如何解决是我们需要去面对和解决的。

异地恋中往往会出现这样三类问题：

（1）彼此的生活出现差距。如果说相恋就是两个人一起生活的话，那异地恋就是彼此各自生活。相隔两地的人每天在时间和空间以及人物关系上都有差异，对方不可能去感同身受自己这边的天气、饮食、生活节奏以及人际困惑等。这往往会让彼此的共同话题减少，就像是我们会在多年之后和曾经高中要好的同桌没有什么共同话题一样，因为彼此的生活已经存在很大的差距。为了避免这类问题，可以多和对方通过互联网进行网络交流，交流的内容更多是生活的内容和烦恼，并且重视固定时间的聚会，让彼此感觉没有节奏的脱离。

（2）解决问题的机制会被打破。发展是解决问题的第一动力，恋爱也并非停止不前，需要不断地完善和前进，好的问题解决机制是这一现状的充分保障。当两者生活在一起，其时空和生活的共同性可以保障解决机制的维持，双方可以通过不断地争执几个小时最终达到问题解决。而异地恋中，由于双方的沟通工具是互联网，任何一方都可以随时停止沟通而对方却无能为力，于是就会让解决问题的机制变得断裂且难以正常工作。而一旦长时间让沟通机制处于失控状态，那双方就会在彼此的观念中留下一个印象：怎么我们总是在吵架，而且都不开心。从而将恋爱推向糟糕的阶段。解决这一问题的关键在于维持这一机制的正常运行，其中冷静反思和理解是异地恋维持该机制运行的关键所在。

（3）看清身边关怀的本质。当异地恋的人因为生活受挫而感到悲伤时，往往会感伤于当下对方不能及时出现给予自己陪伴。如果有合理的沟通机制，那对方的及时关怀也可以通过互联网来完成。但是有些人会在强大的情绪中无法看清悲伤事件的本质，从而相信解决悲伤的唯一良药就是真真切切的陪伴。这时如果有追求者反复给予其温馨陪伴，当事人往往会认为这才是爱情中真正的样子，从而选择放弃原来的爱情。而事实上让其悲伤的是事件本身，陪伴作为情感抚慰只是辅助功能。如果事件本身不能解决，自我不能成长，那舍本逐末的情感陪伴需求并不能让爱情长久。

总之，异地恋需要双方付出更多理解，也对彼此的心理成长有更大要求，这种要求其实也是恋爱本身的要求，只是异地恋更早地体会了而已。

（三）三角恋的尴尬

三角恋的发生大多可以分为两种情况：一种是双方已经确立恋爱关系以后第三方出现，并和其中一方建立恋爱关系；另一种是几乎同时与两个及以上的人建立恋爱关系。可以看出，三角恋的制造者至少对待恋爱存在以下几个误解。

（1）恋爱和恋爱者是分离的。同时和多个人建立恋爱关系的人可能会持有一个观念，认为和不同的人恋爱等于获得了不同的恋爱。而事实并非如此，因为恋爱作为一种心理机制或社会现象，其本身就有自己的运作原理，它的过程和结构也都是可以描述和确定的，而非通过不断补充才能完善。不同的恋爱者只是在丰富了其恋爱机制的内容而已，并不代表不同类型的恋爱。因此，和一个人进行恋爱并不断丰富彼此的生活，也可以达到恋爱内容的丰富。同样的，和多个人进行恋爱却没有用心体会恋爱本身，那也不能体悟到恋爱真谛。此外，持有这一错误恋爱观念的人，会让自己走上不断追求恋爱量的不归路，因为他们会认为摆脱当前恋爱困境的唯一方法就在下一段恋爱中，而事实上他/她一直在痛苦中循环。

（2）将恋爱本身进行分类。有人将恋爱中的要素进行分离，比如认为恋爱三要素分别对应恋爱的三种形态，于是应该有一个能给自己激情的伴侣，他/她有较好的性吸引；还要有一个亲密感很好的伴侣，他/她能给自己内心温暖；此外还应该有个承诺能力很强的伴侣，他/她能帮自己解决现实中的问题。很多人将恋爱一分为二，一部分负责现实，另一部分负责精神世界。不论哪一种都是在肢解恋爱，而这类行为也同样会让自己得到不完整的恋爱，并且会将自己作为爱情的寄生者，而非建造者。爱情的美好永远只能源于内在，而非源于对方。

三、不爱后的痛苦与调适

恋爱是幸福的，但也是痛苦的，这种矛盾源于完善和促进自己与对方成长的不易，当一段感情真的在我们措手不及的时候注定失去，那我们又该如何去面对。当我们真的发现一段感情不能维系而要选择分离，我们又该作何处理？

失恋是指恋爱的一方否认或中止恋爱关系的结果给另一方造成的一种严重挫折。从心理角度看，失恋后带给双方的都有一种强烈的挫折感，即对于不能将恋情继续而感到挫败。这种挫败感往往会让双方开始质疑自己的能力，感觉自己哪里没有做好而让恋情结束。此外，持续时间长的恋情结束后，生活习惯的改变也是一个很大的考验。很多失恋者之所以难以走出失恋的阴影，是因为原来的生活节奏和生活内容都是和对方一起完成的，而现在却要自己去面对，于是各种生活不适应。不论是心理上的挫败感还是现实社会功能的影响，一场失恋带给当事人的影响会让其对下一段恋爱产生怀疑，甚至对恋爱本身产生怀疑。

失恋一般会经历三个阶段：失去的疼痛阶段、烦躁不安的不适阶段、摆脱困境的超越阶段。前两个阶段的强烈反应一般要持续一周至半个月左右。这之后的会慢慢恢复，从而保障社会功能恢复和完善。面对失恋，有如下三个处理方式方法。

（1）合理发泄情绪，接纳现实。在失去的疼痛阶段中，失恋者，特别是“被分手”的那一方往往会出现较大的情绪反应，并不能接受这一切。比如会认为这是对方和自己开玩笑的，过几天会和好的。之后失恋者会情绪激动，甚至试图用过激行为来让对方否认其提出分手的决定。而事实上是因为情绪过激导致的不合理行为，而非爱情导致。这种情况下，应该在亲人、朋友或者心理咨询老师、心理工作者的陪伴下进行合理的情绪宣泄。当消极情绪（包括挫败感、失落感、遗弃感等）被合理发泄出来后，当事人才能有心理力量去接纳现实。相反，这类情绪没有被合理发泄出来，那当事人只会在情绪旋涡中苦苦挣扎。

（2）理性分析，明晰原因。很多失恋者，特别是被分手的女生都不会追问被分手的原因。因为她们感觉被抛弃已经是一件很丢人的事情了，如果还要去问对方为什么抛弃自己的话，就更没有尊严了。此外，很多失恋者往往会将原因归为是事件本身，比如对方劈腿、异地、争吵等客观事件。而恋爱过程其实是通过彼此内心交流成长的过程，事件只是这一切的载体而已。因此以这些事件载体来代替真正原因本身，其实是桃代李僵的表现。因此，被分手者要去了解对方主动放弃恋情的真正心理原因，而主动放弃者也需要通过心理分析，来了解自己不能继续这段感情的真正原因。只有这样才能让自己内心获得成长，并尽快走出心理困境。

（3）总结经验，自我突破。我们从一个不会爱的人成长为一个爱自己、爱伴侣、爱家人的人并非一蹴而就的。恋爱作为一种能力就和运动能力一样，它需要在锻炼中不断成长，失败经验的总结，往往是我们完成自我突破、走出自我困境的重要机遇。让人成长的除了教育之外还有恋爱。因此，当一段恋爱结束，我们需要分析自己的成长和需要进一步成长的部分，并在之后的生活中不断补足，让自己变成更好的样子，再遇见更好的他/她。

第四节　对同性恋的关注

个体的性取向对象可以同性，也可以是异性。目前的人类性取向划分为三类，分别是：异性恋、同性恋和双性恋。心理学家斯托姆斯用人们对性幻想内容的自陈报告作性取向的研究，她发现，对异性之间性刺激信号的反应（异性性欲）以及对同性性刺激信号的反应（同性性欲）是两个独立的维度，因此传统的观念里认为同性恋是和异性恋在同一维度且趋向相反的误解可能是性歧视和敌意的来源（见图6－3）。

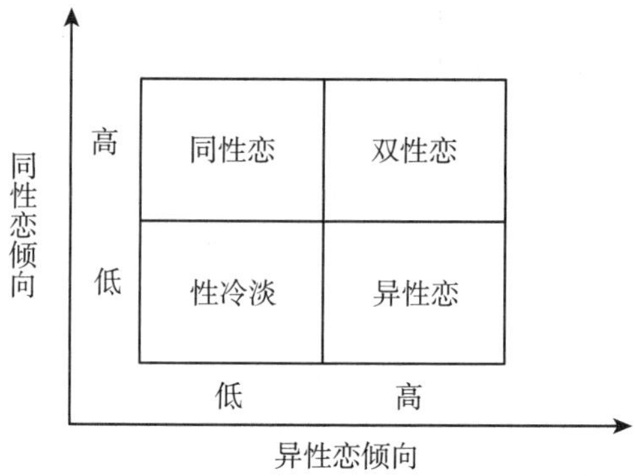

图6－3　两类性取向维度

同性恋作为一种性取向日益被社会所理解，其群体所遭受的恋爱压力却依然真实存在。这背后的原因可能是人们更多在关注“同性恋”群体的性取向，而忽视了这类群体在恋爱方面的需求。显然，性吸引只是恋爱中的一个要素，将这一群体的恋爱摆在被理解的位置进行探讨是心理健康教育的趋势。

一、同性恋的现状

李银河在《同性恋亚文化》一书中指出：按照金赛对美国同性恋者数量的统计和怀特姆关于各个社会和各类文化中同性恋者所占比例，均十分接近并保持稳定的权威说法，可以推测，同性恋者在我们的社会中占到成年人口的3%～4%。根据这个比例，我国约为

4200 万 ~5600 万的人群规模是同性恋者。而且关于同性恋成因的先天说可以成立，在未成年人口中的潜在同性恋也应达到这个比例。因此，同性恋群体是一个不应该被忽视的群体。

二、对同性恋的误解与转变

（一）社会对同性恋的误解

在人类历史发展很长的时间里，同性恋被认为是不应该被接受的。为此，同性恋群体曾遭受了很多的苦难和折磨。虽然社会已经对同性恋有了很多的理解，但是一定程度的误解依然存在。

一些研究和影视作品（影视作品《平常心》等）宣传世界最早的“艾滋病”患者为同性恋，因此社会对“艾滋病”的恐惧也牵连在了同性恋群体上。

（二）对同性恋的态度转变

1. 由歧视到理解

每年 5 月 17 日是国际不再恐同日（International Day Against Homophobia，IDAHO），这一节日的设立源于 1990 年 5 月 17 日世界卫生组织（WHO）将“同性恋”从精神病名册中除名。这次除名意味着从医学的角度已对同性恋理解或认同。而早在 1973 年美国精神医学学会就把同性恋从精神疾病诊断标准第三版的修订版中去除。美国心理学会也在 1997 年表示：人类不能选择成为同性恋或异性恋，人类的性取向不是能够由意志改变的有意识的选择。这些对同性恋的正名，表明人们从医学和精神学角度开始理解接受多元的性行为，唤起人们对性取向和性别认同等原因而遭受歧视和迫害群体的重视。

2. 法律保障

对同性恋群体观念的转变不仅仅体现在专业组织上，还与国家法律的保障有很大关系。2000 年 12 月，荷兰参议院通过一项法律，允许同性登记结婚并领养孩子，该法不但允许同性婚姻，而且可以完全享有与异性婚姻相同的所有权益。该项法案于 2001 年 4 月 1 日正式生效，使荷兰成为世界上第 1 个实现同性婚姻合法化的国家。自此之后，同性婚姻合法化得到越来越多国家和地区的认可。

三、同性恋的心理理论

关于性取向的形成原因的研究，尽管涉及基因、激素等生理先天因素，也有文化、教育、社会环境等后天因素，但目前还没有一个统一而完整的答案。不过有的研究已经大概提供了两种思路，那就是性取向的形成有先天原因，也有后天因素。但是不论是先天基因决定还是后天教育环境作用，都不能改变社会对不同性取向的理解或平等的原则。对同性性取向的理论研究不能也不应该成为歧视同性恋群体的借口，而应该是帮助人们更好理解和认识自我性取向，帮助人们顺利建立合适且稳定性取向的工具。心理学有两类理论解释了同性性取向形成的原因，分别是荣格的原型理论和空白占据理论。

（一）荣格的原型理论

著名心理学家、精神分析学家、分析心理学创始人卡尔·荣格在研究人类集体无意识的时候，提出了两种重要的原型概念：阿尼玛和阿尼姆斯。

阿尼玛原型是指男性心理中的女性一面，阿尼姆斯是指女性心理中男性的一面。荣格认为，两性心理都分别保有异性的心理原型是确保两性能正常有效沟通的重要保障，例如女性希望男性是温柔体贴的，独立自由的女性也更受男性欢迎。两性在相互交流的过程中，无意识中的异性特征会受到刺激被激发出来，平时比较阳光自我的男孩会展现出自己绅士温柔的言行，甚至会变得细心和敏感。

同性恋也可以用阿尼玛和阿尼姆斯原型理论来解释。因为个体在自我成长或者人格完善的过程中需要追求平衡发展，在平衡的过程中男性人格中的阿尼玛和女性人格中的阿尼姆斯就会在意识和行为中得到展现。而社会角色的要求往往会让人们强调和自己性别相同的原型，压抑异性原型。这种压抑反倒打破了人格中的正常平衡过程，当这种平衡被极端破坏之后，人们心理就会出现极端满足的需要，于是会表现出对异性原型言行的认同。

（二）空白占据理论

李银河在其著作《同性恋亚文化》一书中就同性恋形成原因提到了空白占据理论，认为性别角色认同和性行为是两种密切相关但相互独立的两个维度。人们在开始形成性别角色认同之后到有性行为体验之间是一段空白期，其间一旦某种性行为方式首先占据了这段空白期，那这种性行为方式就容易在之后的生活中被巩固和固定下来。这一理论也被称为“空白占据理论”。国内有研究表明，近七成的男性同性恋的第一次性对象是男性，而且这一行为发生得越早越容易被巩固。从某个侧面也印证了早期性体验对性取向形成的重要影响。

从两种心理理论中发现，性取向与性别认同有重要的联系，但是也存在差异。先天同性恋者其性对象先天是同性，但同时也存在人们在形成性别角色认同和性行为认同的过程中被后天干预的可能。

四、同性恋心理健康的维护

同性恋者在恋爱中面对的心理健康问题显然更为复杂。性别角色认同与自己性别相冲突所带来的压力，以及在这期间所遭受的不公正待遇，社会支持系统相对缺失，同伴压力、恋爱发展等问题都是同性恋者心理健康维护中需要关注的。

（一）正确的性取向判断

教育、文化、社会环境等后天因素对性取向的影响作用是存在的，且这些因素对性别角色认同不确定的青少年影响明显。因此，在个体对自己性别认同存在模糊，或者性取向不确定的情况下，不应该惊慌失措地从不正规网站进行检验和印证。而应该通过心理或精神卫生机构进行咨询诊断，以免造成被错误信息引导，将还未明确的性别角色认定及性取向进行错误巩固。

（二）理解或接纳

对于同性恋者，应该表示理解或接纳。部分同性恋者由于观念没有转变，往往对同性恋群体存在误解和偏见，从而导致其在得知这一结果时不能坦然接受。自我否定会给当事人带来强烈的心理压力，甚至会产生自责和羞愧感，严重的甚至会有错误的极端行为。这些行为的原因都是对同性恋的误解和不接纳所导致的。

加强同性恋相关知识的学习是正确接纳自己的重要前提。有研究表明，男性同性恋者的首次性行为往往不使用安全套，原因是其不知道安全同性行为的相关知识。也有些进行过危险性行为的同性恋者，在怀疑自己是否感染艾滋病的情况下，不知该如何去寻求就医确诊，从而自暴自弃导致不良后果。

（三）寻求社会支持

不同的性取向不应该成为爱与被爱权利获得的判断标准，同性恋者可以与父母、亲人及好友表明自己的性取向，并获得他们的理解，正常参加各类社会活动，坦诚而自信地同他人交往，构建自己完整的社会支持系统是同性恋者的权利，也是开启正常恋爱的重要途径。

章末拓展

◇心理影视

《断背山》

英文名：Brokeback Mountain

上映时间：2005 年

剧情介绍

1963 年的一个灿烂夏日，怀俄明西部，年轻的牛仔杰克·特维斯特与恩尼斯·德尔玛因同为牧场主乔·阿桂尔打工而相识。杰克比较健谈，且骑术高超。恩尼斯自幼父母双亡，性格内向寡语。人迹罕至的断背山深处，高山牧场的放羊工作单调而艰苦，随时有遭遇野兽袭击的可能。供杰克与恩尼斯栖身的帐篷狭小得只能睡下一人，另一人不得不睡在露天篝火旁，起初二人各自放羊，少有交流。直到有一天，二人晚饭时喝多了酒，夜晚又分外寒冷，于是杰克与恩尼斯同帐共衾而眠。在酒精与荷尔蒙的作用下，他们之间发生了“不该发生的事”，空虚寂寥让两个 19 岁的青年彼此相爱了。一个人做饭，另一个放羊，篝火边长谈，帐篷内欢爱，同性间的爱情伴随着二人度过了人生中最美好的夏日时光。

季节性的放牧工作结束后，迫于世俗的压力，杰克与恩尼斯依依不舍地踏上了各自的生活旅程，杰克凭着精湛的骑术成为了得州的竞技牛仔，依靠着妻子露琳家族的扶植而事业蒸蒸日上；留在牧场的恩尼斯迎娶了自幼相识的阿尔玛，每日为待哺的女儿奔忙，过着平凡清苦的日子。

弹指间四年过去了，饱受相思之苦的杰克给恩尼斯寄去贺卡，说自己做生意外出时要路过怀俄明，希望能见上一面。重逢后的杰克与恩尼斯深情拥吻，时光的流失并未冲淡二人心中炽热的情感。在随后的十几年中，杰克与恩尼斯都定期约会钓鱼。表面上的婚姻让阿尔玛的内心苦楚不堪，她知道丈夫每年消失在断背山中与老友杰克钓鱼的真正原因，而杰克与恩尼斯也经受着同性恋所招致的巨大偏见和世俗压力。

最终厮守一生的愿望因杰克的意外身亡而落空。在杰克去世后，恩尼斯来到了杰克父母的农场，想把杰克的骨灰带回到二人初次相识的断背山。在杰克的房间里，他发现了一个秘密：初识时他们各自穿过的衬衫被整齐地套在了同一个衣挂上。这个秘密让恩尼斯潸然泪下，他意识到杰克是多么爱他，自己又多么深爱杰克。但无论爱是怎样的浓烈，最终见证它的只有那座壮美苍郁的断背山。

◇心理资源推荐

1. 相关书籍

（1）桑志芹的《爱情进行时》，高等教育出版社 2008 年出版。

这本书以轻松愉快的表达讲述了恋爱中的各类困惑，包括恋爱焦虑、暗恋、男女生性别差异所带来的恋爱心理上的不同等，内容翔实，案例丰富，为青少年在恋爱中解答各类困惑提供很好的参考。

（2）约翰·鲍尔比的《依恋》，世界图书出版公司 2017 年出版。

作者在该书中提出了儿童依恋理论，阐述了儿童与依恋对象有联系的本质不是由表象来判断，而是强调实际经验的重要性。

（3）李银河的《同性恋亚文化》，内蒙古大学出版社 2009 年出版。

这是一本以研究同性恋现象为主题的专著。作者以“为什么要研究同性恋现象”开篇阐述了该书的写作目的，接下来的“同性恋现象普遍存在”一章，向人们介绍了同性恋现象的历史与现状，以大量的史实和统计数据证实了同性恋现象在全体人类社会中都是不可以被忽视的、有着深远历史渊源的一种常态，实质上指出我们有必要研究同性恋现象，帮助同性恋者争取和异性恋者一样本应有的、但却又被我们的社会所剥夺的权利。

2. 相关网站

同第三章。

第七章　性心理解析

案例导读

谁该对她负责

19 岁的小琴是南京一所高校的大二女生。这个皮肤白皙、有着一双乌黑大眼的女孩，竟然在过去的一年内人流了 4 次。当记者问她为什么不爱惜自己时，小琴耸了一下肩膀，无所谓地说："我不会用避孕套。"

"我真的不明白，这有什么好聊的，像我这样的人多了去了。"说着，小琴旁若无人地点起了一支烟。虽然感觉不太舒服，但她还是对记者敞开了心扉。据了解，小琴家是苏北农村的，家境小康。小时候，母亲因为父亲有外遇，经常吵闹不堪，动辄摔东西，相互厮打。

"看习惯了，我有时真想离开这个家。"好不容易熬到考取了大学，小琴飞一般地搬离了家，此后，她再也没有回去过。刚上大一，她迷恋上了网络，见网友、住网吧，对她而言是家常便饭。

就这样，在过去一年时间里，她一共见了 15 个网友，人流了四次。记者问："你为什么不爱惜自己的身体？"小琴像看着怪物一样看着记者，其实，她可能想说："这关你什么事?!"没想到，她低下了头说："我不知道怎么用避孕套。"

记者以为她是开玩笑的，当她再次抬起头来的时候，记者看到了她眼眶中充盈了泪……

资料来源：http：//edu. china. com. cn/2012 -05/27/content_25487129. htm。

想一想

（1）发生这样的情况该谁负责？

（2）你通过什么途径认识性？

大学生正处于性生理基本发育成熟、性心理也渐趋成熟期。在这时期，因为自身性生理反应的体验，社会、媒体对性爱方面内容的渲染，加之多种因素的影响和制约，大学生中出现了较多的与性有关的问题，产生了各种与之相关的心理困惑或心理障碍。这些对大学生的心理健康、学习和生活带来了消极的影响，甚至有个别大学生为此不能顺利地完成学业。大学生应该对此有正确的认识和了解，积极进行心理调适，使身心得以健康发展。

第一节　爱与性的思考

相关链接

“我们像其他情侣一样，一起吃饭，一起上网，一起自习。我们彼此很喜欢对方，从开始到现在，哪怕是未来，我想我都会一直喜欢他，他也是。于是我们就在一起了。可是我还是很担心，不知道未来会怎么样？”

“我们才交往3个月，可是最近我们一见面，他就说他想要我。我也不知道怎么办？他总是问我‘是不是不爱他’。”

资料来源：https：//www. docin. com/p－1395475675. html。

目前社会上对婚前性行为已持有比较宽容的态度，多数大学生对婚前性行为也都持有宽容态度。有调查显示，认为“只要有爱情就可以有性”的占27%，只要能结婚就无妨的占11%，“只要双方愿意就行”的占45%，可以说，当代大学生对感情和需要的尊重大大超过了对婚姻形式的遵从①。

自古以来，我们国家受封建传统思想的影响和束缚，人们似乎总是“谈性色变”，尽力回避这个话题，把与性有关的话题都束之高阁，认为其不能登上大雅之堂；甚至认为这是一种不道德、没有修养的表现。这就导致对于性的研究和探索处于迟滞状态。而有的地区虽出现生殖崇拜，但却把性神秘化了，这些都阻碍了人们对于性的了解和认识。即便到了越来越开放的今天，在我们国家的许多地区，对于性的认识依旧受到以前很多旧思想的影响。对于在校学生的性教育就更是无法实施。然而，在校大学生性知识的缺乏所带来的问题已经日益突出，这些问题引申出了包括暴力、色情和恶性传染病在内的许多的话题。对在校大学生进行性教育已迫在眉睫。

一、性的本质

人的性行为是生物、心理、社会三重因素共同作用的结果。

（一）人的性本能——性的自然属性

从人类起源来看，人类和其他动物一样为了生存、繁衍都要生殖。但是人类和动物在

① 资料来源：https：//wenku. baidu. com/view/26766835eefdc8d376ee3256. html。

对待生殖问题上有着根本不同。人类从进行社会性的生产劳动开始，其生殖后代就有了明确的目的性。从人类成熟后性活动的生理机能来看，是性器官及人体其他系统（眼、耳、鼻、舌、身）协调活动的有序的生理过程。所以，我们不能离开人的社会性去单纯理解人类性活动的自然属性。因此生物属性不是人类性的内在本质属性。正如马克思说：“吃、喝、性行为等，固然也是真正的人的机能，但是如果活动脱了人的其他活动，并使他们成为最后的和唯一的终极目标，那么，它们就是动物的机能。”因此，生物性不是人类性的内在本质属性。

（二）心理属性是人类性活动的重要特性

人类的性活动首先产生于心理的体验，而如何去从事这一活动，又受大脑的支配，并由此产生了人类性活动特有的性意识和性观念，这是人类性活动的重要特性。

（三）社会属性是性的本质属性

人在性活动中的一切表现方式，都是通过社会活动表现出来的。如人的性行为已不是专为性欲的需要而发生，是性欲与情感的结合；异性间的交往，是一种心情的表达，爱意的沟通，情感的流露；人类异性交往，在心理上希望有情人终成眷属，人类的性生活已变成情感生活的部分。上述种种要求不仅是社会的规约或文化上限制的结果，而是发自于内心的人性的要求，被概括为性的社会属性，社会属性才是人类性的本质属性。

二、性心理的发展阶段

性，与生俱来，并且伴随人一生。在人一生中的不同时期、不同年龄阶段，人的性行为性心理有不同的特征。按照弗洛伊德的观点，人的发展就是性心理的发展，将人的性心理的发展从婴儿期到青春期分为 5 个阶段，在不同的阶段中性欲满足的对象也随之变化。从婴儿期开始，发展源于力比多的驱动。儿童在性活动方面是主动的，每一阶段的性活动都可能影响人的人格特征，甚至成为日后发生心理疾病的根源。其中，儿童早期的经历，对一个人其后的心理发展是至关重要的。

（一）童年期性心理发展

知识链接

性学三论

性心理发展，传统的观点认为人类到青春期才开始萌发性欲，“天真无邪”的儿童，即无性欲也缺乏性意识，只有某些“先天劣根性”的儿童才会有性方面的表现。

而奥地利医生弗洛伊德认为：性欲及其能量（力比多）生来即有，婴儿也有性欲，不过表现形式与成人不同而已。他的“婴儿性欲”说，立即遭到人们的激烈抨击，但他始终坚持不渝，并逐渐获得部分学者的支持。他认为青春期时性意识觉醒，对异性发生兴趣，产生与异性结合的愿望，是性心理走向成熟的固定模式；但不能因为婴幼儿不符合这种模式而抹杀或否认其性欲、力比多的存在。弗洛伊德还认为随着年龄发育的不同，性及力比多的表现也大有差异。

弗洛伊德将个体出生后至性成熟的性心理发展划分为以下几个阶段。

（1）口欲期。出生至1岁左右。该时力比多贯注于口唇、口腔活动，婴儿从吮吸母乳中不但获得必要的营养，而且也获得极大快感。婴儿吃饱奶后的甜蜜入睡，与成人性交获得性乐高潮后的入睡状态相似。婴儿不仅从吮吸乳汁中获得快感，并且对其他口唇、口腔活动也极感兴趣。他们经常从吹泡泡、咯咯发声、咀嚼东西等活动中取乐，还喜欢吮吸手指、把手头能拿到的东西放到嘴里。弗洛伊德认为在幼婴期性欲的表现主要是追求躯体方面所产生的快感，并无成人的性意识与交媾意愿，他称之为“自体性欲满足”。婴儿在口欲期的上述行为，即是其追求自体性欲满足的表现，即口欲满足。

（2）肛欲期。1～2岁左右。该时力比多下移贯注于肛门、直肠区的活动，此时也是训练幼儿大小便习惯的时期。幼儿可从排便与控制大便潴留中获得快感，即肛欲满足。该时幼儿对自己排出的粪便很感兴趣，时常给予玩弄。如果在该时受到心理挫折，或在后来性心理发展过程中（直至成年）遭遇到心理挫折皆可退行并固着于肛欲期。临床上所见到的恋粪癖（日本称为“恋粪色情”）、灌肠癖、男被动同性恋者喜欢接受肛门性交者，皆属于力比多固着于肛欲期的表现。

（3）性蕾期亦译为“阳具欲期”。2～4岁，该时力比多转移贯注于幼儿尚未发育的生殖器（阴茎或阴蒂），他们通过玩弄阴茎或刺激阴蒂（如夹腿摩擦或触碰椅脚）而获得。这种幼儿期手淫与成人手淫性质不同，既无成人的性意识与性交意愿，也无成人的性生理反应（如射精），不过是幼儿的一种性游戏而已，因此不应用成人的偏见对他们进行过于严苛的责备；否则因此造成的心灵创伤，可能对性产生罪恶或恐惧感，成为成年后性功能障碍的根源。一般通过适当的教育或转移孩子们的兴趣，即可消除此不良行为。

（4）俄狄浦斯情结阶段。弗洛伊德认为前述的3个阶段（口欲、肛欲与性蕾期），力比多主要贯注于自体的各部位获得肉体快感，在此之后，力比多则转移贯注于外界对象，开始他“恋”，首先目标是家庭内的异性亲长。弗洛伊德对此命名为俄狄浦斯情结，又名子恋母（仇父）情结。该名称引自著名希腊悲剧《俄狄浦斯王》的故事：俄狄浦斯原是底比斯国王与年轻皇后柔卡斯塔的儿子，生后神谕：该子长大后会弑父娶母，因此国王命人将其抛弃于山野。幸被牧羊者救去，献给无子的邻国国王。该国国王视其如己生，将他抚养成人，并准备将王位传给他。俄狄浦斯在受命前又获神谕，内容同前，因此深感恐惧不安而出外逃离。路遇其父，发生冲突，在互不相识下将其父杀死。后来又除掉底比斯境内的恶魔，受到底比斯人民拥戴成为新国王，娶其生母为妻，生下二女。后来底比斯连续遭受天灾，经过祈祷后神谕，并据此进行详细调查，俄狄浦斯最后发现自己即是杀害前国王（生父）的凶手，而妻子柔卡斯塔则是自己的生母。柔卡斯塔在羞愤下自杀，俄狄浦斯则自感罪恶深重，自残双目后，携两女流亡他乡。

（5）性潜隐期。六七岁至十一二岁。在解决了俄狄浦斯情结后，儿童进入了性潜隐期。在此阶段，性心理比较平静，没有上述各时期复杂、激烈的矛盾冲突。但有的学者认为可出现一种类似“同性恋”现象：男孩喜欢与男孩做伴，从事某些比较剧烈与冒险的游戏，如模仿战士战斗等；而女孩则喜欢与其他女孩从事跳舞、跳橡皮筋等温和的游戏。实质上这种“假性同性恋”不具有成人的性意识与欲念。但是在今后性心理发展遇到挫折时，心理退行到该阶段也可能构成同性恋心理根源的组成部分。

（6）青春期及以后阶段。青春期一段始于11～13岁时，其生理标志为男子梦遗或手淫，女子则为月经初潮。由于躯体、内分泌系统的迅猛发展，第二性征也日益明显。此时青少年的性心理也有迅猛的发展，青少年对异性感到吸引，产生朦胧与不甚明确的情意。这就是异性恋的开始，但他们还缺乏社会经验与理智发展不足。他们的性器官发育逐渐成熟，但其整体心理水平还较幼稚，意志亦较薄弱，易受外界不良诱惑而导致性罪错，因此被视为“青春期危机”。

资料来源：弗洛伊德．性学三论［M］．陕西：太白文学出版社，2000。

弗洛伊德除从个体角度来描述外，其描述中还包含着父母、社会、小伙伴间的观念和行为方面的影响。如儿童的接受抚爱，相互间的摔打、翻滚等粗暴游戏被有些性学家视为性兴趣表达的一种方式。此外，孩子还从相互比较生殖器，观察父母及成人的小便姿势差别，对成人裸体的兴趣及向父母发出的性提问来习得性别认同；并在扮新郎、新娘结婚，抱娃娃当爸爸、妈妈的性游戏中学习社会的性角色行为。在这种性角色情感倾向的学习中，逐渐形成了对性活动的态度与爱好。

（二）青年期性心理发展

进入青春期，青少年由于青春期体内性激素分泌的增加，对性的启动和追求起了生物催化剂的作用。在体内内分泌因素的诱导下，生理上产生了急剧变化。生殖系统的发育，第二性征的表露，性成熟或性生理的变化，加之书刊、电影电视中有关性的描写，使青少年出现性意识的觉醒。随着性功能的成熟，心理上也产生了微妙的变化，对异性发生兴趣，感到了异性的吸引，这就是异性恋的开始。他们在心理上产生了性兴趣、性意识的变化，表现为主动从各方面获取性知识，在性心理方面表现出对异性的好奇与向往。男孩根据不同个性或主动与女孩交往，或有意显示才能，讨好心目中的异性对象；女孩则倾心于有特长（学习、运动身体能力）的男性，并且以各种方式在异性面前展示自己的优势和特点。在性意识方面表现为渴望性知识的获得，包括自身与异性的有关知识；并在异性面前注意修饰、显示；有异性吸引的情感，甚至表现为不顾一切追求异性的性冲动。这种“不顾一切”往往是引起性罪错的内在原因。这主要是由于强烈的生理需要驱动，外界社会因素的性促进，再加上自我不完善，理智控制力弱所导致。这一阶段，虽然他们的性器官发育逐渐成熟，但是其整体心理水平还较幼稚，意志亦较薄弱，他们还缺乏社会经验，理智发展不足，易受到外界多种因素的诱惑而导致不恰当的性冲动，乃至过早地发生性行为，造成一些不当的后果。因此，这一阶段往往被视为“青春期危机”期。

心理学研究表明，青春期性心理的发展大体上经历了 3 个阶段。

1. 异性疏远期

这是青春期开始的半年至一年（11 ~ 12 岁）内的两性疏远阶段，少男少女对性的差别特别敏感。此时性功能尚未完全成熟，性别意识刚刚萌芽。由于第二性征的出现，使中学生对自身所发生的巨变感到茫然与害羞，本能地产生对异性的疏远，甚至对异性反感。这一时期大约会持续一年左右。

这一时期在他们内心深处产生了春情萌动的朦胧感觉，把异性和男女之间的关系也看得很神秘。这就使得他们在异性的接触或交往中，往往会产生一种羞涩、忸怩或不自然的感觉，并在传统思想的影响下，认为与异性的接触会引起别人的耻笑或议论，因而出现了“心有相互吸引之力，而行又相互疏远”的现象。表面看起来男女之间似乎产生了很大的隔阂，做事情似乎男女分开的趋势更明显。这就是异性疏远期的特殊表现。

2. 异性接近期

在完全进入青春期之后，随着生理机能的进一步发展，生活阅历的日趋增加，青少年对异性之间的关系有了进一步的理解和认识，对性意识的情感体验也开始有了新的变化，男女之间又有了一种更喜欢接近的需要，他们的性心理发展又开始进入了一个男女相互吸引的重要阶段。青春期早期，男女同学只是开始彼此产生好感。中期则彼此都想努力克服交往中的不安和羞涩，进一步试探着主动接近对方。但是由于情感比较隐蔽，很少能够达到相互间情感的深入交流，这个时期的异性交往一般还比较广泛，甚至无确定目的，被接近的对象也容易变化。因为此时的青年处于幼稚期，男女间的相互吸引与好感度都属于异性间朦胧感情的自然表露。此时，异性间的羞涩心理较前期大大减少，他们已不满足于对异性那种朦胧的、隐蔽的、泛泛的好感和爱慕了，而是希望通过与异性交往，有选择地交往自己倾心的异性。在这种心态的作用下，青少年男女结束了上一期“异性疏远期”，取而代之的是异性间的相互吸引显著增强，乐意与异性一起参加活动，喜欢与异性相处，更加在意异性对自己的看法和评价，力求成为对异性颇有魅力的人。他们对两性关系仍处于一种似懂非懂的状态，还分不清好感与初恋的区别，因此常常造成心理上的困惑与苦恼。这时他（她）们的感情强烈而易失控，接触广泛而不专一，这是一个较长的时期。家长和教师对这个时期的青年男女，要教育引导他们集中精力学习，正确分辨友谊和爱情，在与异性交往时要做到积极而有分寸，热情而又慎重，避免早恋。

3. 异性爱恋期

进入青春中后期，也就是进入大学学习阶段的前后，生理机能的进一步发展与完善，知识面的日益增加，生活视野的日趋扩大，个性发展的不断成熟，他们对性爱意识的理解和认识越来越全面，对异性之间的关系也有了正确的态度，开始各自扮演社会赋予性别的特定角色。男孩往往喜欢显露自己的才华来博得所追求女性的欢心，同时在异性面前尽情表现自己的长处。女孩则在外表上学会打扮自己，吸引异性注意；在性格上变得腼腆矜持学会深藏自己的感情。一旦一对青年男女建立了恋爱关系，爱情的力量会对他们各自的性格、兴趣、爱好等个性心理特征产生巨大影响，并成为激励他们前进的巨大力量。

这一时期的显著标志是青年人把感情集中寄于自己钟情的一个异性身上，彼此常在一起情投意合，在工作、学习中互相帮助，生活中互相照顾体贴，憧憬婚后的美满生活，并开始为组织未来的家庭做准备工作。这时的青年对周围环境的注意减少。女青年常充满浪漫的幻想，向往被爱，易于多愁善感，男青年则有强烈爱别人的欲望，从而得到独立感的满足，他们往往都比较兴奋。这个阶段一般从青年初期的中后阶段开始，也就是高中毕业到上大学的阶段直至走向社会。这一阶段是青春期性意识表现和发展的相对成熟阶段，也是青春期性意识发展的必然结果，是从异性接触期为基础发展而来的，但又与异性接触期有着本质的区别。只有从这个阶段开始，才可能逐渐产生和形成真正的爱情。

这个时期能够正视对方的缺点，认真地和负责地沟通，增加了解。通常在激情消退后，会发现对方存在以往未曾注意到的缺点，能够比较冷静地看问题。心理和谐的爱情有两方面含义：一是双方的生活志向、理想和目标大体一致，它是婚后共同生活的思想基础；二是双方的性格、爱好、兴趣、生活习惯和文化修养的和谐，它是婚后共同生活的感情要素。

性心理发展是个体发育、发展的重要现象，对个体的成熟、异性的适应、未来的婚姻和家庭、心理健康等都有重要的意义。

第二节　象牙塔里的“性”是什么

知识链接

大学生性与生殖健康调查报告

2017 年由中国计划生育协会编著的《大学生性与生殖健康调查报告》在北京发布。调查结果显示，约七成在校大学生接受婚前性行为。

这份报告共得到有效问卷 17966 份。调查人群以女性居多，占 60.4%，男性占 39.6%。调查对象平均年龄为 20.2 岁。在性取向调查部分，自认为异性恋的调查对象占全部调查对象的 89.5%，同性恋和双性恋的比例分别为 2.5% 和 5.1%。

对于婚前性行为，23.6% 认为在任何情况下都不应该有婚前性行；31.7% 认为如果与对方有感情可以有婚前性行为；31.8% 认同以结婚为前提的婚前性行为；仅有 3.6% 的大学生认为有无感情都可以有婚前性行为。

男女大学生对婚前性行为的态度明显不同，31.3% 的女性认为应保持贞洁，任何情况下都不应该有婚前性行为，这一比例显著高于男性（12.0%）。

另外，23.3% 的人表示不能接受伴侣有过婚前性行为，26.5% 表示可以接受，49.0% 的人则表示“不确定，视情况而定”。男女在这一问题上的态度无明显区别。

另外，76.8% 的调查对象表示不会考虑在大学期间结婚，0.2% 的调查对象已经结婚。90.3% 的调查对象表示不会在大学期间生育；4.8% 的受访者认为经济条件允许的情况下会考虑大学期间生育；4.2% 的受访者认为如果家里支持则会考虑生育。

超两成在校大学生曾发生插入式性行为。

调查显示，有（有过）恋爱经历的大学生占 67.6%，男女无明显区别。在有（有过）恋爱经历的调查对象中，42.9% 只交往过一个男（女）朋友，而交往 5 个及以上的大学生仅占全部调查对象的 8.7%。

20.3% 的调查对象曾经发生插入式性行为。已经发生过性行为的调查对象中，45.6% 在 11 ~18 岁之间发生第一次性行为。男性发生过性行为的比例（28.4%）显著高于女性（14.9%）。大学一年级学生发生过性行为的仅占全部被调查一年级学生的 15%，而在四年级（包括五年制本科的五年级）学生中，这一比例提高至 43.4%。

有性行为女生中超一成曾有怀孕经历。

在有过性行为的人群中，11% 曾经有（致使）过怀孕经历。在有性行为的女性人群中，10.1% 有过怀孕经历，重复怀孕比例为 3.2%；在有性行为的男性中，11.8% 曾造成对方怀孕。

在调查中，有360人报告自身或伴侣有过人工流产经历，占发生过性行为的调查对象的9.9%。其中，有“重复人工流产”经历的约占四分之一，7.8%曾经历“超过3次人工流产”。

在有人工流产经历的学生中，大部分（61.4%）选择前往正规公立医院接受流产及相关的卫生服务，29.4%选择了正规私立医院，但也有少部分青少年选择了小诊所（6.1%），甚至自行服药（7.2%）。

资料来源：http：//lx. huanqiu. com/lxnews/2016 –09/9485832. html? agt =15438。

一、大学生性心理发展的一般特征

（一）性心理的本能性和朦胧性

相当一部分大学生，尤其是低年级大学生的性心理尚缺乏深刻的社会内容，主要还是生理发育成熟带来的本能作用，情不自禁地对异性发生兴趣、好感和爱慕。加上不少学生不了解性的基本知识，对性有较浓厚的神秘感，使得这种萌动又罩上了一种朦胧的色彩。

（二）性意识的强烈性与表现上的文饰性

大学生对性的关心程度明显强于中学生。他们十分重视自己在异性心目中的形象，十分看重来自异性的评价，并常按照异性的要求和希望来进行自我评价和塑造自己的形象。同时，尽管大学生心理上对性问题和异性都很关注，很敏感，但在行为上却表现得拘谨、羞涩和冷漠，具有明显的文饰性。

（三）性心理的性别差异性

大学生的性心理存在着明显的性别差异性。在对于异性感情的流露上，男生显得较为外显和热烈，女生往往表现得含蓄而温存；在内心体验上，男生更多的是新奇、神秘和喜悦，女生则常是羞涩、敏感和不知所措；在表达方式上，男生比较主动和直接，女生更喜欢采取暗示的方式；男生的性冲动易被视觉刺激唤起，而女生则易在听觉、触觉刺激下引起兴奋。不过，这种差异近年来有缩小的趋势。如在表达方式上，女生变得较为主动的情况也是越来越常见。

二、大学生常见的性心理问题

性心理人皆有之，作为一种心理现象，它有其自身发生发展的内在规律。大学生应当对这些内容有比较明晰的认识。从本质上看，性心理的发展是恋爱心理发展的基础。进入青春期后，两者就合二为一了。但是在这个过程中，大学生往往会发生各种因性引起的心理问题。

（一）性体像意识的困扰

这主要表现为部分大学生男女不能正确、客观地认识自己的身体及其第二性征，对青春期出现的第二性征感到害羞、不安和不理解。女性对自己的乳房发育不满意，为形体的胖瘦而烦恼，部分学生由于片面追求苗条而形成体像障碍，男性对自己的生殖器不满意，为身材矮小而苦恼。有的青少年认识不到生长的突增在身体的各个部位并不同时开始，因而产生体像和自信心方面的问题。

（二）性意识的困扰

个体在进入青春期后，伴随着生理的发育成熟，性意识也开始觉醒。大学生的性意识常见的有被异性吸引、常想性问题、性幻想及性梦等。许多同学也能正确对待，但在一部分大学生中，性心理活动却成了困扰其心理、行为的不良因素，并且发生率极高。

（三）性行为的困扰

大学生的性行为主要是自慰性行为、边缘性行为和婚前性行为，其中以自慰行为最为常见。自慰行为（手淫）是构成心理困扰的重要原因之一。大学生常常为自己染上手淫习惯而担忧，不知道手淫是否会对身体和情感产生有害的影响，不知道这是否是一种少有的或不正常的活动，不知道其他人是否也有过手淫，也不知道这是否会损害以后的性生活。关于手淫会产生痤疮、精神失常或不育等种种荒诞的神话仍然到处泛滥。

（四）婚前性行为

婚前性行为是指男女双方在恋爱期间发生的性交行为，其特点是双方自愿进行，不存在暴力逼迫，没有法律保证，不存在夫妻之间应有的义务和责任，容易产生一些纠纷和严重后果。有一段形容恋爱人群的顺口溜是这么说的："60 年代前后走，70 年代并排走，80 年代手拉手，90 年代搂着走，到了 21 世纪则是边吻边走。"它很形象地反映了随着时代的变化，恋爱中的亲密行为也发生着相应的变化。

对于婚前性行为，一些大学生认为可以接受。只要双方愿意就可以发生，有的甚至相识不久就发生性关系，有的在校外租房同居。在大学校园中，婚前性行为并不少见，但这个问题仍然是大学生们比较敏感和困惑的问题，主要困惑在于情侣之间该不该有性行为，性行为的发生对于自己的现在和将来究竟意味着什么。

◆ 案例

处女情结的报复

某女，20 世纪 90 年代初走进某所大学，大四的时候，在相恋两年的男朋友极力的要求下发生了婚前性行为。大学毕业的时候，两个人都留在了北京，不顾家里的反对，开始了他们的同居时代，当时男朋友承诺 25 岁结婚。就在工作一年之后，男朋友离开了她，受到极其沉重的打击。后经由单位同事的介绍，她认识了一个长自己 3 岁的男性，通过一段时间的了解，双方建立了恋爱关系，她也从悲痛中走了出来。他时常会在论坛中宣扬放弃处女情结，真爱至上，于是她的心中并不再担心自己的过去会对这段爱情构成威胁。就在准备领取结婚证之前的一个月，他们发生了关系，这是他们仅有的一次关系。从此之后，他也消失得无影无踪，他的内心难以忍受她对自己的不负责任。

在第二次打击之后，她选择了报复，时常出入于迪厅和酒吧，与很多异性发生关系，她认为这是在报复她的第一任男朋友，报复那个并不真心爱她，只爱处女膜的人。在她的内心中，最让她不好受的是事后，对方会留下一些钱，每一次她都会把这些钱给撕掉。最终她还是患上了可怕的梅毒。失去了工作，失去了家人，她在世界上还有什么呢？只有一身脏病的肉体，她的报复行动在继续，每次事情结束了她都会要求对方留下一些钱……

资料来源：https：//www. docin. com/p－1415191109. html。

［案例分析］

诺言不是一成不变的，有些人会坚定地履行自己的诺言，坚定地去爱一个人，但有些人的诺言只是一种条件反射。在中国，几千年的传统文化的熏陶，绝大多数男人还是有处女情结的，他们希望自己的妻子是圣洁的，只属于自己。总有一些人在网上或是在一些论坛里宣扬爱情至上，要抛弃处女情结，但是，事情发生在自己身上时，却利用处女情结来作为最好的回绝理由。

三、大学生性心理障碍

由于个人的经历及家庭社会的影响，少数大学生存在着较严重的性心理障碍。

（一）性偏好障碍

性偏好障碍指的是性心理和性行为都带有儿童性活动的特点，即以幼年的方式求得性满足，如异装癖、露阴癖、窥阴癖。

（二）性身份障碍

性身份障碍指的是从心理上否认自己的生理性别和服饰，强烈希望转换成异性，即异性癖。

如果出现了上述状况，将会严重影响到大学生的生活和学习，影响今后的发展，所以应当及时向有关人员进行咨询，予以治疗。

第三节　如何保持性健康

随着改革开放的深入，西方国家已经过时的“性自由”“性解放”思潮被相当一部分的大学生所接受并效仿。伴随而来的问题是，“婚前同居”导致的“非婚生子”被抛弃的事件、校外租房导致的凶杀事件、因失身后失恋而导致的自杀事件、不安全的性行为导致的“大学生成为性传播疾病”受害群体的事件等屡见媒体报道。在大学生中开展性健康教育，通过性文化素质的培养，帮助大学生通过科学的性知识和性文化的学习，拥有健康的性意识和性道德，引导大学生健康成长，是实现高素质人才培养的保障措施之一。

一、维护大学生的性健康

（一）培养健康的人格

“性是人格的完成。”性，不仅仅决定于生物本能，一个人对待性的态度反映了一个人人格的成熟。人自身的尊严感和对他人是否尊重，都会在两性关系中充分体现出来。

1. 认同自己的性别角色

性别角色意识是一个人社会化成熟与否的重要体现，是心理健康的重要标志。世界是两性的和谐统一。男性和女性在生理和心理上各有自己的特点，各有自己的性别魅力。因此大学生应当接纳和欣赏自己的性别角色，发展出适应时代要求的优秀个性特点，性别角色的认同和胜任是现代人成功适应和发展的重要心理基础。

2. 性行为负有社会责任感

性行为可以给另一方造成心理和肉体上的影响，可以产生新的生命。这将意味着影响另一个人的生活，也将影响你自己的生活。每一个成熟的大学生都应当了解个人性行为给他人、自我和社会带来的后果。要尊重他人，尊重自我，对自我的行为负起责任。

3. 要培养良好的意志品质

大学生自我控制性心理能力的大小，在一定意义上是由个人意志品质的强弱决定的。意志作为达到既定目的而自觉努力的一种心理状态，具有发动和抑制行为的作用。尽管有的大学生有较强的性冲动，但是，人不同于动物，人有意志力，人可以抑制和调整自我。那些放纵自己的人往往缺乏坚强的意志品质。为了自己长远的幸福和个人成功的发展，应当努力培养良好的意志品质。

（二）积极主动自我调节

青年期是性欲望、性冲动、性兴趣频繁出现的时期，大学生努力培养自己的性抑制力，以便适应复杂多变的文化、生活环境；既要遵从人的自然本性，又要符合道德规范。通过学习、工作和各种活动等多种途径使生理能量得到释放、代偿、升华以及有效的转移。

（三）提高大学生性道德修养

性伦理与性道德是整个伦理道德观念中重要的组成部分。它以善恶为标准，以内心信念、社会舆论和传统习俗为驱动力，是调节两性关系和交往活动中必须遵守的行为规范。它既是主动的非强制的控制力量，由个人的信念和良心来驱使、克制，又是被动的非强制性的控制力量，由社会舆论和传统习俗来约束、干预。大学生要有意识地培养和发展积极健康的性道德。

（四）对性骚扰的自我保护

首先，大学生应当维护自尊、自重、自爱的自我形象，做到举止大方、行为得体、作风正派、衣着打扮不轻浮。其次，大学生应当学会自我保护。女生尽量晚上不要单独外出，一般不要单独在男性家中或住所长时间停留。面对异性的非分要求不要畏惧，要勇敢地说“不”。要以严厉的态度制止和反抗性骚扰，必要时向别人呼救或向公安部门寻求帮助。

二、性传播疾病、艾滋病的预防

（一）什么是性传播疾病和艾滋病

1975 年联合国世界卫生组织决定用性传播疾病这一概念来取代过去的性病一词。把凡是通过性行为，包括生殖器的性行为和类似的行为接触而发生的传染疾病称为性传播疾病。它包括淋病、软下疳、尖锐湿疣、生殖器疱疹、梅毒、非淋菌性尿道炎和滴虫病等。

艾滋病是一种危害性极大的传染病，由感染艾滋病病毒（HIV）引起。HIV 是一种能攻击人体免疫系统的病毒。它把人体免疫系统中最重要的 $CD4^+$ T 淋巴细胞作为主要攻击目标，大量破坏该细胞，使人体细胞免疫功能缺陷，因此，人体易于感染各种疾病，并可发生恶性肿瘤，病死率较高。HIV 在人体内的潜伏期平均为 8 年，也就是说，感染 HIV 后，可以没有任何症状地生活和工作多年。目前，艾滋病已成为严重威胁我国公众健康的重要公共卫生问题。

（二）性病与艾滋病的危害

性病、艾滋病严重地摧残着人们的身体，吞噬着人们的生命，给人类的发展带来巨大的灾难。性病、艾滋病的危害主要有：

1. 损害人们肌体健康

性传播疾病能够导致病人的皮肤溃烂、生殖器发炎，还会造成骨髓疾病、眼科疾病、心脏病、心血管病和神经系统等疾病，还可以并发肝炎、肾病等。性传播疾病会造成女性不孕症，导致女性生育能力的丧失。

2. 吞噬人类的生命

艾滋病的治愈率低，医学专家认为，艾滋病患者，50% 将在确诊后 18 个月死亡，80% 将在 36 个月中死亡。据联合国世界卫生组织（WHO）艾滋病规划署（UNAIDS）统计，从 1981 年世界上报告首例艾滋病人以来到 1999 年，全球死于艾滋病的人数已达 1880 万人，仅 1999 年的死亡人数就达 280 例。非洲死于艾滋病的人数要比死于战乱、饥荒和自然灾害的人数多出 10 倍。我国 1999 年统计，艾滋病死亡人数已达 240 例。艾滋病是吞噬人类生命的杀手。

3. 威胁后代的延续

性传播疾病和艾滋病不仅使本人遭受疾病的折磨，而且还会通过母婴传播，传给胎儿。同时，母乳喂养，艾滋病病毒还能通过乳汁传给婴儿。

（三）艾滋病传播途径

1. 性传播

艾滋病可以通过性交行为而感染上艾滋病病毒。这包括异性间和同性之间的性接触传播。

2. 母婴传播

感染了艾滋病病毒的妇女可通过妊娠、分娩和哺乳将病毒传染给婴幼儿。

3. 血液传播

（1）静脉注射毒品的人共用未经消毒的注射器。

（2）输入或注入被艾滋病病毒感染的血液或血液制品。

（3）使用被艾滋病病毒污染而又未经消毒的注射器和针灸针、其他可刺破皮肤的医疗器械，如口腔科器械、接生器械、外科手术器械等。

（4）其他可能引起血液传播的途径：如理发、美容、文身、穿耳、修脚等用的刀具、针具不消毒，与其他人共用刮脸刀、电动剃须刀、牙刷，救护流血的伤病员时救护者有破损的皮肤接触伤员的血液。

（四）艾滋病与性传播疾病的预防

（1）洁身自爱，避免有婚前性行为。

（2）不搞性乱。

（3）不要参与同性恋肛交、口交等非常容易传染艾滋病病毒的活动。

（4）正确使用避孕套可以减少传染艾滋病性病的机会。

（5）不吸毒。
（6）不去消毒不严的医院和诊所打针、拔牙或做手术。
（7）儿童打预防针必须一人一针一管。
（8）不到不消毒的理发店和美容院去理发、美容。
（9）不用不消毒的针穿耳、文身。
（10）修脚、治鸡眼的刀一定要消毒。
（11）刮脸刀、电动剃须刀、牙刷必须自备，不可借用。
（12）救护流血伤员，要防止血液沾在自己皮肤黏膜上。

知识链接

艾滋病对社会的危害

由于艾滋病目前无法治愈，因此对人们健康及社会经济发展的危害超过了任何其他疾病，给个人、家庭、社会和经济发展带来灾难性后果。

（1）劳动力减少，人才损失严重。艾滋病夺去的大多是青壮年的生命，使国家丧失大批青壮年劳动力及科技人才。在部分撒哈拉以南的非洲国家，据估计有1/3以上的成年人感染了艾滋病病毒，不加以遏止会给国家带来严重的灾难。

（2）影响经济发展。艾滋病病毒和艾滋病会对感染率严重的国家造成灾难性的经济影响。艾滋病使非洲许多国家经济持续发展缓慢，国内生产总值减少幅度高达15%～20%。

（3）防治费用成为国家财政负担，加剧贫困化。每年要耗费巨资来应对艾滋病，对本来就贫穷落后的国家更是雪上加霜。仅1999年，非洲国家花费在治疗艾滋病患者身上的医药费至少在25亿美元以上，相当于非洲国家全年卫生预算的总和。

（4）人均寿命大幅下降。从1999～2005年间，非洲国家人均预期寿命至少减少8～31岁。在撒哈拉以南非洲地区的7个国家中，5岁以下儿童死亡率因艾滋病而增加了20%～40%。

（5）大批儿童成为孤儿。到2010年，非洲大陆因艾滋病而失去双亲的孤儿达1040万人。全世界每天约有2000个婴儿在母亲怀孕、生产时或通过母乳喂养的过程中感染艾滋病病毒。

（6）造成并加剧歧视：在艾滋病发现初期，社会上往往都流传着恐怖的故事、错误的报道、惊慌失措的反映和带有歧视的政策，阻碍人们以理性的态度对待这种疾病。

（7）影响社会安定：艾滋病患者及其家人的就业、上学、医疗、婚姻都受严重影响，加剧家庭贫困化。面对社会歧视和种种压力，有的患者走上了吸毒、卖淫的犯罪道路，甚至自杀；有的因仇恨而产生报复心理，制造引起社会恐慌的事件。

资料来源：http：//www.yp900.com/cjbfz/xbfzbwbd/cjbfz－13390－2BBC1CC8FD0E5F9E0B91F01828C878.htm。

章末拓展

◇心理影视

《最爱》

剧情介绍：

20世纪90年代，中国一个偏僻落后的山村。在利益驱动下村民不惜卖血赚钱，却也将世纪绝症艾滋病感染上身，生命以秒计算。老柱柱的长子赵齐全，天良丧尽，他作为“血头”成为村里最先富起来的人，为此牺牲村民乃至家人也不悔改。心怀愧疚的老柱柱将染病并受到歧视的村民集中到废弃的小学统一照顾，一同前往的还有他的次子赵得意。无人垂怜的死亡孤岛，病者在生命最后一刻还在心中贪欲的驱使下钩心斗角，令人全然看不到半点希望。在此期间，得意和堂兄弟小海的媳妇琴琴惺惺相惜，互生爱意。本就饱受歧视的二人，此刻更成为背叛了全世界的恶人。

心理分析：

《最爱》选择了“另类”式电影题材揭示了社会边缘人的生存状态与人性的挣扎，聚焦于为满足金钱欲望及物质需求而卖血最终感染“热病”（艾滋病）的贫穷农民群体。就题材而言，“谈‘艾’色变”既是中国电影实践的真实写照，同时也是中国社会民众的普适表情，然而反思整个电影，我们却发现：建立在心理学基础上的传统道德的根本问题是：发扬生本能、排斥死本能，但死本能又纠结着生本能，引发了人们对于生死、情感、任性的思考。

◇心理资源推荐

1. 相关书籍

曼弗雷德·凯茨·德·弗里斯的《性、金钱、幸福与死亡》，东方出版社2010年出版。

在心理学和管理学的交叉视角下，本书探讨了人生的四大主题：性、金钱、幸福与死亡。人生不全是追求功名利禄，权势不过是水中花，名气不过是镜中月，财富不过是火中冰。人生真正重要的是有意义的关系、有所作为、创建意义。作者身兼数职——临床医生、心理分析师、领导力教练以及教授，他从自身工作经验出发，探讨了这些话题以及它们对工作及生活的影响，并针对管理者及其他人在这些方面所遇到的困扰给出了一些建议，让他们能够更好地面对挑战，成就更美满的人生。

2. 相关视频

（1）纪录片《人体漫游》。

该片记录了人生七个不同的阶段，全部利用真人真事的拍摄手法，从人类受精开始，讲述婴儿成长、十二岁女孩如何度过青春期、年轻妇人由怀孕至分娩的过程、年老夫妇共度晚年及一名胃癌病人步向死亡至气绝时刻的情形。

（2）中央电视台《面对面》节目“艾滋女生”。

该片主人翁朱力亚是中国首个公开自己艾滋病身份的大学生，她通过公布自己恋爱日记的方式讲述自己与外国男友邂逅、相恋、不幸感染艾滋病的故事，她用自己的亲身经历告诫大学生应对艾滋病有科学的认识，严肃对待“性”的问题。

3. 相关网站

（1）人生指南：http：//www. n66. com。

（2）中文心理学网：http：//www. psych. org. cn/。

（3）于飞心理：https：//www. yufeixl. com/。

第八章　压力的应对

案例导读

“沉甸甸”的关心

小刘，男，某大学二年级学生，独生子女，家庭经济条件优越，家庭成员受教育程度高。小刘的爷爷奶奶是公务员，父母在大型国企从事财会工作。爷爷对家庭子女教育格外重视，在小刘这一辈的孩子里，只要成绩优异就能得到爷爷的肯定。和小刘同辈的表兄弟姐妹们一直是家人眼里的好孩子，他们要么已经申请到多所国外名校的offer了，要么是国内名校的学生，对比而言，小刘的学校则比较一般，父母希望小刘能通过学校的国际办学系统出国留学。

为了能达到父母的要求，小刘在高考志愿填报中放弃了自己喜欢的文学，而是遵从父母意愿选择了会计专业。原本小刘的数学并不好，但是父母则认为选择这个专业的优势很多，最不济也能在父母已有资源帮助下找到一份相对优越的工作，于是小刘也就认同了。可是在大学数学学习中，小刘感觉自己就像听天书，完全摸不着头脑，而且也没有办法可以和老师沟通，这让小刘很焦虑。父母一直安慰小刘，只要认真学习就可以了，大学最重要的还是能出国留学，而出国的关键是雅思成绩，小刘在英语上一直表现较为优秀，应该可以胜任的。父母的理解和安慰给了小刘很大的信心，并开始将更多的精力投入雅思的准备中去。在最近的一次雅思考试中，父母也经常打电话关心，询问小刘准备状况和心情状况等，这让小刘感觉有些不自在，虽然父母平时也经常关心小刘的生活，但是像这样频繁的关心还是比较少见的。小刘知道这背后有父母对这次考试的重视，小刘也决定顶着压力去完成考试。可是最终，小刘在雅思考试中遭遇了“滑铁卢”。虽然父母在事后还是很耐心地劝解小刘，但小刘内心已经没有了信心，感觉自己已经不可能有能力出国了。但是小刘现在也很愧疚，感觉自己对不起父母的关心和教育，自己不争气，同时，小刘也觉得父母对自己的关心的分量有点重了，沉甸甸的。

想一想

（1）为何父母的关爱让小刘会感觉“沉甸甸的”？

（2）小刘应该如何解决自己的困境？

小刘的困境是我们很多大学生都会面对的，大家“深有同感”的同时却不能很准确地说出这困境背后的原因，在反复琢磨良久之后，也许我们会异口同声地感叹道：“是因为压力山大!”。“压力”或“心理压力”已经成为现代社会中再熟悉不过的一个词，它几乎成为所有生活挫折中那甩不掉的“尾巴”，当我们学业失利的时候我们会说：“压力山大”；当我们面临周边同学都脱单时会说：“压力山大”；当面临毕业抉择时我们依然感慨“压力山大”；当与父母师长沟通受阻时我们还是以“压力山大”来结束这样的对话。

到底什么是压力？怎样产生的？会反映出哪些身心问题？以及我们又该如何认识或应对压力？这些都将在本章中进行一一解答。

第一节　什么是压力

一、压力的概述

“压力”最初是以物理概念进入人们的视野，它作为一种物理现象的描述指的是两种物体接触表面的作用力，物理中还将其和接触面积的比值称为压强来进一步描述这种现象所导致的物理关系。但是“压力”真正渗透到我们日常生活中是我们形象地将其用于描述我们内心时常感到的一种压迫的不适感，我们将这种不适感形象地描述成“心理压力”（简称为压力）。可以看出，我们真正想认识和描述的是这种心理不适感，而心理学对此的解释为我们提供了更为准确的方向。

最早将人在某种刺激环境下表现出的高唤醒水平的言行及身心反应进行概括描述的是著名生理学家、心理学家塞利（Hans Selye）。他将人在由外部客观事件所引起的紧张情绪和身心反应成为应激（stress），因此，准确地讲，压力是个体在生活中，由客观事件引起，产生认知的失衡感并引起生理、心理、行为等紧张反应的行为表现。尽管具体的表达可能存在差异，但这一行为反应一定存在三个必然要素，分别是：客观刺激（也称为压力源），认知上的失衡感，以及由此引起的生理、心理和行为上的反应。压力所描述的是一种情绪状态（情绪状态分为应激、激情和心境），但是其所包含的内涵已然超出了情绪领域。

压力作为一个心理健康研究领域也有着各类理论研究，对这些心理理论的了解和掌握对于我们进一步认识压力将大有裨益。

二、压力的心理理论

（一）塞利的身心应激说

塞利作为生理心理学家，最初对小白鼠开展多项压力试验研究，在试验研究中，它发现在持续刺激中（如冷气、热气、有毒且不危及生命的事物），小白鼠所表现出的生理反应系统对人在持续慢性压力状态下的生理反应系统有很好的参考作用。于是塞利进一步提出个体在感受到各种紧张刺激的基础上会引发一些共性的生理反应，他进一步将这一生理反应进行研究，并将其称为“一般适应综合征”。塞利认为，“一般适应综合征”是个体在适应各类压力源的过程中的生理现象，通常是由三个阶段紧密构成的，分别是警觉反应阶段、抵抗反应阶段、衰竭反应阶段（见图 8 -1）。

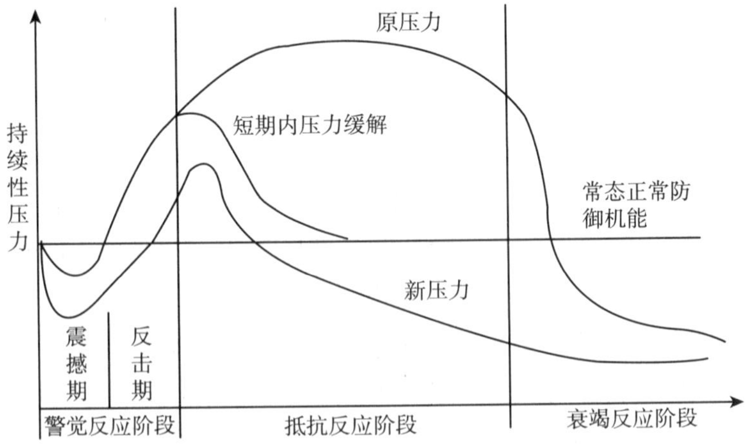

图 8 -1　持续压力下的一般适应综合征

资料来源：https：//www. wendangwang. com/doc/8678e6c2859db38bf1fef3e9/9。

1. 警觉反应阶段

这一阶段的生理反应包含两个时期，即震撼期和反击期。在个体感受到刺激的第一时间会产生情绪上的震撼感，随之而来的是体温和血压的降低，肌肉松弛，显示适应能力上的缺乏。如果这一刺激持续进行，便会进入第二个时期——反击期。这个时期机体进入压力反应阶段，肾上腺分泌增强，各种生理反应增强。这些生理变化有助于机体在应对刺激而消耗能量的时候，在较短时间里迅速恢复体内的平衡。

2. 抵抗反应阶段

该阶段是在触发警觉反应阶段的刺激持续 48 小时候所形成的反应形式。在这个阶段里，机体的防御功能明显增加，脑下垂体前叶和肾上腺素也都在大量分泌，这期间如果压力中断则个体会恢复到正常水平。如果这个阶段的压力刺激持续进行，机体内的能量就会耗尽，甚至可能出现生理上的病变。

3. 衰竭反应阶段

机体长时间处于压力状态最终导致能量枯竭而产生的异常反应。这时个体内的相关激素分泌功能已经出现障碍，机体变得软弱无力，无法应付压力情境。如果压力持续存在，参与压力反应的身体组织将大量破坏，严重时会危及生命。

可以看出，塞利的身心应激说更多关注压力状态下的生理反应状态，以压力作为一种情绪状态而言，塞利的学说与情绪理论中的躯体反应的詹姆斯－兰格理论和坎农－巴德的中枢神经过程理论有异曲同工之处。

（二）认知评价理论

斯坦利·沙赫特以及理查德·拉萨如曾提出过情绪的认知评价理论，他们认为情绪的产生过程更重要的是认知评价所产生的，拉萨如甚至认为这种认知评价可以上升到无意识层面。有研究指出，个体会存在将生理上的应激反应错误地归因到其有明显意愿的目标中去，如将通过危险环境下的应激反应归因为对某个有联系的伴侣的动心体验。可以看出，认知评价对于应激情绪（压力）的重要影响。

基于认知评价理论的观点，有学者提出压力状态是由客观任务或期望值与其自身能力感的差值决定。例如学生出现多门挂科情况，而毕业要求中明确提出要修满学分（客观任务），但学生自身无法在短期内完成学分补考（自身能力），这两者之间的差异程度就会表现为学生的压力值的大小。又或者学生有出国留学的想法（期望），但是其英语成绩一直不理想（自身能力），这两者的差异同样会产生不同的压力感受。

当然，也有学者根据相关研究指出压力的认知评价理论并不全面，因为有些特定的生理反应被唤醒后往往就会被感知为特定的情绪体验，而且也有研究指出很多刺激反应的发生完全在认知反应发生前，但依然引起了相应的情绪体验。总体而言，压力作为一种情绪状态既有认知的积极参与也有生理反应的不可或缺。两类理论的贡献更多是让我们关注压力的不同侧面，对其了解和掌握有利于我们更深刻地了解压力。

三、压力的种类和作用

（一）压力的种类

随着压力源的不同，对压力的归类也有区别。不同的压力源其核心也在压力过程中有不同的侧重点，因此，对压力的种类划分更有利于我们了解甚至应对相应的压力。

1. 躯体性压力

它是指由身体直接感受不同刺激所体验到的压力。这种压力包括物理的、化学的和生物的刺激，如温度、化学刺激、细菌的侵袭或生理损伤等，这些生理刺激往往会直接引起相应的生理反应，而这类反应是我们感知为压力的重要原因。

2. 心理性压力

它指由个人认知信息加工中的矛盾紧张感引起的压力感受。个体在成长中对不同的事件都有自己的认知评价，而这种认知评价也存在明显的个体差异，因此就存在有些个体会对一些事件因为其个人成长经历或身心素质而产生对特定事件的认知紧张感。例如，有人会对社交产生强烈的紧张感，有人对亲密情感的建立或失去有强烈的紧张感，也有人会对自我成就的获得有强烈的紧张感等。

3. 社会文化性压力

这是指由社会文化群体所构建的氛围而带来的压力感受。人是群体性生物，大的群体构建的社会族群有自己的文化氛围，而这些社会文化环境往往也是影响个体的重要压力源。例如，在中世纪西方有严重的禁欲文化，这种文化观念也就成了当时西方民众的重大压力，很多精神分析学家将一些焦虑症等精神疾病的原因归于这一社会背景。同样，当代大学生感受着现如今社会中的强烈竞争文化，因此也会体验到一种强烈的焦虑和压力感。

（二）压力的作用

压力是好还是坏？当我们认真回答这一问题时往往可以理性客观地说道："压力有好有坏，只是要把握适当的度而已"。但是在生活中，我们往往都是以抱怨的状态来表达自己的压力状态，从而给人一种"压力就是不好的，应该远离压力"的观念。当这种观念潜移默化地被我们多次强化，我们对压力的理解就会出现偏颇，甚至导致误解，从而不利于我们调整压力状态。

在对不同情绪唤醒状态研究过程中就提出一结论，即情绪唤醒水平和人的绩效呈现倒U形关系，也就是说适度的情绪紧张感可以让个体的工作状态达到最好水平，不足或超过这一紧张度都不利于绩效获得。有研究进一步提出，不同的任务难度，最佳紧张感是不同的，具体表现为最佳紧张感随着任务难度水平的增加而降低，也就是说，任务难度越大，最佳唤醒水平也就越低，反之越大。这一关系也被称为耶克斯－道德逊定律。由此我们也能获得对压力值－任务完成度的一个直观感受，适度压力的积极作用，它有利于我们完成自己的任务。同样的，我们也应该看到压力的灵活性，在自己擅长的任务中适度给自己加压，而在自己所不擅长的任务中降低对自己的要求，这样都有利于自己的任务完成和能力收获。

第二节　压力与身心问题

近年来，大学生各类心理危机事件频发的新闻一次次引起社会关注，社会也开始对大学生的身心状况予以重视。显然，心理危机事件的发生原因是多样的，但是危机发生的最初状态确与我们描述的心理压力状态相似。因此，对大学生的身心压力的关注，以及由于心理压力所引起的身心问题也是我们需要着重探讨的。

有研究发现，大学生普遍处于轻度压力状态，学习压力、人际交往压力和前途压力是目前大学生感到的最大压力来源。同时也有学者通过对有高压感受和中低压感受的群体的应对方式进行必要研究发现，高压学生群体在压力应对上相对被动。因此我们可以看出，大学生群体在压力源以及压力应对上都是我们对其身心问题关注的重点。

一、大学生的压力事件

多项研究指出，大学生群体有相对明显的压力源，其中学业与个人前途、人际关系以及消极事件是大学生的重要压力源。

（一）学业压力

大部分大学生都反映自己在学业方面存在压力。尽管在各类关于大学生的压力研究中压力源的占比不同，但是学业压力一定是大学生的必选项。大学一直是高中时代学生的梦想天堂，很多高中生也相信只要如愿考上大学就可以摆脱繁重而紧张的学业压力，但是大学的学习模式的转变却成了很多大学生深感压力的重要原因。不同于中学生的“管束式”学习模式，大学更多要求学生能积极主动地学习。这种主动性在课堂流动性、课程内容概括性、师生关系平等性、学习内容多元性等方面都有体现。这些变化让很多曾经在中学时期“听话”的好学生开始无法适应，他们不知道在没有老师和家长的约束下应该如何安排自己的学习目标。很多大学生都对老师上课内容概括、上完课就离开、也不布置和检查作业的自由模式很不适应，特别是对于很多不上课的时间应该如何安排学习任务感到迷茫。相对于学习模式的自由，学习任务的繁重也成了大学生压力的重要原因，几乎每个大学生都要完成多门课程的学分，并且撰写相应论文或研究成果方可毕业，这对于已经习惯于单一应试任务的我们确实存在很大的压力。

（二）人际交往压力

人际关系是大学生心理健康教育的重要组成部分，人际交往压力也常年占据大学生心理压力排行榜的前面位置。大学生存在人际交往压力有其成长必然性，例如恋爱关系作为人际关系中的一种亲密关系，更多是在大学期间发生，这也就给了很多有恋爱困惑的大学生带来了重要压力。此外，大学将课堂的各类活动作为大学生培养的第二课堂，促进大学生通过各类社团组织和公益活动来获得成长，这也就要求大学生具备团队合作的能力，在团队人际交往中的各类困惑也是大学生重要人际交往的压力源。即便大部分大学生并没有恋爱和社团活动的经历和愿望，但是常规的友谊交往也是很多大学生群体的人际交往压力源，这其中的原因是很多大学生在中学期间的人际交往相对被动，好友基本上靠朝夕相处了三年的同班同学发展而来，而到了大学，唯一能与自己朝夕相处的除了室友外就没有其他，例如很多同学在学一年还有很多同班同学叫不上名字，更别说认识他人。这种交际环境的转变也给很多大学生带来了重大压力。

知识链接

回避型人格障碍

在现代化社会中，人与人之间的沟通频率有了突飞猛进的增长，而且区别于过去农业社会过程中的熟人社交，现代社会中的社交更多是非熟人的社交，这给了很多人强大的社交压力。在第五版《精神障碍诊断与统计手册》（DSM－5）中就描述了有严重社交障碍的精神障碍类型，该类型为人格障碍中的回避型人格障碍。

回避型人格障碍是以全面的社交抑制、能力不足感、对负面评价极其敏感为特征的一类人格障碍。患者在幼年或童年时期就开始表现出害羞、孤独、害怕见陌生人、害怕陌生环境等。成年以后这些问题对患者的社交和职业功能产生不利影响。这类患者总觉得自己缺乏社交能力，缺乏吸引力，在各方面都处于劣势，因而显得过分敏感和自卑。自尊心过低加上过分敏感，担心自己会被别人拒绝，使得患者很难与他人建立亲密关系。

DSM－5 对回避型人格障碍的诊断标准：一种社交抑制，能力不足感和对负性评价极其敏感的普遍模式；起自不晚于成年早期，存在于各种背景下，下列症状至少表现出 4 项：

（1）因为害怕批评、否定或排斥而回避涉及人际接触较多的职业活动。

（2）不愿与人打交道，除非确定能被喜欢。

（3）因为害羞或怕被嘲弄而在亲密关系中表现拘谨。

（4）有在社交场合被批评或拒绝的先占观念。

（5）因为能力不足感而在新的人际关系情况下受抑制。

（6）认为自己在社交方面笨拙，缺乏个人吸引力或低人一等。

（7）因为可能令人困窘，非常不情愿冒个人风险或参加任何新的活动。

资料来源：美国精神医学学会．精神障碍诊断与统计手册［M］．5 版．张道龙，等译．北京：北京大学出版社，北京大学医学出版社，2015：282－283。

（三）重要事件的压力

重大环境的转变、个体成长过程中的重大转变或关键期往往都给当事人带来很大的挑战，这些挑战往往需要我们突破自我，在较短的时间或相对匮乏的资源条件下完成一次转变，与这类转变随之而来的就是压力的诞生。重大事件根据其产生的结果可以分挑战和挫折两类。

挑战是指我们在经历重要环境转变的过程需要面对，且为之有过较长准备期的重大事件。比如各类升学考试、竞争比赛、转学、留学、工作变动等。面对重大挑战，我们需要在较短的时间中完成比较有难度的任务，以“压力＝任务－能力”这一认知评价理论而言，就可以看出其压力不可谓不大了。以升学考试为例，参加高考的学生之所以会感觉压力重大，是因为他们需要在相对较短的时间里完成多个科目的知识掌握，并且需要不断让自己所考的分数进入其所考的学校招生比例内，因此考生需要不断突破自我。此外，新生入学也是一个重大的挑战，很多大一新生都会在新生适应中感受到困难重重，由最初的高兴、新奇，到后面感觉无所适从的不适感，这背后就是因为重大生活环境转变所带来的挑战所引起的，学生需要完成从一直相对被动的状态向主动状态转变才能完成这种适应，不然就会在学习、交友和自我生活规划上都感觉压抑和受阻。

挫折是指一切个人理想或行为受阻的情况，或是为了满足某种需求的动机受阻所感知到的心理紧张和情绪状态。挫折往往是我们所重视的对象突然的失去所带给我们的一种强烈冲击感，这个对象可以是具体的人、物或者某种情感等。例如，重要亲人的突然故去或离开，一直为之努力的考试或大赛失败了，非常珍惜的一段恋情却走向终结等，这些都是我们生活中经常出现的重大挫折。挫折的诞生因为其所呈现的结果太过于突然，且结果不可改变而带给当事人强烈的精神刺激。在挫折中我们会感受到自我效能感被击溃的感觉，因为这一现实结果开始怀疑自己的能力或自我谴责。当我们将自我能力评价过于低下的时候，我们也就会比平常任何时候都感到一种失控感，从而体验到惶恐和紧张感，这也就是压力。例如，很多学生会因为高考的失利而开始怀疑自己的学习能力，于是在大学学习中一直对于自己能否学好各科目都存在一定程度的紧张和顾虑，最后大学学习反倒成了他/她的一块“心头石”，被压得喘不过气。

二、压力所引起的问题

试想这样一个场景，当你躺在翠绿的草地上，温暖的阳光沐浴在你的全身，你看着蓝蓝的天空中那朵朵白云，远处传来的轻音乐随着微风一起轻抚你的耳朵，你感觉很放松，这时你突然感觉有东西从你脚边爬过，定睛一看是一条蛇，这时你会有什么样的感觉？你一定会因此被吓到，对蛇特别恐惧的人甚至因此吓到惊慌失色。当我们被惊吓到的时候，会有怎样的生理和心理表现呢？压力所引起的身心应激反应与被惊吓的状态相似，那压力所引起的身心反应对我们健康又有怎么样的影响呢？

（一）生理应激反应

压力情况可以分为急性和慢性，其中急性状态称为急性应激，慢性状态称为慢性应激。被惊吓所引起的短暂唤醒状态往往也伴随着典型的进攻和撤退模式，这是急性应激的特征。在慢性应激状态下，身体会处于长期的唤醒，使人感到即便内在资源和外在资源加在一起也很难满足压力事件的要求，生活中大部分压力都是慢性应激。

应激给我们的身体带来了大量的生理变化，包括处于应激状态下的人皮肤中的血管、贴近骨骼的肌肉、大脑和内脏收缩，排汗增加，心跳加快，消化道减少蠕动；在生理激素层面上，肾上腺素分泌，血糖、血压和心率增加，胰液和消化液分泌减少。这些状态被坎农描述为“战斗或逃跑”反应，虽然最新的研究表明女性在应激状态下体验到的是区别于男性的“照料和结盟”反应，但是不论是哪一种都不适用于正常的生活状态，长时间处于这种状态会引起身心失调，从而产生各种身心问题。

（二）压力下引起的生理问题

身体疾病的引起有着多方面的原因，各类研究也表明，心理因素在各类身体疾病中不断扮演重要角色，而压力状态是各类身体疾病下的常客。已有研究表明，高血压、冠心病、消化性溃疡、支气管哮喘甚至癌症都有心理压力的影子。

1. 高血压

压力在高血压患者中起着重要的致病因素，研究表明，从事高度紧张的工作、责任或负担过重、冲突过多的人容易患高血压，一个地区发生重大创伤事件后，高血压的发病率也会增加。高血压的致病过程为：长期且剧烈的压力状态—中枢神经系统功能紊乱—全身细小动脉痉挛—外周血管阻力增加—血压升高。

2. 冠心病

冠心病作为危害人类健康和生命最重要且死亡率最高的疾病，研究也表明，冠心病除了和高血压、高血脂、重度吸烟、遗传因素外，心理社会因素也是重要的致病原因之一。动物实验表明，紧张性刺激可以诱发心律失常和猝死，而工业发达国家比发展中国家的冠心病发病率高，脑力劳动者的发病率高于体力劳动者。

3. 消化性溃疡

消化性溃疡包括胃溃疡、十二指肠溃疡。致病的直接原因是胃酸和胃蛋白酶在胃黏膜的屏障防御机能下降时产生的自身组织消化，胃和十二指肠对紧张刺激特别敏感。致病过程为：紧张—植物性神经系统高度兴奋—脑下垂体促肾上腺素分泌亢进—内分泌系统功能紊乱，交感神经和副交感神经兴奋—胃壁血管痉挛—胃分泌素过多—胃蠕动增强—胃壁自身消化—溃疡。

4. 支气管哮喘

致病原因主要有过敏反应、感染和心理社会因素，有学者对 487 例患者的研究中表明，过敏因素占 29%，感染占 40%，心理因素占 30%。多项研究表明，在儿童患者中，心理和社会因素所占比重更大。

5. 癌症

癌症的致病因素非常复杂，但大量研究都指出，癌症患者在病发前有过糟糕心理状态的频次和程度更明显。姜乾金等通过临床对照调查分析显示，在癌症病人发病史中，“家庭不幸事件”“学习工作过度”“人际关系不协调”等生活事件起到重要作用。

（三）压力引起的心理问题

压力由压力源（应激源）所引起，所以如果个体持续处于压力源中，对个体的心理状态也会有很明显的影响。具体影响体现在认知改变、情绪改变和行为改变三个方面。

1. 认知改变

处在不同压力环境下的人对问题的认知加工也会存在不同，随着接触压力源的层级的增加，压力感相对减少，对待压力源时间的负面认知也会逐渐减少。如以一起激烈的寝室争执为例，争执的双方是压力源的第一接触方，他们对待压力事件的认知更多专注于事件本身，在认知上体现为对对方言行的不合理处进行反复加工；而争执方的室友则处于第二层次的压力接触者，他们感受的压力会减轻不少，看待这类事件的认知方式也更多着眼于调和双方，希望改善寝室人际关系，营造好的氛围；而隔壁寝室或与其争执方不熟悉的人处于压力源的外延，他们对此次的压力感受并不强，也许对他们而言，这次压力仅限于由争执所产生的"噪声"，因此他们的认知关注点更多是如何快速消除这类噪音，并试图想如何达到这一目的。可以看出，压力越大，对当事人的认知所引起的信息越琐碎、越具体、越丰富，因此也会让当事人在认知加工上需要投入更多的精力等。

2. 情绪改变

压力对情绪的影响不仅仅由认知所调动，即负面认知越强则调动的负面情绪也越大，压力对情绪的影响还和压力源所营造的环境有关。处于压力源中心的人，其感受到的人际关系环境是一种被高度关注的高压状态，感觉所有人都将他们的期待和评价施加于自己，这种紧张环境所引起的情绪应激反应有时甚至不需要经过认知的加工。因此，压力感受越大，引起的负面情绪也会越强。

3. 行为改变

压力所带来的不适感是人们希望摆脱的，而摆脱的途径由行为来实现，因此可以看出，压力感越强，则摆脱压力的行为需求也越大。例如，有很强压力感的人可能通过发脾气、抽烟喝酒、激烈运动、暴饮暴食、频繁交流、网络游戏、网络娱乐等方式来寻求解压，甚至有过激的人会通过违法乱纪等行为来谋求压力释放（如寻衅滋事、买醉酗酒、吸毒、网络暴力等行为）。这其中有些行为可以对压力释放起到一定的缓解效果，如适量运动和娱乐调节，而有些行为不但不利于压力缓解还会给自己带来更多的压力事件，如各种过激行为和违法乱纪行为等。此外，当压力过于强烈，当事人多次试图通过行为摆脱而不得时，在行为上反倒会变得更加退缩和无助，如没有运动的欲望、宅在寝室、不想与人交流等。这些都是压力带给人的行为改变。

三、创伤后应激障碍

创伤性应激障碍（简称为 PTSD）也被称为延迟性心因性反应，是由压力性事件或处境而引起的延迟性反应。人在异常重大突发的威胁性灾害面前可能导致深度的悲伤或忧伤，如地震、严重事故、战争、目睹暴力造成他人惨死、身受酷刑、奸污等自然或人为灾难。创伤后应激障碍是由压力源引起的最为典型的急性身心障碍，也是最为典型的由压力所致使的身心疾病。

创伤后应激障碍一般经过这样的心理反应顺序：惊叫→否认→侵入→不断修正→结束。

（1）惊叫。发生在没有预料的事件突然冲击的时候，表现为尖叫、哭泣或晕厥，这个过程持续时间不长。

（2）否认。表现为情绪麻木、概念回避以及行为束缚相结合的反应阶段。其中情绪麻木是指对正常刺激缺乏反应；概念回避是指有意回避与压力情境有关的概念；行为束缚则表现为个体活动专注于一些重复性动作上。处在这个阶段的人不愿交流，不承认事情的发生，对周围人的言语像是没有觉察一样，并常常重复某个动作。该阶段从事发后数分钟开始，最长可以持续数天。

（3）侵入。这是压力性事件的情景记忆与痛苦感受，直接或是被其他刺激诱发而激起的现象。典型的特征包括在睡梦中反复再现创伤画面，脑子里自发进行情景回放的“记忆闪回”，并且对类似的刺激开始泛化，也表现出惊恐反应。例如，经历过大地震的心理创伤者，早期阶段一闭上眼就会看到那些地震时以及地震后的恐怖场景，有人因此而不敢睡觉，甚至不敢闭眼。

（4）不断修正。这是机体动员应对机制适应的过程。如果应对有效，压力水平会开始下降，慢慢恢复正常。曾有人经过类似事件，心灵受到冲击，重新思考人生而产生升华。如果应对无效，就可能进入心理疾病状态。

创伤后应激障碍的影响是长期而严重的，它可能会影响到人的正常生活，表现为学习、工作、交际等社会功能受损。其心理过程也会表现为内疚、自责、焦虑、厌倦生活、堕落甚至卷入犯罪活动。在人际交往中也会感受重重困难，表现为对他人的不信任、对自我人际交往能力的不自信等。因此，遭遇严重心理创伤的人要及时寻求心理干预。

知识链接

大地震带来的伤害

2008 年 5 月 12 日 14 时 28 分 04 秒，我国四川省阿坝藏族羌族自治州汶川县发生里氏 8.0 级特大地震。“5・12”汶川地震严重破坏地区超过 10 万平方千米，其中，极重灾区共 10 个县（市），较重灾区共 41 个县（市），一般灾区共 186 个县（市）。截至 2008 年 9 月 18 日 12 时，“5・12”汶川地震共造成 69227 人死亡，374643 人受伤，17923 人失踪，是中华人民共和国成立以来破坏力最大的地震，也是唐山大地震后伤亡最严重的一次地震。

大地震不仅给大家带来了直接的身体、物质和经济上的伤害，也给幸存者的心理撕裂出长长的伤口。无数的大地震后都反映出类似的规律，即受灾幸存者先是焦虑，之后转变为抑郁和对生命的漠视，严重的甚至选择自杀，半年之后更是灾区自杀行为的高发时期。

为了给受灾幸存者及时提供心理援助，全国甚至世界的心理专家组建成心理援助团队赶赴灾区。他们对灾区的人群进行分级救助，其中五级人群需要进行心理救治。第一级人群为直接卷入地震灾难的人员，死难者家属及伤员。第二级人群是与第一级人群有密切联系的个人和家属，可能有严重的悲哀和内疚反应，需要缓解继发的应激反应。另外，现场救护人员以及地震灾难幸存者也是高危人群，是干预工作的重点，如不进行心理干预，其中部分人员可能发生长期、严重的心理障碍。第三级人群是从事救援或搜寻的非现场工作人员、帮助进行地震灾难后重建或康复工作的人员或志愿者。第四级人群是向受灾者提供物资与援助的灾区以外的社区成员，以及对灾难可能负有一定责任的组织。第五级人群是在临近灾难场景时心理失控的个体，这类人群易感性高，可能表现心理病态的征象。通过全国各行各业的共同努力，我们不但度过了这次特大灾害，也让我们在灾害中磨炼出更强大的内心。

资料来源：https：//baike. baidu. com/item/四川汶川大地震心理重建援助/12774210。

第三节　压力的应对

◆ 心理故事

种树人的启示

这是一片戈壁荒漠，由于长年的无保护开发，原来的青绿色已经渐渐褪去，大地裸露出了沙土的焦黄。为了能阻止不断沙化所带来的恶劣环境，生长在周边饱受风沙之苦的村民开始寻找技艺高超的种树人来这戈壁，试图通过种下的树苗阻止这种境况的进一步恶化。通过多方打听，他们请来了两位种树人，他们也都欣然接受了这个任务。

这两人中一位略显年轻，他是运用近年来比较流行的科技灌溉法在职业种树人中开始名声显现的，他的方法要求给予树苗一定的科学保护，包括及时基于适当的水分、营养和温度等。另一位看起来有些年纪了，脸上刻满了深深的皱纹，他是这个行业里的老前辈了，行业里的人都在推荐他，说他用的方法虽然传统，但是收效明显。就这样，这一老一少，用着自己擅长的方法来到这片恶劣的土地上开始了自己的任务。

> 两个人各自在荒漠上栽下了一片相同的树苗。年轻人本想把他那一套现代化设备也搬过来，但是这边条件有限，无奈只能作罢，但是他还是将自己这几年积累的丰富研究经验应用到了这次任务中，只见他三天两头就要浇水施肥，还经常去查看树苗的生长状态，以便能给予小树最好的关照。反观那位老者就悠闲得多了，树苗刚栽下时，他勤快地浇过几次水也施了肥，之后他就越来越少出现了。看到年轻人的勤快和老者的慵懒，村民们为此还有些情绪，感觉还是年轻人更靠谱，而且年轻人种树的树冠也越来越大，相比之下，老者的树则看起来瘦了吧唧的，更可恶的是老者似乎不想树冠长得太大，看到有树长得枝繁叶茂的趋势，他要么上前摇晃，要么就将其剪掉一些。
>
> 时间过得很快，年轻人的树已然长成了大树的样子，而老者的树虽然也长大不少，但是看起来“营养不良”似的。忽然有一夜，狂风大作，当风停止时，年轻人的树林几乎都被暴风雨刮倒了，很多被连根拔起。而老者的树却只有少部分被损坏。当村民们为此感到惋惜的时候，他们也很不解，为什么年轻人的树长得那么好反倒不扛风，而老者那些看起来病恹恹的树却没事儿。这个疑惑在大家追问老者时，老者让大家对比着看看他和年轻人那倒下的树的树根以及树冠的不同就明白了，大家这才发现，老者种的树的树根很粗壮，扎根很深，树冠并不大，而年轻人的树则几乎相反，硕大的树冠并没有深深扎根土壤的强壮树根来支撑，于是被强风刮倒也就理所应当了。
>
> 资料来源：www. feel－bar. com/html/pwsh/2012/121080. html。

如果说人的成长成才就和树木一样，都需要经历过各种各样的历练和挫折，那历练和挫折也就成为我们生活中的必需品了。面对这样的必需品，我们又该如何与之相处？每一个有过压力体验的人都在压力到来的时候做出过自己认为最正确、最全力以赴的应对方式，但是我们似乎在下一次面对压力的时候还是会有些手忙脚乱，这其中的原因又是什么？我们甚至会想到能不能在解决压力这件事上做到“一劳永逸”？当看到那些悠然自得的人时，我们会心生困惑：“难道他们就没有压力吗？”这些困惑显然成为我们心理健康成长中绕不开的话题，也是我们需要去直面和探究的课题。

一、压力的影响因素

根据前面的压力理论我们知道，压力感既有认知上的原因，也有生理反应方面的原因，根据这两种理论观点我们能提炼出产生压力感的影响因素，针对这些影响因素我们也能进一步寻找到调节压力的相关方式方法。

（一）压力源

压力源是压力感受过程中的开始，也是重要环节。我们会因为愉快的环境和刺激而感到心情愉悦，同样，我们也是因为不适的刺激而感到有压力。压力的刺激源也被称为压力源，压力源既包括各类的现实刺激，如自然灾害或人为灾害所带来的损伤等所带来的客观压力源，也包含基于个体的认知所衍生的主观压力源。

1. 客观压力源

对于客观存在的危害人生命的刺激，人本能会产生生理应激反应系统，这种压力是客观存在的，这个产生过程甚至不需要太多的认知加工。例如，人际关系中的霸凌事件，当霸凌者对受害者实施身体或言语暴力的时候，对当事人所产生的应激反应是不以个人意志为转移的客观存在。当这类刺激持续存在，受害者持续感受到压力也是必然结果。正如在重大灾害场地进行持续工作的抢救人员，因为长时间持续与高强度的残酷场景接触，即便是有较为坚强的心理建构，也会出现相应的压力反应。客观压力源所引起的压力反应是人类的正常反应，客观压力源的强度越大，持续时间越长，带给当事人的压力感也越强。

◆ **案例**

不会感到恐惧的人

很多人对于压力所带来的焦虑甚至恐惧的情绪感到极不舒服，甚至幻想过自己能不能做到“泰山崩于前而色不变”的境界，如果真的没有这种情绪体验的话就一定是好的状态吗?

英国《每日邮报》曾报道过一个罕见案例，一位来自美国艾奥瓦州的 44 岁女性，简，她即使是命在旦夕也丝毫不表现出绝望或是一丝的焦急。无论是蜘蛛、巨蛇，还是令人毛骨悚然的“鬼屋”、恐怖片，她什么都不怕。研究人员试图解开她不知恐惧的原因，对她进行超过 20 年的研究，他们认为感觉不到恐惧其实对人是很危险的。研究人员说：“其实，简能活到现在，已经是一件很幸运的事情了”。简貌似啥也不怕，原因不是她冷血或情绪控制力特别强，而是她患上了一种罕见的基因疾病，导致大脑中控制情绪的杏仁体受损。

专家说：“恐惧的真正原因是生存的需要，杏仁体可以帮助我们躲避可能危及我们性命的人、物和事，从而存活下来。简现在还活着，本身就是很不寻常的事。”

资料来源：http：//china. cnr. cn/qqhygbw/20170208/t20170208_523572264. shtml。

2. 主观压力源

不同于所有人都会产生压力感体验的客观压力源，主观压力源更多体现出个体差异，表现为个体因为自我人格、认知或情感等方面所产生的对客观事件的认知。例如，同样是进行舞台表演，大部分人不会在晚会彩排的时候感到有很强的压力感，而只会在意自己上台前几分钟有强烈的体验，而且也能通过自我调整顺利度过。而有过表演失利，或者对此次表演赋予特殊意义的人则会有很强烈的压力感。其中曾经的失利经历或附加的特殊意义就属于主观压力源，这类压力源和个人的心理成长有关，这类“心结”没有打开，当事人在类似的场景就一定会感受到不可抗拒的压力感。主观压力源所引起的压力具有明确指向性。正如很多人会有重大考试紧张反应一样，他们只在重大考试上会出现异常的压力感，而在其他考试或公众场合的表演都能轻松应付。

（二）自我能力

每个人在自己孩提时期都会感叹自己父母的强大，他们好似有三头六臂一样可以应付各种困难，而自己却连小小的考试都让自己犯难，压力满满。同样的，有些被家人过度保护的孩子往往会感受到比较强烈的人际交往压力；英语能力较差的人在面对一场即将到来的考试时会感觉异常紧张；有语言交流障碍的人在演讲比赛中感受到的压力会比口齿伶俐的人要大。这些都在表明一点，压力的感受还和参与者在处理压力源的能力有很大关系，在同等压力源中，能力越低压力感也就会越强。

（三）生理原因

压力反应会直接引起个体的生理反应系统，不同程度的压力所引起的生理反应也会有不同，最严重的甚至会产生神经性呕吐或创伤后应激障碍等。同样的，不同的生理反应也会影响压力的感受，例如因为疾病或生理期等原因而引起了生理反应警觉性的提高，处在这种状态下的个体容易对压力源更敏感，抗压的阈值更低。在生活中我们会发现正处于感冒期的学生会感觉自己在学习中比较吃力；处在亢奋阶段的人对压力源的应对会做积极的反应；处在生理发生剧烈变化的青春期的个体在压力感受上也会有较大差异。好的生理状态对压力源的应对和压力感的体验都会有积极作用。

二、压力的自我防御机制

“压力需要这样认真学习对待吗？会不会是太小题大做了？”也许大家对于压力已经习以为常了，因此心里就会有一种想法，认为大部分的压力我们都是可以应对和调整的，这个过程几乎是不学自会的。如果真的是如此，那我们似乎并没有多少必要去如此详细地探讨关于压力的应对方式了。但是我们是如何完成这种“不学自会”的压力应对的呢？这个看似天生习得的过程是否也存在更优解？回答这些问题就涉及一个专门的领域——压力的自我防御机制。

防御机制最早是由精神分析流派创始人佛洛伊德在 1894 年提出来的，它也是精神分析理论的核心概念。心理防御机制是调节自我与本我、超我之间关系从而应对外在复杂压力源的手段。防御机制主要来源于潜意识，个体不能对其进行有意识的控制，但是个体有时还是可以意识到这个过程发生时的言行表现。这也正是为什么很多人会觉得自己在压力应对的过程中是“本能”反应式的，但是同样的，防御机制有多种分类，也表明个体在压力防御上也有着群体差异。生活中常见的防御机制有以下五类。

（一）逃避性防御机制

逃避防御机制是指以逃避性的消极方法来减轻自己在挫折或冲突时感受的痛苦，常见的逃避性防御机制有否认、压抑、退行和潜抑。

1. 否认

这是一种比较简单和原始的防御机制，是指通过扭曲个体在创伤情景的想法和情感来逃避内心的痛苦，或者直接将创伤事件当作没有发生过来获得内心的暂时安慰。例如，有过多次情感失败经历的人在别人的安慰下反倒表示自己很擅长处理恋爱的困惑，自觉自己从没有失败过。

2. 压抑

这是指个体将一些自我不能接受的、具有威胁性的痛苦经历及冲动，不自觉地从意识中排除出去，抑制到潜意识里。表现为对这类事件经常回忆不起来。例如，一位对儿子的学习失望透顶的父亲，会将儿子学习方面的相关信息进行压抑，当被问及儿子所在学校或所学专业时，父亲表示自己有印象但是记不清了，或者经历过惨痛车祸的幸存者会出现"失忆"现象。压抑所忘记的内容可以通过梦境或失误等表现出来。

3. 退行

这是指个体在遭遇到挫折时，使用早期生活阶段的某种行为，表现出与其年龄完全不相符的行为反应，是一种反成熟的倒退现象。退行更多出现在儿童身上，但是在重大灾难面前，成年人也会表现出孩子般无助的言行。

4. 潜抑

这是指无意识地压抑真正痛苦的、难以忍受的感受，在情绪上表现为漠然的态度。例如在大地震中，有人看到自己亲人的死亡，却没有表达痛苦的情绪，而是默默走开去救他人。这是因为现实太让人痛苦，当事人无法接受，将这些真正的痛苦进行压抑了。

（二）自骗式防御机制

这类防御机制具有自欺欺人的特点，重要表现为合理化、反向、抵消、隔离和理想化。

1. 合理化

这是指个体在动机受挫、计划失败时，为了减轻焦虑和痛苦，维护自尊而寻找一些自圆其说的理由为自己掩饰的防御机制。常见的合理化防御机制有三类：酸葡萄、甜柠檬和推诿。

2. 反向

这是指个体的欲望和动机不能被自己的意识或社会所接受，又怕表现出来，于是将真正的动机进行掩饰并用与动机相反的言行来表达。例如，某人对其室友的优秀心生嫉妒，但是为了掩饰自己的这种动机并表达自己是一个有涵养的人，他/她会选择对对方的轻视和不屑来达到内在压力的缓解。

3. 抵消

这是用某种象征性的行动或事情来抵消已经发生的不愉快的事情，补偿内心的不舒适感。例如，因为工作繁忙而不能照顾自己孩子的父母，因为内心愧疚而选择用各种礼物或者对孩子物质的满足来表达自己对子女关爱的弥补，从而抵消内心的愧疚带来的不适感。

4. 隔离

生活中有些事件会给当事人带来一些不适感，但这类事件又经常会被提起，为了能让这些事的提起不引起当事人的痛苦感受，人们会用隔离机制来完成这一事件的交流。比如，用“走了”代替亲人的故去，用“姨妈”来代替提到月经所带来的羞怯感等。

5. 理想化

这是指对很糟糕的人或事做过高的评价和美化，从而达到避免现实带来痛苦的目的。例如，有人花大价钱买了一件衣服，但是穿起来并不舒服或合适，为了能掩藏这一挫折所带来的不愉快，他（她）选择将这件衣服进行美化，夸奖它的设计、做工、材质等。

（三）攻击性防御机制

它是指遭受挫折后，常会对造成挫折的对象产生愤怒的攻击情绪，但是又不能向对象直接发泄，于是他们会选择把自己的方向转嫁到别人身上。攻击性防御机制包括转移和投射两种。

1. 转移

对某一对象的愤怒情绪，不能被自己的理智和社会接受时，无法向其对象直接表现，就在潜意识中转移到可以代替的人或物身上，以减轻自己心理上的焦虑。迁怒是最为明显的一种转移方式，例如比赛输了不服气，回到宿舍就开始摔凳子或者找室友的碴。

2. 投射

个体的自我与超我冲突时，为对抗超我、消减内疚或罪恶感，把自己的动机或欲望、态度“投射”到别人身上。例如，嫉妒某个同学，却疑神疑鬼，认为对方在嫉妒自己。

（四）代替性防御机制

代替性防御机制是指，当个体在困难的境遇中很痛苦，或对自己某方面很不满、很烦恼时，就在意识中用另一件完美的事去代替，以减轻内心的痛苦，用来代替的有时是一种幻想，有时是一种行为。这类机制包括幻想、补偿两种。

1. 幻想

这里的幻想与应对中的幻想含义大体一致，是指当人无法处理现实生活中的困难或无法忍受一些情绪的困扰时，就沉浸在幻想的世界中，以得到内心的平衡。例如某同学考试失利觉得很丢面子，就在心里幻想下次自己考得比谁都好，得到大家的赞赏，这样想心里就轻松些。

2. 补偿

补偿的概念最早由心理学家阿德勒提出，他认为每个人天生都有一些“自卑感”，这种自卑感促使个体产生“追求卓越”的需要，个体为满足这一需求通过“补偿”去克服自己的缺陷，这也就促进了自我的成长。

（五）建设性防御机制

建设性的防御机制是指个体向好的方面去寻求补偿，获得心理平衡。可分为认同和升华。

1. 认同

认同是指以重要的他人为榜样改变自身，或以他人的人格自居的防御机制。人们通常在童年是以父母为认同对象，以后转向生活与环境中的重要人物，如个体所爱的和崇拜的人物。

2. 升华

升华一词是佛洛伊德最早使用的，他认为将一些本能的行动，如饥饿、性欲或攻击的内驱力转移到一些自己或社会所接纳的范围中，这就是“升华”。升华具有建设性的意义，对维护心理健康起到积极的作用，属于成熟的防御机制。例如，一个人格偏内向的人，因自己个子矮小而受到同学的嘲笑，当事人开始自我训练力量，让自己得到升华。

三、压力的自我评估

压力的自我防御方式是潜意识的，甚至是“自发触动的”，那是否意味着压力的应对并不需要多少主动性？答案显然是否定的，因为可以看出精神分析的自我防御概念更多是对人们压力应对中潜意识层面的描述，从认知心理学等角度可以看出，压力应对中还有很多个人主动性的成分。而且，个体在压力感受过程中的差异不仅仅陷于群体，其个体差异也是较为明显。因此，在考虑压力应对过程中的主动性和个体性方面，倡导个体对自我压力进行主动的、个性化的评估不仅仅完善了压力应对体系，而且也是个体为压力应对策略实施的重要准备。

压力的评估不仅涉及压力种类的划分（如将从压力源的性质角度划分为躯体性压力、心理压力、社会文化压力），而且还涉及压力强度的划分。因为不论哪一种类型的压力，当其强度较小的时候，我们都可以较好应对，而当其强度过大，那对其的应对所需要的策略就会有很大不同。压力强度划分有两种模型，一种是层级划分，另一种是强度指数划分。

（一）压力层级划分

根据压力所带来的伤害程度，可以将压力划分为三个等级，分别是挑战性压力、威胁性压力和伤害性压力。

1. 挑战性压力

作为压力源的任务具有正面意义，个体感到有能力应对这项任务。例如，老师基于学生已有表现委以重任，或者自己想通过升学来提升自己的能力等。

2. 威胁性压力

某种压力源已经超出了个体的应对能力，从而使个体产生担心害怕。例如，学业困难面临退学、人际关系矛盾被霸凌等。

3. 伤害性压力

这是指已经遭遇到的重大伤害所带来的压力，而且压力源来自不可改变性的损失。例如亲人故去、离婚、重大财务损失、身体伤残等。

（二）压力强度指数划分

压力强度的转变有时并非由压力源的性质所决定，而是由压力源的发生发展所引起的。例如，大学新生最初仅仅只是感觉在新环境有些不适应，这些压力对于一个初次远离家乡并住校的学生而言可能属于挑战性压力。但是由于来不及调整自我，该同学开始变得孤僻，于是人际关系恶化，甚至糟糕的宿舍关系已经严重影响到该生的正常生活，这时人际关系问题可能就是该同学的威胁性压力。如果进一步恶化，甚至最后在某次冲突中造成同学或自己的严重受伤甚至死亡，那这个事件对其而言就成了伤害性压力。可以看出，不同程度的压力还有自我演化的可能性，因此对各类事件进行压力指数的评估也是压力评估中的重要方面。

托马斯·霍姆斯和理查德·拉赫就曾依据对各类压力事件赋予分值的方式设计了“社会再适应评定表”，这个评定表中共列了 43 个生活事件，每个事件都对人们带来冲击并需要当事人付出努力来应对，其中冲击和应对的程度用生活变化单位 LCU（life-change unitis）来表示，通过对 LCU 的求和表示这一期间个人的压力程度（见表 8－1）。

表 8－1　　大学生群体的社会再适应评定

事件	LCU	事件	LCU	事件	LCU
亲密家庭成员死亡	100	与密友严重争执	40	成绩不如预期	29
密友死亡	73	经济状况改变	39	睡眠习惯改变	29
父母离婚	65	与父母不和	39	社会活动改变	29
被监禁	63	换专业	39	饮食习惯改变	28
受伤或重大疾病	63	新男友或女友	38	家庭聚会次数改变	26
结婚	58	学校课业加重	37	车速慢	26
重要课程不及格	50	个人成就突出	36	旷课过多	25
被解雇	47	大学第一学期或学年	35	转学或换工作	24
家庭成员健康问题	45	生活条件改变	31	多科不及格	23
怀孕	45	与老师严重争执	30	不严重的交通违法	20
性问题	44				

研究进一步表明，分值总和在 50 ~ 149 分的，说明当事人抵御压力能力较好，会运用自己的应对策略减缓压力，这个阶段的人虽然会感到不愉快，但是生活、学习、工作等方面都能正常运转。150 分是一个临界点。当分值在 150 ~ 199，35% 的人身心健康状况变差，虽然生活和社交也还在继续，但是这时开始出现轻微的心理危机；分值在 200 ~ 299 分的，50% 的人身心健康明显变差，处于这个阶段的人已经运用原有几乎所有策略进行应对，但是收效甚微，压力源依然存在，这时人们的生活和社会功能开始受损，出现睡眠问题、工作出错、情绪问题等中度心理危机现象。分值在 300 分以上的，80% 的人会有严重的身心问题，甚至出现心理障碍，处于这个阶段的人已经感觉到自己不能应对生活，甚至出现轻生念头和自杀行为。

四、压力的应对措施

通过对压力的运行机制，种类以及影响因素等的分析后，我们已经对压力有了较为全面和深入的了解，也正是基于这些知识，我们也就能在压力应对上做到“知己知彼，百战百胜”。在压力应对上，我们可以针对其身体因素、心理因素和社会因素分别制定身体放松策略、认知调节策略和环境改善策略。

（一）身体放松策略

压力引起的身体反应表现为肌肉紧张或神经紧张。同样的，身体紧张也成为压力感受的重要原因。因此，在压力调整的过程中，直接通过对身体或神经进行放松是很有效的压力应对方式。其中放松方式有三种，分别是呼吸放松法、肌肉放松法和冥想技术。

1. 呼吸放松法

主要通过专注于呼吸气体转化的过程所到达的身心放松训练。具体步骤为：

（1）要穿舒适宽松的衣服，保持舒适的躺姿，两脚向两边自然张开，一只手臂放在上腹，另一只手臂自然放在身体一侧。

（2）缓慢地通过鼻孔呼吸，感觉吸入的气体有点凉凉的，呼出的气息有点暖。吸气和呼气的同时，感觉腹部的涨落运动。

（3）保持深而慢的呼吸，吸气和呼气的中间有一个短暂的停顿。

（4）几分钟过后，坐直，把一只手放在小腹，把另一只手放在胸前，注意两手在吸气和呼气中的运动，判断哪一只手活动更明显。如果放在胸部的手的运动比另一只手更明显，这意味着我们采用的更多的是胸式呼吸而非腹式的呼吸，我们要提高腹式呼吸。可以在呼吸同时提示自己身上哪些部位还紧张，想象气体从那些部位流过，带走了紧张，达到放松的状态。

2. 肌肉放松法

其长远目标是使身体能够即时监督大量的控制信号，从而自动地缓解不需要的紧张。

具体程序为：

（1）将专注力放在身体的某个肌肉皮层上，想象皮层的紧张感，体会那种紧张感，然后再放松，体会那种放松感。

（2）当已经能熟练地掌握和体会到那种紧张感后，以一种轻松的方式平躺，闭上眼睛，先进行呼吸放松。

（3）当内心平静后，从头顶开始第一步的动作，直到头皮感到放松后进入下一个部位，部位顺序依次为头皮、前额、眼睛、脸部、颈部、胸部、腹部、背部、手臂、前臂、手掌、臀部、大腿、小腿、脚掌。当从头到脚都已经感受过肌肉紧张和放松的感觉后，整个身体的肌肉群也得到放松。

3. 冥想技术

通过想象轻快舒适的场景达到放松的目的。具体操作程序为：

（1）选一个安静的房间，平躺在床上或坐在沙发上。

（2）闭上双眼，想象放松每部分紧张的肌肉。

（3）想象一个你熟悉的、令人高兴的、具有快乐联想的景致，或是校园，或是公园。

（4）仔细看着它，寻找细致之处。如果是花园，找到花坛、树林的位置，看着它们的颜色和形状，尽量准确地观察它。

（5）此时，敞开想象的翅膀，幻想你来到一个海滩（或草原），你躺在海边，周围风平浪静，波光熠熠，一望无际，使你心旷神怡，内心充满宁静、祥和。

（6）随着景象越来越清晰，幻想自己越来越轻柔，飘飘悠悠离开躺着的地方，融进环境之中。阳光、微风轻拂着你。你已成为景象的一部分，没有事要做，没有压力，只有宁静和轻松。

（7）在这种状态下停留一会儿，然后想象自己慢慢地又躺回海边，景象渐渐离你而去。再躺一会儿，周圈是蓝天白云，碧涛沙滩。然后做好准备，睁开眼睛，回到现实。此时，头脑平静，全身轻松，非常舒服。

（二）认知调整策略

除了部分压力是突发而引起的强烈身心冲击，大部分压力就像“小雪球”一样在认知的加工中被不断变成了“大雪球”。因此，如果能很好地利用相应的认知策略，在压力源开始出现的时候，我们就可以将其解决，这个过程中不但能避免压力演变成不可控的地步，而且还能提升自己处理压力的能力。

认知疗法对心理压力的调整具有较好的效果，其中包括对不合理观念的识别以及“情绪 ABCDE”技术的运用（见第四章）。但是很多人并不能在压力出现的时候运用好这些认知调整策略，这就使得很多人出现“听过再多的道理却过不好一生”的荒诞情况。而这背后的原因是因为更多人对压力抱有错误的认知观念。因此，对压力的观念改变是我们面对压力时能从容拿起“认知武器”的前提。

对压力的误解是我们需要改变的一大重要认知观念，前面我们已经谈到过，我们更多是将压力全面否定化，认为压力就是不好的，从而当我们感受到压力的时候就会有种“整个人都不好”的糟糕状态。而之后的处理就成了对这种状态的努力挣扎和逃离，但是，我们越是挣扎却发现压力越大，压力源越是如影随形。这是因为我们错误地认为压力是一种打压的状态，而如果将各种压力任务作为我们成长“升级”的“打怪任务”呢？也许我们对压力就不再如此避之不及了。同样的，如果我们将压力所引起的那种不适的感觉比做人生五味中的“辣味”呢？也许我们也就不再那样的不可忍受了。当我们在认知上能接纳和品味压力所带来的轻微刺痛感，并且将体会它和解决压力源作为我们成长为自己理想的模样的磨刀石时，也许我们再次体会到压力感的时候不再如此烦躁和逃避，而是会心生窃喜，因为这又是一次自我成长的绝佳机会。

（三）环境调整策略

有些压力源是由社会环境所引起的，当身处其中就会感受到比较强烈的压力。例如西方中世纪由于宗教对性的禁锢而导致整个社会的压抑，这种性压抑甚至成为很多神经症的重要原因。同样的，很多处在高考环境下的人，在看到书桌上成堆的书籍以及同学和老师们严肃的表情，就会情不自禁地感到紧张。同样的，一个班级如果有着比较活泼的氛围，同学们在其中就会有较好的同学感情；一个寝室注重生活质量，那身处其中的人也都会享受到生活所带来的充实和愉悦感。因此，当我们意识到一些压力并非是由意外事件引起，也不是自己的心理认知导致，而是由环境所引发的时候，我们应该积极改善或改变环境。例如通过场地的布置和整洁来提高环境的舒适感，通过一些规则的制定和完善来营造好的气氛。只有我们积极改变周围的环境，我们才能让环境成为改变我们心理压力的良好港湾。

章末拓展

◇心理影视

《头脑特工队》

英文名：Lnside Out

上映时间：2015 年

剧情介绍：

莱莉因为父亲工作的原因举家搬迁至旧金山，要准备适应新环境，但就在此时，莱莉脑中控制欢乐与忧伤的两位脑内大臣乐乐与忧忧迷失在茫茫脑海中，大脑总部只剩下掌管愤怒、害怕与厌恶的三位干部负责，导致本来乐观的莱莉变成愤世嫉俗少女。乐乐与忧忧必须要尽快在复杂的脑海世界回到大脑总部，让莱莉重拾原本快乐正常的情绪。

◇心理自测

学习压力测试

请判断开学以来你是否存在下列各项症状，症状程度如何：0 = 从不，1 = 偶尔，2 = 较常，3 = 经常，4 = 总是如此，请在括号内填上答案，从未发生填0，偶尔出现填1，较常出现填2，经常出现填3，总是如此填4。

（　　）(1) 对完成我的学习我感到很少有热情。

（　　）(2) 就算有充足的睡眠，我也感到疲倦。

（　　）(3) 在做功课时我觉得有些挫败感。

（　　）(4) 面对小麻烦时，我会闹情绪，易动怒或不耐烦。

（　　）(5) 当学校和家庭对我的时间和精力不断有要求时，我会退缩。

（　　）(6) 对于我所做的事，我感到消极、无成就或沮丧。

（　　）(7) 我做决定的能力似乎比一般人小。

（　　）(8) 我认为自己办事情没有达到应有的效率。

（　　）(9) 我做事的质量不及应有的好。

（　　）(10) 我感到身体上、情绪上和精神上都已竭尽所能。

（　　）(11) 我对疾病的抵抗力减弱了。

（　　）(12) 我对娱乐的兴趣减低了。

（　　）(13) 为了适应我的学习，我的食量改变了，喝多了咖啡或茶。

（　　）(14) 我对别人的问题和需要感到冷漠。

（　　）(15) 我与老师、同学、朋友或家人沟通显得有点紧张。

（　　）(16) 我是善忘的。

（　　）(17) 我集中精力感到困难。

（　　）(18) 我容易发闷。

（　　）(19) 我感觉到一份不满意、不对劲和失落。

（　　）(20) 当我问自己为何要起床去上课，唯一的答案是“没办法”。

【评分与说明】

总分在 0 ~ 25 分的，你对学习压力应付自如。

总分在 26 ~ 40 分的，你有一定的学习压力，学习需要张弛有度。

总分在 41 ~ 55 分的，你的学习压力较大，需要调整状态，防止过度的压力损害健康。

总分在 56 ~ 80 分的，你的压力过大，以损害您的健康，必须制定全面减压计划。

◇心理资源推荐

1. 相关书籍

(1) 蒂姆·欣德尔的《缓解压力》，上海科学技术出版社 2000 年出版。

这本书简明地介绍了101条提示，目的在于最大限度地减轻工作压力。这本书不仅教你如何减轻自身的压力，而且教你如何帮助他人战胜压力。此外，自我评估测试，可让你清楚地界定自身承受的压力程度。

（2）鲍威尔的《释放自己：压力的自我缓解与心理调适》，四川民族出版社2004年出版。

每个人都曾被某些不良的情绪所困扰，对任何人、任何事都不感兴趣，所有这些都是源于各类有害的压力，该书详细讲解了如何应对压力、平衡自我、释放压力、控制张弛、平复创痕，从而还自己一片静谧的心理绿洲。

（3）张旭东和车文博的《挫折应对与大学生心理健康》，科学出版社2005年出版。

该书不仅从心理健康的角度全面解析了挫折对大学生心理健康的影响，而且和进一步探讨了挫折和生命教育的关系，以及如何合理调节挫折所带来的压力。

2. 相关网站

（1）减压网站：https：//www. sojson. com/other/relax. html。

（2）声音减压：https：//asoftmurmur. com/。

（3）喜马拉雅APP：助眠模式。

第九章　生命教育与心理危机应对

案例导读

对生命的控诉

小易，女，某大学四年级学生，曾被诊断为中度抑郁症，在家休学一年进行治疗。后经医生鉴定认为小易具备上学条件，返校一个学期后，面对毕业，她却从心底里萌生了一种强烈的无意义感，于是前来咨询。

咨询过程中，小易描述了自己糟糕的家庭关系和人生经历。从记事开始父母就是在争吵，父母对其有较强的控制欲，一直要求她能达到他们想要的那种状态，这使得小易一直感到自卑和压抑。中学时小易曾因为性格孤僻而被同学排挤，最严重的时候还遭受过同学的语言暴力。小易曾试图改变，但是改变的结果是她依然不能跳脱出别人对自己的评价，她有想过“独善其身”，可是却经常又感受到自己需要别人帮助的那份低姿态，这让小易很矛盾，她讨厌交际，却又感觉离不开交际，她鄙视他人，却又时常在他人面前匍匐。

“我觉得这种人生是没有意义的，我觉得他们很恶心，甚至觉得自己也很恶心。我想过死亡，我觉得死亡是唯一可以摆脱这种让人讨厌的生活状态的方式。初中的时候我也尝试过死亡，我用刀片从自己的手腕上割下去，当时我甚至没有疼痛的感觉，我看到血液从手腕上慢慢流出的时候感觉挺舒服的。在那一刻我觉得自己可以摆脱这种痛苦的状态了，我可以摆脱自己的这个身体，摆脱这条烂命了。但是过了很长时间我还是没有死掉，当时我突然意识到一个很残酷的事实，那就是死亡并不是一件容易的事情，而且一旦没有死成功的话，那迎接我的又是那糟糕的一切。如果让我再以这种卑微的状态被人怜悯，我想那应该是一件比死更痛苦的事情啊！”

在大段的控诉后，小易痛苦地吼道：“我讨厌我自己，我讨厌这条死又不能死去的生命，如果痛苦要继续，我又该如何活?!”

想一想

(1) 小易为何要结束自己的生命?

(2) 生命真的如小易描述的这样不堪吗？不是的话，生命又是什么？

人生的三大哲学命题是“我是谁?”“我从哪来?”“我要到哪去?”这三个重要命题是何时进入我们的思想视野已经从无考究，但是这三个问题背后所指向的那个载体——生命，却是我们需要探究的。一个个鲜活的生命总是能带给人很多美好和无限可能，我们无法忍受一个没有生命力的世界，我们也无法想象一个生命失去时带给我们的痛苦。生命就像空气和水一样活跃在我们的身边，我们非常熟悉，但我们又对它备感陌生。在人生的某个时刻，我们也许就会问自己“生命是什么?”“怎样的生命才是有意义的?”“结束生命会是一件怎样的事情?”关于这些问题的探讨就是生命教育这一领域的课题。

生命教育有狭义和广义两种。狭义的生命教育是指对人的生命本身的关注，进而扩展到一切自然生命。广义的生命教育则指全人教育，因此除上述内容外，还包括对人的生命观、人生观、价值观方面的教育和培养。这里将从一些重要的角度来谈论狭义或广义生命教育中的部分主题，从而为我们能更好地了解、珍惜、守护我们的生命迈出坚实的一步。

第一节　生命是什么

一、生命的概述

不同的学科对生命有着自己的理解。现代生物学认为，生命是蛋白质和核酸的复合体系的存在方式，它具有自我更新、繁衍后代以及对外界刺激做出反应的能力。法律学认为，生命是动物、植物或有机体的存在状态。医学对生命的界定至少有三种：活着的状态；有机体的出生或发端到死亡之间的时期；将生命体与非生命体、非有机物的化学物或已死的有机物区分开的特征总和。生命哲学认为，生命是世界的、绝对的、无限的本源，它跟物质和意识不同，是积极地、多样地和永恒地运动着的。心理学认为，生命就是对自我的意识，从婴儿期开始缓慢发展的状态。

可以看出，生命的定义大致可以分为两类：一类是从物质层面来定义生命，描述生命所具备的相应功能和特征；另一类是从精神层面来定义生命，并试图描述生命这一对象的内容。本章中的生命对象是狭义的物质概念，专指人或动植物这一生命体，而在生命价值和意义上的探究将涉及生命的精神层面。

二、生命的发生

人类生命的发生可以分为两个过程，一个是受孕过程，另一个是怀孕过程。其中受孕过程是指精子和卵子成功结合的过程，怀孕过程则是指受精卵演变成胎儿并顺利生产的过程。

（一）受孕的不易

大部分受孕过程是通过性交来完成精子射入的过程，再由精子顺利到达输卵管与卵子结合来完成，这个过程并不容易。只占呈碱性的精液10%左右量的精子，首先要经过阴道分泌液酸性的“检验”，其次要顺利穿过阴道和子宫，再选择有成熟卵子等待的输卵管，最终完成顶体反应才能使得卵子受精成功。这个过程充满了巧妙的生物设计，其本质是为了让生命的诞生从最初就是最优状态，因为只有最优状态才能面对接下来更困难的模式。

（二）漫长而艰难的怀孕过程

受孕只是开始，怀孕更是生命诞生过程中的重要环节。

着床过程：受精卵从输卵管的壶腹部开始向子宫挪动，而子宫已经早早为它准备好了一个“房子”，受精卵在通过输卵管的过程在成倍发育，因此它需要及时通过输卵管完成着床，不然会出现危险的“宫外孕”。

怀孕1～3个月：这个过程胚胎虽然只有成人小拇指的长度，但是其已经完成了生命需要的各种基本配套，甚至连指纹也长好了。这个阶段的生命体比较脆弱，母体的不良接触都可能导致其畸形或死亡。母体在这个过程还需要承受妊娠反应所带来的痛苦。

怀孕4～7个月：胎儿不断完成自我生长发育，开始脑部发育，骨骼发育，也发展了自己的免疫系统等，出现胎动。这个阶段开始胎教将有利于孩子的发展。以现代医学条件，6～7个月的胎儿具备成活能力。

怀孕8个月至出生：胎儿皮下脂肪越来越厚，肺也已发育成熟，为出生后呼吸空气做好准备，这个阶段子宫也会为胎儿的诞生做准备，开始调整胎位，使得胎儿能将头部对准子宫口，为顺利诞生做准备。母体也要为胎儿的诞生忍受世上疼痛等级最高的分娩疼痛，而完成这个复杂的过程，仅仅是生命的诞生而已。

知识链接

“反应停”的悲剧

妊娠反应带给孕妇的感受是痛苦的，那是否可以通过某种药物来降低或消除妊娠反应呢？对于这个问题的解答曾给人类带来过惨痛的教训。

在20世纪60年代，当时一家联邦德国的药厂生产了一种治疗早期妊娠反应的新药，有很好的止吐作用。许多有呕吐反应的早期妊娠妇女，服用此药后，可迅速把妊娠反应性呕吐停住，因而取名为“反应停”。由于止吐效果显著，颇受早孕妇女的欢迎。在很短的时间里便风靡全世界。特别是在十几个经济比较发达的国家内，成为非常畅销的药。但是随后不久，这些国家有许多没有胳膊也没有腿的海豹样新生婴儿出生了。仅在生产此药的西德，10 个月中，就有 5500 多个这样的怪胎出生。在英国也在短时间内，登记到的这种怪胎就有 8000 多个。日本也发现 300 多个。“反应停”对母体的毒性不强，止吐的效果又很显著，为什么却造成如此多的畸胎呢？

后来经过研究，专家发现“反应停”造成胎儿畸形的主要原因，不在于药物的毒性，而在药物的致畸性。其致畸作用竟强达 50% ~80%。从这一事件可以说明，对母体疾病有好作用的药物，对胎儿不但不起好作用，反而起了致畸的坏作用。

“反应停”事件只是个别的，绝大多数的药物对母儿的作用基本上是一致的，只在作用的大小程度上，随着经胎盘到达胎儿体内药量的多少而有不同。可以经过胎盘到达胎儿体内的药量，又与药物的多少而有不同。可以经过胎盘到达胎儿体内的药量，又与药物分子的大小和它们能在什么样的溶剂中溶解，它们的溶解度如何有关。

资料来源：www. xywy. com/baby/shishang/xw/20120424_728661. html。

三、生命的发展

参见本书第二章第二节的知识链接“埃里克森的自我发展理论”。

四、生命的结束

生命是否会结束？也许在未来科技的发展中这个答案将会是否定的，但是不论是基于已有的我们对生命的认知，还是从生命精神层面的解读，逝去是永远不可能回避的话题。在我们一生的经历中，我们不断经历或见证生命的结束，未来，我们势必也会自己面对生命结束的那一天，不论是生命结束的见证者还是当事人，我们在面对生命结束时该报以怎样的心态呢？不同的文化对死亡的观念存在怎样的差异？真正面对死亡时当事人又会经历怎样的心理转变？这些都需要我们进一步探讨。

以中国文化为主的东方世界，在面对死亡的态度上存在一些差异，这种差异主要表现为三大类：一类是儒家的讳莫如深的态度，一类是道家的顺其自然的态度，一类就是佛教的向死而生的态度。儒家是入世的哲学，对生命表现出尊重和敬畏，正如《论语》里记载的那样，季路问事鬼神，子曰：“未能事人，焉能事鬼？”当季路追问孔子如何看待死亡时，孔子则反问：“未知生，焉知死？”可以看出，儒家对死亡并不推崇，这种观念也对我们影响重大，在传统文化中就有对死亡的一些日常禁忌的表达，父母也不愿意同子女讨论死亡。而道家是出世的哲学，追求生命的豁达和自我精神层面的提升，庄子曾说过“方生方死，方死方生”，因此道家对待死亡的态度更多的是豁达。而起源于古印度并传入中国的佛教对死亡的态度更像西方的宗教，佛教认为人是六道中的一道，是要经历各种痛苦的，而人生应该通过修行来摆脱六道轮回，从而逃出痛苦的状态。

不论是哪一种文化下的死亡观，现代医学所描述的人在面临死亡所表现出的心理都是相似的，具体可以分为五个心理阶段。

1. 否认期

当人们知道自己即将死亡，或重要他人即将死亡时，我们的第一反应就是不能接受。这个阶段表现为内心对这一事实的否定，甚至演变成行为上的不接受，例如不断哀求医生或他人对其进行救治，深信这一诊断是错误的。

2. 愤怒期

否认期是短暂的，当事人一旦发现这一事实不可改变的时候，便会产生愤怒的情绪，认为这一切都是不公平的，为什么会是自己要面对死亡？这种愤怒情绪有时甚至演变成对家人甚至对社会对他人的泄愤和报复行为。

3. 协议期

当发现愤怒并不能解决问题，而且其无理的愤怒也会遭受到他人的疏离甚至反制时，临终者开始表现出“讨价还价”的心态，这个时候的临终者希望通过配合的表现赢得生命的延续。

4. 抑郁期

当发现其所期待的生命奇迹并没有发生时，临终者在遭受病痛的同时也在意志上大打折扣，绝望感油然而生，忧郁愁闷的心情不断侵蚀临终者的内心，如果这时又感受强烈的身体痛苦和家庭压力，临终者会对生命失去希望，甚至出现轻生念头。

5. 接受期

对死亡开始接纳，不再害怕死亡的到来，对过往人和事都开始释然，坦然地安排自己的后事，原先的焦虑、恐惧和悲痛情绪也消失，甚至会安慰其他悲痛的人。

第二节　生命的意义

◆ 心理故事

商人与渔夫

从前，海边有一个渔夫，他每天上午会在海边和朋友聊天、打鱼，中午回家吃饭，下午和老婆睡个午觉，晒晒太阳，在咖啡店来一杯咖啡，傍晚孩子放学回来，全家享受天伦之乐，他很满意他的生活。

直到有一天，他的生活因为一个陌生人而打乱了。

那天，有位富有的商人来到了海边，看到他打鱼打得很起劲儿，跟他聊了起来，并且给了他一些人生的“教导”。

富商说，“你以后不仅早上要打鱼，下午也要打鱼。”

“为什么?”渔夫问。“因为这样可以多赚钱。”

“然后呢?”“赚够了钱，你就可以买条船，雇用一些人来帮你干活。”

“然后呢?”“然后你就可以有很多鱼货，卖到各地去，赚更多钱。”

“然后呢?”“然后你就可以买船队，到真正的海洋上去打鱼，再赚更多的钱。”

“然后呢?”渔夫搔搔脑袋。

那个富商说，然后你就可以退休，在家里每天过得轻松愉快，高兴打鱼的时候就打鱼，下午你就可以喝喝咖啡，和老婆孩子快乐生活啦!

渔夫微笑着说：“那样的生活和现在的生活有什么不同呢?这就是我现在的生活啊!”

资料来源：www. sohu. com/a/241867553_795850。

当我们来到这个世界，度过这一生将是我们要面对的课题，如何让自己的生命有价值，生活有意义呢？如何在人生的终点回首这一生时我们的脸上流露出的是满意的笑容？这些都是对生命价值的追问，正如商人和渔夫所进行的讨论一样，怎样求得人生价值的最大解是需要我们去探寻的。

那生命的意义究竟如何形成？它的影响因素又有哪些？生命的意义是怎样在我们的日常生活中流逝掉的？我们应该以怎样的态度面对生命的意义呢？这些都将在接下来的探寻中获取答案。

一、生命意义的心理理论

生命意义也被称为生命意义感，目前对生命意义的概念定义并没有统一。如有研究者认为这是一种能给予个体方向感与价值感的目标；也有研究者认为生命的意义是把自我与外在世界联系在一起，是个体如何理解生命的意义感；还有学者认为生命意义包括认知和动机两个维度，通过这两个维度能够整合个体对自我和世界之间的看法。尽管这些定义的表达不同，但是可以肯定的是，生命意义包含目的感、意义感和一致性三个核心要素。其中对生命意义的形成过程心理学有两种主流理论，分别是层次说和建构说。

《大学生心理健康》

课程实践环节手册

班级______________________

学号______________________

姓名______________________

教师______________________

目录

MULU

第一部分　心理测评

基本要求：学生在心理测评系统或结合理论教学，进行以下量表的测评，根据测评报告，进行个人心理特征及心理水平分析，了解自身的心理健康状况，及时处理相关心理问题，提高自身的心理健康水平。

一、大学生心理健康调查问卷（UPI）

结合新生心理健康筛查完成测评。

二、症状自评量表（SCL－90）

结合新生心理健康筛查完成测评。

三、大学生心理健康测试量表

你觉得自己的心理健康吗？开始你的自测吧！

对以下40道题，如果感到“经常是”，画√号；“偶尔”是，画△号；“完全没有”，画×号。

测试题

1. 平时不知为什么总觉得心慌意乱，坐立不安。（　　）
2. 上床后，怎么也睡不着，即使睡着也容易惊醒。（　　）
3. 经常做噩梦，惊恐不安，早晨醒来就感到倦怠无力、焦虑烦躁。（　　）
4. 经常醒1～2小时，醒后很难再入睡。（　　）
5. 学习常使自己感到非常烦躁，讨厌学习。（　　）
6. 读书看报甚至在课堂上也不能专心一致，往往自己也搞不清在想什么。（　　）
7. 遇到不称心的事情便较长时间地沉默少言。（　　）
8. 感到很多事情不称心，无端发火。（　　）
9. 哪怕是一件小事情，也总是很放不下，整日思索。（　　）
10. 感到现实生活中没有什么事情能引起自己的兴趣，郁郁寡欢。（　　）
11. 老师讲课，常常听不懂，有时懂得快忘得也快。（　　）
12. 遇到问题常常举棋不定，迟疑再三。（　　）

13. 经常与人争吵发火，过后又后悔不已。（　　）
14. 经常追悔自己做过的事，有负疚感。（　　）
15. 一遇到考试，即使有准备也紧张焦虑。（　　）
16. 一遇挫折，便心灰意冷，丧失信心。（　　）
17. 非常害怕失败，行动前总是提心吊胆，畏首畏尾。（　　）
18. 感情脆弱，稍不顺心，就暗自流泪。（　　）
19. 自己瞧不起自己，总觉得别人在嘲笑自己。（　　）
20. 喜欢跟自己年幼或能力不如自己的人一起玩或比赛。（　　）
21. 感到没有人理解自己，烦闷时别人很难使自己高兴。（　　）
22. 发现别人在窃窃私语，便怀疑是在背后议论自己。（　　）
23. 对别人取得的成绩和荣誉常常表示怀疑，甚至嫉妒。（　　）
24. 缺乏安全感，总觉得别人要加害自己。（　　）
25. 参加春游等集体活动时，总有孤独感。（　　）
26. 害怕见陌生人，人多时说话就脸红。（　　）
27. 在黑夜行走或独自在家有恐惧感。（　　）
28. 一旦离开父母，心里就不踏实。（　　）
29. 经常怀疑自己接触的东西不干净，反复洗手或换衣服，对清洁极端注意。（　　）
30. 担心是否锁门和东西忘记拿，反复检查，经常躺在床上又起来确认，或刚一出门又返回检查。（　　）
31. 站在沟边、楼顶、阳台上，有摇摇晃晃要掉下去的感觉。（　　）
32. 对他人的疾病非常敏感，经常打听，害怕自己也身患相同的病。（　　）
33. 对特定的事物、交通工具（如公共汽车）、尖状物及白色墙壁等稍微奇怪的东西有恐惧倾向。（　　）
34. 经常怀疑自己发育不良。（　　）
35. 一旦与异性交往往往就脸红心慌或想入非非。（　　）
36. 对某个异性伙伴的每一个细微行为都很注意。（　　）
37. 怀疑自己患了严重不治之症，反复看医书或去医院检查。（　　）
38. 有依赖止痛药或镇静药的习惯。（　　）
39. 经常有离家出走或脱离集体的想法。（　　）
40. 感到内心痛苦无法解脱，只能自伤或自杀。（　　）

测评方法：

√得 2 分，△得 1 分，×得 0 分。

评价参考：

（1）0～8 分。心理非常健康，请你放心。

（2）9～16 分。大致还属于健康的范围，但应有所注意，可以找老师或同学聊聊，心情应保持愉快、乐观。

（3）17～30 分。你在心理方面有了一些障碍，应采取适当的方法进行调适，或找心理辅导老师帮助你。

（4）31～40 分。这是黄牌警告，有可能患了某些心理疾病，应找专门的心理医生进行检查治疗。

（5）41 分以上。有较严重的心理障碍，应及时找专门的心理医生治疗。

你的评分是：__________

四、看看我生命中重要的

假如你买彩票中了1000万元，你怎么花?

你对自己有什么新发现?

五、写写我的“最”

用黑笔：写下你最害怕的十件事（或东西）。

用红笔：写下你最喜欢的十件事（或东西）。

结合马斯洛需要层次理论（生理的需要、安全的需要、爱与归属需要、尊重的需要、自我实现的需要）进行分析。

六、说说我是谁

我＿＿＿＿＿＿＿＿＿＿＿＿＿＿＿＿＿＿＿＿＿＿＿＿

我＿＿＿＿＿＿＿＿＿＿＿＿＿＿＿＿＿＿＿＿＿＿＿＿

我＿＿＿＿＿＿＿＿＿＿＿＿＿＿＿＿＿＿＿＿＿＿＿＿

我＿＿＿＿＿＿＿＿＿＿＿＿＿＿＿＿＿＿＿＿＿＿＿＿

我＿＿＿＿＿＿＿＿＿＿＿＿＿＿＿＿＿＿＿＿＿＿＿＿

我＿＿＿＿＿＿＿＿＿＿＿＿＿＿＿＿＿＿＿＿＿＿＿＿

我是＿＿＿＿＿＿＿＿＿＿＿＿＿＿＿＿＿＿＿＿＿＿＿

我是＿＿＿＿＿＿＿＿＿＿＿＿＿＿＿＿＿＿＿＿＿＿＿

我是＿＿＿＿＿＿＿＿＿＿＿＿＿＿＿＿＿＿＿＿＿＿＿

我是＿＿＿＿＿＿＿＿＿＿＿＿＿＿＿＿＿＿＿＿＿＿＿

我是＿＿＿＿＿＿＿＿＿＿＿＿＿＿＿＿＿＿＿＿＿＿＿

我是＿＿＿＿＿＿＿＿＿＿＿＿＿＿＿＿＿＿＿＿＿＿＿

我是＿＿＿＿＿＿＿＿＿＿＿＿＿＿＿＿＿＿＿＿＿＿＿

我是＿＿＿＿＿＿＿＿＿＿＿＿＿＿＿＿＿＿＿＿＿＿＿

我是一个＿＿＿＿＿＿＿＿＿＿＿＿＿＿＿＿＿＿＿＿的人。

我是一个＿＿＿＿＿＿＿＿＿＿＿＿＿＿＿＿＿＿＿＿的人。

我是一个＿＿＿＿＿＿＿＿＿＿＿＿＿＿＿＿＿＿＿＿的人。

我是一个＿＿＿＿＿＿＿＿＿＿＿＿＿＿＿＿＿＿＿＿的人。

我是一个＿＿＿＿＿＿＿＿＿＿＿＿＿＿＿＿＿＿＿＿的人。

我是一个＿＿＿＿＿＿＿＿＿＿＿＿＿＿＿＿＿＿＿＿的人。

分析：

	自我认知	自我体验	自我控制
生理自我			
社会自我			
心理自我			

七、测测自我和谐度

下面是一些个人对自己看法的陈述，填答时，请你看清每句话的意思，然后圈选一个数字（1 代表该句话完全不符合你的情况，2 代表比较不符合你的情况，3 代表不确定，4 代表比较符合你的情况，5 代表完全符合你的情况）以代表该句话与你现在对自己的看法相符合的程度。每个人对自己的看法都有其独特性，因此答案是没有对错的，你只要如实回答就行了。

序号	项　　目	1	2	3	4	5
1	我周围的人往往觉得我对自己的看法有些矛盾					
2	有时我会对自己在某方面的表现不满意					
3	每当遇到困难，我总是首先分析造成困难的原因					
4	我很难恰当表达我对别人的情感反应					
5	我对很多事情都有自己的观点，但我并不要求别人也与我一样					
6	我一旦形成对事物的看法，就不会再改变					
7	我经常对自己的行为不满意					
8	尽管有时做一些不愿意的事，但我基本上是按自己的意愿办事的					
9	一件事好是好，不好是不好，没有什么可含糊的					
10	如果我在某件事上不顺利，我就往往会怀疑自己的能力					
11	我至少有几个知心朋友					
12	我觉得我所做的很多事情都是不该做的					
13	不论别人怎么说，我的观点决不改变					
14	别人常常会误解我对他们的好意					
15	很多情况下我不得不对自己的能力表示怀疑					
16	我朋友中有些是与我截然不同的人，这并不影响我们的关系					
17	与朋友交往过多容易暴露自己的隐私					
18	我很了解自己对周围人的情感					
19	我觉得自己目前的处境与我的要求相距太远					
20	我很少去想自己所做的事是否应该					
21	我所遇到的很多问题都无法自己解决					
22	我很清楚自己是什么样的人					
23	我能很自如地表达我所要表达的意思					
24	如果有足够的证据，我也可以改变自己的观点					
25	我很少考虑自己是一个什么样的人					

续表

序号	项　　目	1	2	3	4	5
26	把心里话告诉别人不仅得不到帮助，还可能招致麻烦					
27	在遇到问题时，我总觉得别人都离我很远					
28	我觉得很难发挥出自己应有的水平					
29	我很担心自己的所作所为会引起别人的误解					
30	如果我发现自己某些方面表现不佳，总希望尽快弥补					
31	每个人都在忙自己的事，很难与他们沟通					
32	我认为能力再强的人也可能遇上难题					
33	我经常感到自己是孤立无援的					
34	一旦遇到麻烦，无论怎样做都无济于事					
35	我总能清楚地了解自己的感受					

结果分析：

分量表	项　　目	得分	高分组	中间组	低分组
自我与经验的不和谐	1，4，7，10，12，14，15，17，19，21，23，27，28，29，31，33		≥56 分	36 ~ 55 分	≤35 分
自我的灵活性	2，3，5，8，11，16，18，22，24，30，32，35（反向记分）		≥55 分	38 ~ 54 分	≤37 分
自我的刻板性	6，9，13，20，25，26，34		≥40 分	14 ~ 39 分	≤13 分
总分			≥103 分	75 ~ 102 分	≤74 分

得分越高，自我和谐度越低。

八、艾森克人格问卷

说明：请回答下列问题。回答“是”时就在“是”上打“√”，回答“否”时就在“否”上打“√”，每个答案无所谓正确与错误，这里没有对你不利的题目。请尽快回答，不要在每道题目上太多思索。回答时不要考虑应该怎样，只回答你平时怎样的。每道题都要回答。

	是	否
1. 你是否有广泛的爱好？	□	□
2. 在做任何事情之前，你是否都要考虑一番？	□	□
3. 你的情绪时常波动吗？	□	□
4. 当别人做了好事，而周围的人却认为是你做的时候，你是否感到扬扬得意？	□	□
5. 你是一个健谈的人吗？	□	□
6. 你曾经无缘无故觉得自己“可怜”吗？	□	□
7. 你曾经有过贪心使自己多得份额外的物质利益吗？	□	□
8. 晚上你是否小心地把门锁好？	□	□
9. 你认为自己活泼吗？	□	□
10. 当你看到小孩（或动物）受折磨时是否感到难受？	□	□
11. 你是否时常当心你会说出（或做出）不应该说（或做）的事情？	□	□
12. 若你说过要做某件事，是否不管遇到什么困难都要把它完成？	□	□
13. 在愉快的聚会中，你通常是否尽情享受？	□	□
14. 你是一位易激怒的人吗？	□	□
15. 你是否有过自己做错了事反倒责备别人的时候？	□	□
16. 你喜欢会见陌生人吗？	□	□
17. 你是否相信储蓄是一种好办法？	□	□
18. 你的感情是否容易受到伤害？	□	□
19. 你想服用有奇特效果或是有危险性的药物吗？	□	□
20. 你是否时常感到“极其厌烦”？	□	□
21. 你曾多占多得别人的东西（甚至是一针一线）吗？	□	□
22. 如果条件允许，你喜欢经常外出（旅行）吗？	□	□
23. 对你喜欢的人，你是否为取乐开过过头的玩笑？	□	□
24. 你是否常因“自罪感”而烦恼？	□	□
25. 你是否有时候谈论一些你一无所知的事情？	□	□
26. 你是否宁愿看些书，也不想去会见别人？	□	□
27. 有坏人想要害你吗？	□	□
28. 你认为自己“神经过敏”吗？	□	□

	是	否
29. 你的朋友多吗？	□	□
30. 你是个忧虑重重的人吗？	□	□
31. 你在儿童时代是否立即听从大人的吩咐而毫无怨言？	□	□
32. 你是一个无忧无虑、逍遥自在的人吗？	□	□
33. 有礼貌、爱整洁对你很重要吗？	□	□
34. 你是否担心将会发生可怕的事情？	□	□
35. 在结识新朋友时，你通常是主动的吗？	□	□
36. 你觉得自己是个非常敏感的人吗？	□	□
37. 和别人在一起的时候，你是否不常说话？	□	□
38. 你是否认为结婚是个框框，应该废除？	□	□
39. 你有时有点自吹自擂吗？	□	□
40. 在一个沉闷的场合，你能给大家添点生气吗？	□	□
41. 慢腾腾开车的司机是否使你厌烦？	□	□
42. 你担心自己的健康吗？	□	□
43. 你是否喜欢说笑话和谈论有趣的事？	□	□
44. 你是否觉得大多数事情对你都是无所谓的？	□	□
45. 你小时候曾经有过对待父母鲁莽无礼的行为吗？	□	□
46. 你喜欢和别人打成一片，整天相处在一起吗？	□	□
47. 你失眠吗？	□	□
48. 你饭前必定先洗手吗？	□	□
49. 当别人问你话时，你是否对答如流？	□	□
50. 你是否宁愿有富裕时间喜欢早点动身去赴约会？	□	□
51. 你经常无缘无故感到疲倦和无精打采吗？	□	□
52. 在游戏和打牌时你曾经作弊吗？	□	□
53. 你喜欢紧张的工作吗？	□	□
54. 你时常觉得自己的生活很单调吗？	□	□
55. 你曾经为了自己而利用过别人吗？	□	□
56. 你是否参加的活动太多，已超过自己可能支配的时间？	□	□
57. 是否有那么几个人时常躲着你？	□	□
58. 你是否认为人民为保障自己的将来而精打细算勤俭节约所费的时间太多了？	□	□
59. 你是否曾经想过去死？	□	□
60. 若你确知不会被发现时，你会少付给人家钱吗？	□	□
61. 你能使一个联欢会开得成功吗？	□	□
62. 你是否尽力使自己不粗鲁？	□	□

	是	否
63. 一件使你为难的事情过去之后，是否使你烦恼很久？	□	□
64. 你曾否坚持要照你的想法办事？	□	□
65. 当你去乘火车时，你是否最后一分钟到达？	□	□
66. 你是否“神经质”？	□	□
67. 你常感到寂寞吗？	□	□
68. 你的言行总是一致的吗？	□	□
69. 你有时喜欢玩弄动物吗？	□	□
70. 有人对你或你的工作吹毛求疵时，是否容易伤害到你的积极性？	□	□
71. 你去赴约会或上班时，曾否迟到？	□	□
72. 你是否喜欢在你的周围有许多热闹和高兴的事？	□	□
73. 你愿意让别人怕你吗？	□	□
74. 你是否有时兴致勃勃，有时却懒散不想动？	□	□
75. 你有时会把今天应做的事拖到明天吗？	□	□
76. 别人是否认为你是生机勃勃的？	□	□
77. 别人是否对你说过许多谎话？	□	□
78. 你是否对有些事情易着急生气？	□	□
79. 你若犯了错误，是否都愿意承认？	□	□
80. 你是一个整洁严谨，有条不紊的人吗？	□	□
81. 在公园里或马路上，你是否总把果皮或废纸扔到垃圾箱里？	□	□
82. 遇到为难的事情，你是否拿不定主意？	□	□
83. 你是否有过随口骂人的时候？	□	□
84. 若你乘车或坐飞机外出时，你是否担心会碰撞或出意外？	□	□
85. 你是个爱交往的人吗？	□	□

统计与分析：

E 量表：外向—内向。第 1、5、9、13、16、22、29、32、35、40、43、46、49、53、56、61、72、76、85 题答“是”和第 26、37 题答“否”的每题各得 1 分。常模分 6 ~ 14 分。

N 量表：神经质（又称情绪稳定性）。第 3、6、11、14、18、20、24、28、30、34、36、42、47、51、54、59、63、66、67、70、74、78、82、84 题答“是”每题各得 1 分。常模分 6 ~ 15 分。

P 量表：精神质（又称倔强）。第 19、23、27、38、41、44、57、58、65、69、73、77 题答“是”和第 2、8、10、17、33、50、62、80 题答“否”的每题各得 1 分。常模分 3 ~ 9 分。

L 量表：测定被试的掩饰、假托或自身隐蔽，或者测定其朴实、幼稚水平。第 12、31、48、68、79、81 题答“是”和第 4、7、15、21、25、39、45、52、55、60、64、71、75、83 题答“否”的每题各得 1 分。常模分 8 ~ 18 分。

相关说明：

E 量表分：分数高于 14 分，表示个性外向，可能爱交际，喜欢参加联欢会，朋友多，不爱一人阅读或研究，渴望兴奋的事，喜冒险，向外发展，行动受一时冲动影响，回答问题迅速、漫不经心，随和乐观，情感易失控，不是很踏实。分数低于 6，表示个性内向，安静离群，内省，不喜欢刺激，喜爱读书，保守、与人保持一定距离，倾向于事前有计划，做事瞻前顾后，喜欢有秩序的生活方式，很少有攻击行为，踏实可靠，情绪比较稳定。

N 量表分：分数高于 15 分，表现紧张、焦虑、易怒又易抑制，有强烈情绪反应，难以平静，有时又忧心忡忡、郁郁不乐，有时会挺而走险，甚至出现不够理智的行为。低于 6 分，表示情绪反应缓慢而弱、激起的情绪容易平静下来，生气后也有节制，不紧张，情绪稳定。

P 量表分：分数高于 9 分，表示可能是孤独、不关心他人，常有麻烦，不易适应外部环境，不近人情，与别人不友好，喜欢寻衅搅扰，喜欢干奇特的事情，并且不顾危险。

L 量表分：L 量表分如高于 18 分，显示被试有掩饰倾向，不真实回答的同时，也有测量被试的纯朴性的作用。

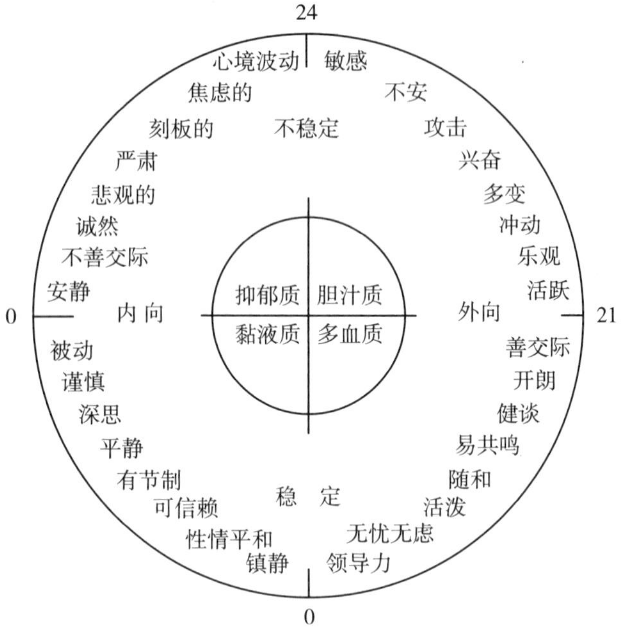

本人得分：E（　　）；N（　　）；P（　　）；L（　　）；气质类型（　　　）。

自我分析报告（包括本人气质类型及特点、优缺点、改进完善措施等）：

九、A 型性格问卷

请回答下列问题。凡是符合您的情况的就在“是”字这一行的□里打个“√”号；凡是不符合您的情况的就在“否”字这一行的□里打个“√”号。每个问题必须回答。答案无所谓对与不对、好与不好。请尽快回答。不要在每道题目上太多思索。回答时不要考虑“应该怎样”，只回答您平时“是怎样的”就行了。

	是	否
1. 我总是力图说服别人同意我的观点。	□	□
2. 即使没有什么要紧的事，我走路也快。	□	□
3. 我经常感到应该做的事太多，有压力。	□	□
4. 我自己决定的事，别人很难让我改变主意。	□	□
5. 有些人和事常常使我十分恼火。	□	□
6. 在急需买东西但又要排长队时，我宁愿不买。	□	□
7. 有些工作我根本安排不过来，只能临时挤时间去做。	□	□
8. 上班或赴约会时，我从来不迟到。	□	□
9. 当我正在做事，谁要是打扰我，不管有意无意，我总是感到恼火。	□	□
10. 我总看不惯那些慢条斯理、不紧不慢的人。	□	□
11. 我常常忙得透不过气，因为该做的事情太多了。	□	□
12. 即使跟别人合作，我也总想单独完成一些更重要的部分。	□	□
13. 有时我真想骂人。	□	□
14. 我做事总是喜欢慢慢来，而且思前想后，拿不定主意。	□	□
15. 排队买东西，要是有人加塞，我就忍不住要指责他或出来干涉。	□	□
16. 我觉得自己是一个无忧无虑、悠闲自得的人。	□	□
17. 有时连我自己也觉得，我所操心的事远远超过我应该操心的范围。	□	□
18. 无论做什么事，即使比别人差，我也无所谓。	□	□
19. 做什么事我也不着急，着急也没用，不着急也误不了事。	□	□
20. 我从来没想过要按自己的想法做事。	□	□
21. 每天的事情都使我精神十分紧张。	□	□
22. 就是逛公园、赏花、观鱼等，我也总是先看完，等着同来的人。	□	□
23. 我常常不能宽容别人的缺点和毛病。	□	□
24. 在我认识的人里，个个我都喜欢。	□	□
25. 听到别人发表不正确的见解，我总想立刻就去纠正他。	□	□
26. 无论做什么事，我都比别人快一些。	□	□
27. 当别人对我无理时，我对他也不客气。	□	□
28. 我总觉得我有能力把一切事情办好。	□	□

	是	否
29. 聊天时，我也总是急于说出自己的想法，甚至打断别人的话。	☐	☐
30. 人们认为我是个安静、沉着、有耐心的人。	☐	☐
31. 我觉得在我认识的人之中值得我信任和佩服的人实在不多。	☐	☐
32. 对未来我有许多想法和打算，并且总想能尽快实现。	☐	☐
33. 有时我也会说人家的闲话。	☐	☐
34. 尽管时间很宽余，我吃饭也快。	☐	☐
35. 听人讲话或作报告讲得不好，我就非常着急，总想还不如我来讲哩。	☐	☐
36. 即使有人欺侮了我，我也不在乎。	☐	☐
37. 我有时会把今天该做的事拖到明天去做。	☐	☐
38. 人们认为我是一个干脆、利落、高效率的人。	☐	☐
39. 有人对我和我的工作吹毛求疵时，很容易挫伤我的积极性。	☐	☐
40. 我常常感到时间已经晚了，可一看表还早呢。	☐	☐
41. 我觉得我是一个非常敏感的人。	☐	☐
42. 我做事总是匆匆忙忙的，力图用最少的时间办尽量多的事情。	☐	☐
43. 如果犯有错误，不管大小，我全部主动承认。	☐	☐
44. 坐公共汽车时，我常常感到车开得太慢。	☐	☐
45. 无论做什么事，即使看着别人做不好我也不想拿来替他做。	☐	☐
46. 我常常为工作没做完，一天又过去了感到忧虑。	☐	☐
47. 很多事情如果由我来负责，情况要比现在好得多。	☐	☐
48. 有时我会想到一些说不出口的坏念头。	☐	☐
49. 即使领导我的人能力差、水平低、不怎么样，我也能服从和合作。	☐	☐
50. 必须等待什么的时候，我总是心急如焚，缺乏耐心。	☐	☐
51. 我常常感到自己能力不够，所以在做事遇到不顺利时就想放弃不干了。	☐	☐
52. 我每天都看电视，也看电影，不然心里就不舒服。	☐	☐
53. 别人托我办的事，只要答应了，我从不拖延。	☐	☐
54. 人们都说我很有耐心，干什么事都不着急。	☐	☐
55. 外出乘车、船或跟人约定时间办事时我很少迟到，如对方耽误就恼火。	☐	☐
56. 偶尔我也会说一两句假话。	☐	☐
57. 许多事本来可以大家分担，可我喜欢一个人去干。	☐	☐
58. 我觉得别人对我的话理解太慢，甚至理解不了我的意思似的。	☐	☐
59. 我是一个性子暴躁的人。	☐	☐
60. 我常常容易看到别人的短处而忽视别人的长处。	☐	☐

计分标准：

第 1 组：在“L”组 10 问题中，第 8、20、24、43、56 题答“是”和第 13、33、37、

48、52题答“否”的每题各得1分。

若L分过高（≥7分）则应考虑问卷无效。

第2组：第14、16、30、54、4、18、36、45、49、51题答“否”每题各得1分；第2、3、6、7、10、11、19、21、22、26、29、34、38、40、42、44、46、50、53、55、58、1、5、9、12、15、17、23、25、27、28、31、32、35、39、41、47、57、59、60题答“是”每题各得1分。相加后得分确定行为类型。

A型　36～50分　B型　18～1分　X型　27分

A⁻型　28～35分　B⁻型　26～19分

A型表现：有雄心壮志，缺乏耐心，好竞争，易激动，常感到时间紧迫，常感到有压力，持续从事繁重工作不感到疲劳，勇于承担困难工作，力求尽善尽美，行动匆匆忙忙。

B型表现：悠闲自得，不争强好胜，从容不迫，工作有节奏，与世无争。

本人得分（　　）；性格类型（　　）

自我分析评价：

十、焦虑自评量表（SAS）

采用4级评分，主要评定项目所定义的症状出现的频度（最近一周），其标准为："1"没有或很少有（每周0～1天有）；"2"小部分时间有（每周2～3天有）"3"相当多的时间有（每周4～5天有）；"4"绝大部分或全部时间有（每周6～7天有）。其中"1""2""3""4"指计分分数，带"＊"题反向记分指"4""3""2""1"。

项　目	1 没有或很少有	2 小部分时间有	3 相当多时间有	4 绝大部分或全部时间有
1. 我觉得比平常容易紧张和着急				
2. 我无缘无故地感到害怕				
3. 我容易心里烦乱或觉得惊恐				
4. 我觉得我可能将要发疯				
＊5. 我觉得一切都很好，也不会发生什么不幸				
6. 我手脚发抖打颤				
7. 我因为头痛、头颈痛和背痛而苦恼				
8. 我感到容易衰弱和疲乏				
＊9. 我觉得心平气和，并且容易安静				
10. 我觉得心跳得很快				
11. 我因为一阵阵头晕而苦恼				
12. 我有晕倒或觉得要晕倒似的				
＊13. 我呼气、吸气都感到很容易				
14. 我手脚麻木和刺痛				
15. 我因为胃痛和消化不良而苦恼				
16. 我常常要小便				
＊17. 我的手脚常常是干燥温暖的				
18. 我脸红发热（面部潮红）				
＊19. 我容易入睡，并且一夜睡得很好				
20. 我做噩梦				

注：＊题反向记分。直接得分×1.25＝标准分。

十一、抑郁自评量表（SDS）

采用4级评分，主要评定项目所定义的症状出现的频度（最近一周），其标准为：“1”没有或很少有（每周0～1天有）；“2”小部分时间有（每周2～3天有）“3”相当多的时间有（每周4～5天有）；“4”绝大部分或全部时间有（每周6～7天有）。其中“1”“2”“3”“4”指计分分数，带“＊”题反向记分指“4”“3”“2”“1”。

项　　目	1没有或很少有	2小部分时间有	3相当多时间有	4绝大部分或全部时间有
1. 我觉得闷闷不乐，情绪低沉				
＊2. 我觉得一天之中早晨最好				
3. 我一阵阵哭出来或觉得想哭				
4. 我晚上睡眠不好				
＊5. 我吃得跟平常一样多				
＊6. 我与异性密切接触时和以往一样感到愉快				
7. 我发觉我的体重在下降				
8. 我有便秘的苦恼				
9. 我的心跳比平常快				
10. 我无缘无故地感到疲乏				
＊11. 我的头脑跟平时一样清楚				
＊12. 我觉得经常做的事情并没有困难				
13. 我觉得不安				
＊14. 我对将来抱有希望				
15. 我比平时容易生气激动				
＊16. 我觉得作出决定是容易的				
＊17. 我觉得自己是个有用的人，有人需要我				
＊18. 我的生活过得很有意思				
19. 我认为如果我死了别人会生活得好些				
＊20. 平常感兴趣的事我仍然感兴趣				

注：＊题反向记分。直接得分×1.25＝标准分。

抑郁自评量表和焦虑自评量表评估参考标准

SDS			SAS		
程度	标准分	本人得分及等级	程度	标准分	本人得分及等级
正常范围	<53		正常范围	<50	
轻度抑郁	53~62		轻度焦虑	50~59	
中度抑郁	63~72		中度焦虑	60~69	
重度抑郁	>72		重度焦虑	>69	

十二、人际关系综合诊断量表

这是一份人际关系行为困扰的诊断量表，共有 28 个问题，每个问题做“是”或“非”两种回答，“是”打 1 分，“非”打 0 分。请你在认真完成后对测验结果做出解释。

1. 关于自己的烦恼有口难言。
2. 和生人见面感觉不自在。
3. 过分地羡慕和妒忌别人。
4. 与异性交往太少。
5. 对连续不断的会谈感到困难。
6. 在社交场合，感到紧张。
7. 时常伤害别人。
8. 与异性来往感觉不自然。
9. 与一大群朋友在一起，常感到孤寂或失落。
10. 极易受窘态。
11. 与别人不能和睦相处。
12. 不知道与异性相处如何适可而止。
13. 当熟悉的人对自己倾诉他的生平遭遇以求同情时，自己常感到不自在。
14. 担心别人对自己有什么坏印象。
15. 总是尽力使别人赏识自己。
16. 暗自思慕异性。
17. 时常避免表达自己的感受。
18. 对自己的仪表（容貌）缺乏信心。
19. 讨厌某人或被某人所讨厌。
20. 瞧不起异性。
21. 不能专注地倾听。
22. 自己的烦恼无人可申诉。
23. 受别人排斥与冷漠。
24. 被异性瞧不起。
25. 不能广泛地听取各种意见和看法。
26. 自己常因受伤害而暗自伤心。
27. 常被别人谈论和愚弄。
28. 与异性交往不知如何更好地相处。

人际关系总体评述：

总分为 0～8 分，说明你在与朋友相处上的困扰较少。你善于交谈，性格比较开朗，主动关心他人，愿意和他人在一起，他人也都喜欢你，你们相处得不错。而且你能够从与朋友相处中得到许多乐趣。你与异性朋友相处得也不错。总之，你在交友方面不存在或较少存在困扰，善于与朋友相处，人缘很好，或得到许多人的好感与赞同。

总分为 9～14 分，说明你与他人相处存在一定程度的困扰。你的人缘一般，和朋友的关系并不牢固，时好时坏，经常处于一种起伏波动之中。

总分为 15～20 分，说明你在与他人相处上行为困扰较严重。

总分超过 20 分，则表明你的人际关系困扰程度严重，而且在心理上出现较为明显的障碍。你可能不善于交谈，也可能是一个性格孤僻的人，不开朗或者有明显的自高自大、讨人嫌的行为。

你的评分是：__________

对自己的评价：

十三、爱之语测试

请结合自身的感受，在下列30个题中，每题选择一个答案，并统计ABCDE的个数。哪一个选项最多，你最主要的爱之语就是那一种。

1. 我喜欢收到写满赞美与肯定的小纸条。A

我喜欢被拥抱的感觉。E

2. 我喜欢和在我心目中占有特殊地位的人独处。B

每当有人给我实际的帮助，我就会觉得他是爱我的。D

3. 我喜欢收到礼物。C

我有空就喜欢去探访朋友和所爱的人。B

4. 有人帮我做事，我就会觉得被爱。D

有人碰触我的身体，我就会觉得被爱。E

5. 当我所爱、所敬仰的人揽着我的肩膀，我就会有被爱的感觉。E

当我所爱、所敬仰的人送我礼物，我就会有被爱的感觉。C

6. 我喜欢和朋友或所爱的人到处走走。B

我喜欢和我心目中有特殊地位的人击掌或手牵手。E

7. 爱的具体象征（礼物）对我很重要。C

受到别人的肯定让我有被爱的感觉。A

8. 我喜欢和我所喜欢的人促膝长谈。E

我喜欢听到别人说我漂亮，很迷人。A

9. 我喜欢和好友及所爱的人在一起。B

我喜欢收到朋友和所爱的人送的礼物。C

10. 我喜欢听到被人接纳的话。A

如果有人帮我的忙，我会知道他是爱我的。D

11. 我喜欢和朋友与所爱的人一起做同一件事。B

我喜欢听到别人对我说友善的话。A

12. 别人的表现要比他的言语更能感动我。D

被拥抱让我觉得与对方很亲近，也觉得自己很重要。E

13. 我珍惜别人的赞美，尽量避免受到批评。A

送我许多小礼物要比送我一份大礼更能感动我。C

14. 当我和人聊天或一起做事时，我会觉得与他很亲近。B

朋友和所爱的人若常常与我有身体的接触，我会觉得与他很亲近。E

15. 我喜欢听到别人称赞我的成就。A

当别人勉强自己为我做一件事，我会觉得他很爱我。D

16. 我喜欢朋友和所爱的人走过身边时，故意用身体碰碰我的感觉。E

我喜欢别人听我说话，而且兴趣十足的样子。B

17. 当朋友和所爱的人帮助我完成工作，我会觉得被爱。D

我喜欢收到朋友和所爱的人送的礼物。C

18. 我喜欢听到别人称赞我的外表。A

别人愿意体谅我的感受时，我会有被爱的感觉。B

19. 在我心目中有特殊地位的人碰我的身体时，我会很有安全感。E

服务的行动让我觉得被爱。D

20. 我很感激在我心目中有特殊地位的人为我付出那么多。D

我喜欢收到在我心目中有特殊地位的人送我礼物。C

21. 我很喜欢被人呵护备至的感觉。B

我很喜欢被别人服务的感受。D

22. 有人送我生日礼物时，我会觉得被爱。C

有人在生日那天对我说出特别的话，我会觉得被爱。A

23. 有人送我礼物，我就知道他想到我。C

有人帮我做家务，我会觉得被爱。D

24. 我很感激有人耐心听我说话而且不插嘴。B

我很感激有人记得某个特殊日子并且送我礼物。C

25. 我喜欢知道我所爱的人因为关心我，所以帮我做家务。D

我喜欢和在我心目中有特殊地位的人一起去旅行。B

26. 我喜欢和最亲近的人亲吻。E

有人不为了特别理由而送我礼物，我会觉得很开心。C

27. 我喜欢听到有人向我表示感激。A

与人交谈时，我喜欢对方注视我的眼睛。B

28. 朋友或所爱的人所送的礼物，我会特别珍惜。C

朋友和所爱的人触碰我的身体，我会觉得被爱。E

29. 有人热心做我所要求的事，我会觉得被爱。D

听到别人对我表示感激，我会觉得被爱。A

30. 我每天都需要身体的接触。E

我每天都需要肯定的言词。A

统计：

肯定的言辞 A ______________________________

精心的时刻 B ______________________________

接受礼物　C ______________________________

服务的行动 D ______________________________

身体的接触 E ______________________________

你最主要的爱之语：

第二部分　团体训练

基本要求：学生根据自己的心理需要，在以下6项团体训练主题中任选1项参加，包括自我认识及自信心培养、情绪调控训练、压力管理及放松训练、人际交往与沟通训练、对性的正确认识及爱的能力培养、感受生命的意义及感恩生命，分组（每组40人）后由教师带领团队活动，学生分享感受、记录体会，以促进学生的心理成长。

根据不同主题，由带队老师制定《团体心理训练实施方案》，主要内容包括：团体性质、团体目标、团体成员数量、团体活动时间地点、团体契约、具体活动名称目的方法与要求等，并根据方案实施辅导。团体心理训练结束后填写《团体心理训练总结反馈表》

附：团体心理训练总结反馈表

亲爱的同学：我们团体心理训练结束了，请按照你的真实感受填写总结反馈，谢谢合作！

团体心理训练名称：________________________________

1. 我对这个团体心理训练的总体评价（请打勾选择）：

A. 非常满意　　　　B. 比较满意　　　　C. 一般

D. 比较不满意　　　E. 非常不满意

2. 参加这个心理训练，对我今后的学习生活或个人成长（请打勾选择）：

A. 非常有帮助　　　B. 比较有帮助　　　C. 一般

D. 比较没有帮助　　E. 完全没有帮助

3. 你认为，团体领导者做得好的方面（多选）：

A. 活动设计合理　　B. 活动逐层深入　　C. 节奏控制适当

D. 调动成员积极性并引导思考　　E. 有亲和力

4. 你认为，团体领导者做得不够的方面（可多选）：

A. 活动设计不够合理　　B. 时间不够　　C. 节奏控制不当

D. 调动成员积极性并引导思考不够　　E. 与成员间的亲和力有待提高

5. 我的感想、体会、收获、意见、建议等（字数要求600）：

第三部分　专题实践

基本要求：根据学生兴趣特长，自行组成小组（4～6 人/组），在以下 2 个主题中任选 1 个参加：在电影欣赏、经典书籍阅读的基础上，进行心理剧设计编排、心理微电影编剧摄制，并将成果在课内展示分享，教师进行点评。学生通过戏剧表演形式，通过角色扮演、角色互换、内心独白的方式，把在生活、学习、交往中遇到的冲突、困惑和烦恼等表现出来，探索、释放、觉察和分享内在的自我，令人深思，教人感悟，以剧育心，托剧明志。

心理剧名称：

组长姓名：

小组人员：

展示形式：

展示时长：

心理剧、微电影评分表（一）

剧名：　　　　　　　　　组长：

序号	学生姓名	参与情况	组长评分	老师评分	备注
1					
2					
3					
4					
5					
6					
7					
8					
9					
10					
11					
12					

注：组长根据本小组成员的实际参与情况进行评分，在 60 ~ 90 分间给分，并分成不同等级。

心理剧、微电影评价表（二）

姓名：　　　　　　　　　　学号：

展示序号	剧名	点评	班内排名	备注
1				
2				
3				
4				
5				
6				
7				
8				
9				
10				
11				
12				
13				
14				
15				

注：根据各心理剧的主题内容、角色扮演、场景、时间、图像声音等在班内排序。

第四部分　个人心理成长分析

根据理论教学内容，结合自身实际情况，完成个人心理成长分析主题报告，题目自拟。主要包括以下内容：（1）个人心理成长历程；（2）评价自身的心理健康状况；（3）主要心理问题及剖析；（4）如何调整和改善自己的心理问题，提高心理健康水平。要求主题明确、结构严谨、叙述恰当、语句流畅，字数3000字以上。

（论文作为期末考查）

实践成绩记录单

学生姓名：

	第一部分	第二部分	第三部分	第四部分
成绩				
教师				

ISBN 978-7-5218-0678-6

ISBN 978-7-5218-0678-6
定价：45.00元

（一）层次说

申尔（Schenll）和贝克尔（Becker）在行动理论的基础上，提出了意义感的层次说。该理论把意义感分为知觉、行动、目标、意义感的来源和生命意义感的五个层次。

1. 知觉

知觉是个体对感观刺激的复杂神经解释，外界刺激只有与个体化的解释结合起来才能产生意义感。

2. 行动

行动是在个体知觉基础上的肌肉编码，这种编码通常把知觉和目标结合起来。

3. 目标

目标是指通过行动能够得到的理想的未来状态。

4. 意义感的来源

意义感的来源通常被认为是最终意义感，隐藏在人类的认知、行为和情绪下，是人格的一个组成部分。意义感的来源通常被认为是有意识地在没有明确的意义下建构有意义的生活。

5. 生命意义感

生命意义感则代表着该模型最复杂、最抽象的层次，它是指对人类生活的整体评价。这种评价包括情感、认知和动机成分。

该模型认为这 5 个层次之间是相互制约、相互影响的，高层次水平上的意义感包含了低层次水平上的意义感。

（二）建构说

建构说最初由帕克（Park）和福克曼（Folkman）提出，随后被学者们进一步发展。意义感的获得是一个复杂的过程，它需要把从情景刺激中所获得的意义感与自我已有的信念进行对比、评估、判断等。该模型把意义感分成了一般意义感和情境意义感两大类。一般意义感是指个体的整体取向，包括个体的信念、目标和主观感受。一般意义感在很大程度上影响着人们的想法、行为和情绪状态。研究认为，一般意义感成型于生命的早期，并随着人生的经验不同而不断地进行修整。情境意义感是指在某种特定的环境下产生的意义感，包括对某个特殊事件的意义评估，这种评估会随着情景的变化而发生改变和调整（见图 9 – 1）。

二、生命意义的影响因素

意义的获得和建构显然也是受各种因素影响，对生命意义影响因素的探究也有利于我们更好地了解生命意义，并且也帮助我们能更好地利用这些因素来构建积极的生命意义。

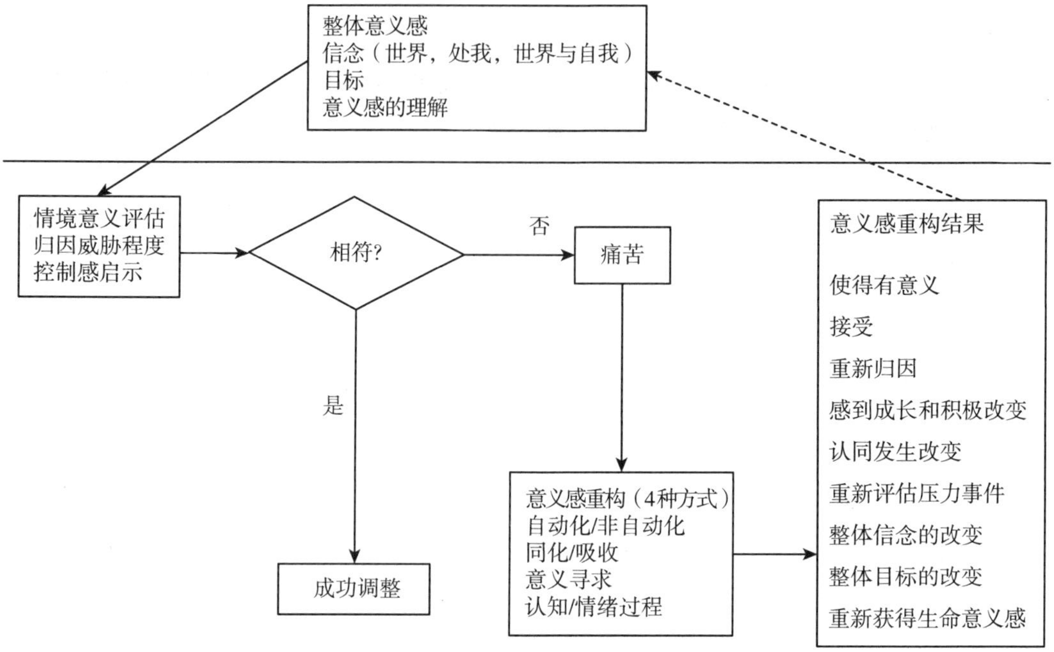

图9－1　生命意义感建构

（一）人格因素

人格，是生命意义感体验的基础。目前在基于大五人格理论基础上的研究表明，外向性、宜人性和神经质性（低程度）与生命意义感有显著的正相关；也有研究从人格与生命意义感来源的关系的角度对这个问题进行探讨，发现开放性和果敢性高的个体更容易从质疑、挑战传统等过程中获取意义感，而责任心强、富有同情的个体，意义感则更多来源于工作的成功、健康的身体和幸福的家庭。

国内学者对生命意义分为意义感寻求和意义感体验两个维度进行研究表明，大五人格的各维度与人生意义体验和意义寻求都呈显著相关，然而神经质性和宜人性两个维度与生命意义寻求却没有显著相关关系。

（二）情绪因素

到底是情绪影响生命意义感，还是生命意义感影响情绪？在这个问题上的研究表明，如果生命意义作为一种主观体验，那其和情绪感知一定有着必然的联系。研究也表明，个体的积极情绪与生命意义感有显著的正相关关系，积极情绪较高的个体通常也更容易体会到更高水平的生命意义感。也有学者发现，在实验中启动被试的积极情绪能显著提高个体的生命意义感体验。而消极情绪对生命意义感的影响相对复杂，一般情况下消极情绪会降低人的生命意义感，但是当人们意识到消极情绪源能为个人提供成长的机会，使自己变得更加成熟时，个体就能体会到较高水平的生命意义感。此外，引起消极情绪的生理机能也会对生命意义感体验产生较为明显的影响。例如，严重抑郁症患者会伴有无明显事因性的生命无意义感，甚至由此而产生轻生念头，而这与脑部负责奖惩情绪的外侧缰核释放的生物电有明显关系。

知识链接

抑郁症及其最新研究

抑郁症（depression）已成为影响人类生活最严重的精神疾病之一。据1999年世界卫生组织预测，2020年抑郁症将是除缺血性心脏病外全球第二大疾病，全球抑郁症发病率为3.1%。目前，中国各类精神疾病患者在1亿人以上，重症者超1600万人，抑郁症患者大约为3000万人。抑郁症有多种类型，而且每种类型都有相应的诊断标准。但同时抑郁症也有一些相同的特征，例如不可控的无望感、兴趣下降或心情低落、出现睡眠问题、有轻生念头或行为、社会功能受损、持续时间较长等。

抑郁症的生理研究不断取得良好成果，2018年浙江大学胡海岚团队在这方面取得突破性发现。研究指出：外侧缰核（从低等动物就开始存在的非常保守的脑部结构）的一种特殊放电方式——簇状放电，是抑郁症发生的充分条件（正常人的放电方式为点状放电）。氯胺酮（k粉）之所以在抑郁情绪上及时有效，正是因其阻止了这一脑区的簇状放电。研究人员还发现，外侧缰核的簇状放电依赖于大脑中最主要的兴奋性递质谷氨酸受体NMDAR；而氯胺酮（NMDAR的阻断剂）能完全阻断外侧缰核神经元的簇状放电。

资料来源：http：//dy.163.com/v2/article/detail/E96LSF6P0512SE2N.html。

（三）亲社会行为因素

有研究探讨了个体的某些行为对生命意义感的影响，发现不同的行为对个体的生命意义感体验的影响不同。最近的一项研究表明亲社会行为是人们生命意义感体验的重要来源之一，进一步对为什么亲社会行为会影响生命意义进行了探讨。结果发现，社会关系的质量在亲社会行为与生命意义感之间起中介作用。亲社会行为可以提高社会关系的价值和群体的需求，也就是说，亲社会行为可以促进成功的社会关系，而成功的社会关系会进一步的帮助个体提高生命意义感。

三、生命意义的流逝

“道理我都懂，但是……”，尽管翔实的理论和基于此所做的大量研究确实都在提供给我们一条通向提升生命意义的康庄大道，但是我们却在不知不觉中让生命的意义像流沙般从我们的指间流逝，而追求流逝背后的原因，我们也能看到一些生命意义流逝的重要途径。

（一）在无聊中流逝

国外一些研究表明，处于12～19岁的青少年有51%的人报告“非常容易觉得无聊”。“无聊感强烈”者与“感觉充实者”相比，因心脏病或中风致死的可能性高出2.5倍。除此之外，无聊感还和问题行为有显著正相关（吸烟、嗜酒、药物滥用、赌博，甚至犯罪）。且不说无聊感所引发的问题行为会导致无聊者的一些正面价值损失，而事实上，就无聊本身就和生命意义感的体验有着负相关关系。有学者表明，无聊尤其是深层无聊或存在性无聊与人的生命意义缺失或虚无化密切相关。由此我们可以看到，生命意义的流逝并不是一件只发生在特殊场合的事情，它的发生也许就在我们随处可见的无聊状态中完成了。

（二）在迷茫中流逝

无聊并非是一种舒适的感觉，人们对充实感的诉求会激发个体行动起来抗争无聊感。但是，如何寻找到抗争的方向？如何判断某个决定的正确性？在走出无聊感的过程中是坚持还是另做选择？这一系列问题在我们试图重获生命意义感的过程中让我们迷失了方向。很多大学新生在入校后都会有强烈的不适应感，这种不适感的背后就有对学习、交际和自我规划上的不知所措感。大部分新生都在一开始对大学生活抱有强烈的期待和向往，而当发现原来熟悉的“令行禁止、统一行动”式的强约束消失后，很多人开始在慌乱中迷失了方向。他们不知道上课的意义是什么，专业学习有什么用，参加各种活动的意义又在哪。于是在一连串的问号中，生命的意义也开始迷失。

（三）在挫折中流逝

不论是无聊，抑或是迷失，生活总是有其“安身之所”，其中各类网络游戏或网络产品便是最好的选择。而长时间的逃避也势必会给当事人带来相应的挫折。例如，由于沉迷游戏而导致多门学业挂科，曾经的好学生在面临退学的警示下遭遇了打击；还有，因为对人际关系的回避，当事人越发自我封闭，当孤独感充斥我们的大脑时，对自我社会价值的怀疑让我们内心深受其害；有的甚至因为沉迷网络而遭遇网络诈骗或网络违法行为等，从而让自己遭受打击。这些挫折都不但直接对当事人的身心进行侵害，而且也让当事人开始对生命意义产生最彻底的怀疑。因此，挫折经历特别是重大挫折经历也就成了生命意义消逝的“得力干将”。

◆ 案例

小林是大二的一名男生，独生子，家境宽裕，父亲是个体户，经营多家建材公司，母亲是会计。父母从小对小林管教严格，但是由于父母工作忙碌，经常不能给小林更多关照。小林曾经在中学期间因为父亲业务变动而更换过三所学校。学校的变动虽然给小林在学习上造成比较大的影响，但是在父母的高要求和小林的聪慧及努力下，最终小林如愿考上了心仪的大学。

入学后，父母对小林的要求也放松很多，认为小林现在已经长大成人，应该学着自我管理，他们也相信小林能做到这些，于是给了小林很大的支持。父母对小林的支持不但体现在管教上的全面放松，还表现在对小林的经济支持，小林每月能从父母那各拿到近2000元的生活费，而这对于一直很少花钱的小林而言是一笔“巨款”。小林也正是在这样的“财务自由”下开始迷失了自我，起初只是大肆购买自己曾经很想获得的物品，满足后，开始迷上网上购买游戏配置，再后来对游戏主播进行无节制打赏，而当小林发现每月近4000元的生活费已经不够其“基本开销”时，为了不想被父母发觉其沉迷游戏这件事，于是便想着自己解决经济问题。

最后，小林通过多个网上借贷平台进行借贷，起初还能用下个月的生活费还上，后来由于利息和借贷过多导致“资金链断裂”。最后，欠了多家网贷平台近4万的小林被暴力逼债，而不敢让父母知道的他最终在多重压力下开始严重失眠，并伴有严重的焦虑和恐怖反应，最后在老师的帮助下联系家长，通过多方介入才将小林的“麻烦”解决，小林也因为严重的焦虑和恐怖情绪而选择休学治疗。

四、生命的态度

如果能选择，没有谁会主动选择学业失利、人际失败、生活失衡，甚至因为失去生命的意义而走到选择结束生命的这条不归路。既然谁都不想如此选择，那为何我们却总有一些人在不知不觉中选择了辜负生命对我们的眷顾呢？这其中的重要原因是对生命意义的错误态度所导致的。

著名心理学家弗兰克曾因为犹太人的身份而在二战中遭遇过纳粹的残忍对待，他在《活出生命的意义》一书中描述过自己如何在当时的残酷环境中幸存的经历，他认为人活着就是为了寻找生命的意义。相反我们中的很多人对生命意义的理解却是“谁能告诉我们活着有什么意义?”“怎样活着生命才是有意义的?”更多人陷入了对这些疑问的纠缠中，最后选择了放弃和回避，岂不知生命意义的获得并非是一场由他人评判的考试，而对生命珍惜本身就是其意义的体现。

弗兰克发现寻找生命的意义可以通过三种途径，分别是工作、爱以及拥有克服困难的勇气。在弗拉克认为，投入工作中，让自己的工作变得有意义，或者选择有意义的事情成为工作，本身就是生命意义获得的过程。其次，去关爱他人，去体会他人生命意义的同时也是自我生命意义的形成。最后，我们需要不断克服各种类似于无聊、迷茫和挫折所带来的阻力，抑或是克服困难的勇气本身就是我们通向生命意义实现的途径之一。因此，生命是精彩的，生命的意义是需要实践的，只有拿出认真和不虚度的状态，生命的价值才能一点点渗透出来被我们所品尝。

第三节　心理危机应对

让生活变得美好，让生命充满精彩是每一个人的愿望，但是就像生命意义会在不知不觉中流逝一样，生命也会因为各种意外遭遇危机。而如何才能合理面对危机？当危机到来的时候我们又该采取怎样的态度和措施？学习相应的心理危机应对方式将有利于我们更好地面对生活，珍惜生命。

一、心理危机的类型

广义的心理危机是指个体面临突然的或重大的应激事件，个人的资源和应对机制无法解决困难时出现的心理状态。这种心理状态表现为行为、躯体、情感、认知以及人际关系上的转变，具体危机反应有创伤后应激障碍、行为失常、心理障碍、自杀和社会暴力。鉴于广义的心理危机概念中所涵盖的内容与本书前面相关章节的内容有所重叠，如创伤后应激障碍在压力应对一章中有过讲解，相应的情绪反应也在情绪管理中提及，因此本节所探讨的心理危机更多是狭义层面的概念，专指个体在个人资源和应对机制无法解决困难时出现的危险行为，其中包括心理障碍所导致的自杀和伤人危机；并着重针对这些方面的心理危机进行探讨和应对方式的讲解。

（一）大学生常见的心理障碍类型

心理障碍也被称为心理疾病或心理异常。目前，普遍认可的心理健康状况划分以及应对方式如表 9－1 所示。从表 9－1 中我们可以看出，心理障碍者应该接受临床治疗，原因是当事人在病发时其自知力和自控力已经严重受损，而这也是他们为什么会成为危机事件重点关注对象的原因。

表 9－1 心理健康状况划分方式

<table>
<tr><td rowspan="3">分类</td><td colspan="3">正常</td><td colspan="3">不正常（异常）</td></tr>
<tr><td rowspan="2">健康</td><td colspan="2">不健康</td><td colspan="2" rowspan="2">异常心理问题</td><td rowspan="2">各类精神疾病</td></tr>
<tr><td>一般心理问题</td><td>严重心理问题</td></tr>
<tr><td>判断标准</td><td>无须</td><td>≤2 个月
未泛化</td><td>2～6 个月
有泛化</td><td colspan="2">≥6 个月
社会功能受损</td><td>社会功能完全受损（主客观不统一、内在不协调、人格不稳定）</td></tr>
<tr><td>求助对象</td><td>无须</td><td>心理咨询师
社会工作者</td><td>心理咨询师
社会工作者</td><td>心理治疗师</td><td>精神医生</td><td>精神医生</td></tr>
<tr><td>求助模式</td><td>无须</td><td>心理咨询
心理干预</td><td>心理咨询
心理干预</td><td>心理治疗</td><td>临床治疗</td><td>临床治疗</td></tr>
</table>

大学生常见的心理障碍包括抑郁症、双向情感障碍、精神分裂症。

1. 抑郁症

抑郁症是区别于抑郁情绪的一种常见心理疾病。这类区别在于抑郁症患者会出现无明显事因性且持续的抑郁情绪，并伴有无意义感和轻生念头。而抑郁情绪只是一种情绪状态，任何人都会有抑郁情绪体验，只是正常人的抑郁情绪一般都有事因性，比如会有因为一些事情的失利或生理期或天气原因等，而且持续时间相对较短，也不会伴有无意义感和轻生念头。抑郁症的类型多种多样，第五版《精神障碍诊断与统计手册》（DSM－5）中将其分为破坏性心境失调障碍、重型抑郁障碍、持续性抑郁障碍（心境恶劣）、经期前烦躁障碍 4 大类。精神卫生医生在诊断后会根据患者的情况作出相应的治疗方案，如服药或住院治疗等。由于抑郁症患者有轻生念头，严重的甚至有轻生行为或轻生计划，因此，他们也是心理危机干预的重点人群之一。

2. 双相情感障碍

双相情感障碍在第五版《精神障碍诊断与统计手册》（DSM－5）中表述为双相及相关障碍。该类型心理疾病的特点是患者出现躁狂发作和抑郁发作两种状态。类型包括双相Ⅰ型障碍、双相Ⅱ型障碍和环性心境障碍 3 大类。这类患者不但有抑郁发作时的轻生念头或行为，也会在躁狂发作的时候出现一定的过激异常行为，如持续多话、思维飘忽奔逸、无节制的消费、轻率的性行为等。

3. 精神分裂症

精神分裂症在 DSM－5 中被列入精神分裂症谱系及其他精神病性障碍这一大类。精神分裂症的具体诊断标准复杂且翔实，其中患者出现妄想或者幻觉，抑或是言语紊乱（如频繁地离题或不连贯），都是该类型心理疾病的重要特点。由于精神分裂症患者存在人格严重受损，且有些类型患者有严重幻觉和攻击性，因此该类型患者也是心理危机防御和及时干预的重点对象之一。

（二）危机对象的鉴别

◆ 心理案例

“一场恶作剧”

一天，某学校心理咨询中心迎来了3位大二女生的到访，她们是同一个寝室的室友，这次前来寻求心理咨询的原因是因为她们被同寝室的另一位女生的行为弄得人心惶惶了。

“三天前开始的，她突然从自己的座位上站起来，很惊恐地对我说‘这是一场局，我们都被对方做进局里了’。当时我感到很疑惑，问她什么意义，她说她不能说，说了就是违反游戏规则，后果可能很严重。”其中一位女生首先开始描述缘由。

“对的，我们一开始还以为她在看什么悬疑小说，也没有太当回事儿。后来越来越觉得不对劲儿，她总是说着类似的话。比如会很严肃地警告我们不要大声说话，不然会被听到的，还要求我们以后不能一起出行，不然会被一网打尽的。”另一位女生补充到。

“对的，我们当时都被她弄生气了，觉得她在恶作剧，我们还严肃地和她说过不要再玩这种游戏了，但是她并不听，还是一如既往这样。”第三位女生接着描述到，“我们也因此想就不理她了，但是昨天下午她突然痛苦地哭了起来，大声哭叫道‘完了，完了，我们都逃不出去啦’什么的，当时把我们都给吓到了。我们还安慰她，问到底怎么了，她也说不清楚，就一直重复说‘我们都逃不出去了，都被他给设计好了’。”

“对的，我们当时就感觉很害怕，也不太敢怀疑她是不是真的在恶作剧。而且我还无意间看到她在本子上写写画画弄了一大堆，感觉在解什么谜题的样子，里面还有我们三个人，这就让我们更害怕了。然后我们就告诉了老师，老师让我们来中心咨询一下，我们才过来的。”

后来三位女生才在咨询老师的告知下了解到，原来那位室友已经是被诊断为精神分裂症。诊断结果刚好在她们来咨询前由陪同其就医的辅导员老师反馈过来，这时三位室友才有些明白过来，那位室友并非恶作剧，而是生病了。

对于身体疾病我们往往有一些迹象可以判断和鉴别，例如发烧、剧烈咳嗽、流鼻涕、头晕头痛、胸闷胸痛等，同样的，对于心理疾病也有一些简单的迹象可以进行识别和判断，掌握这些识别方法可以有利于我们及早地发现危机患者，并通过及时上报老师来对其进行及时干预，从而为当事人提供宝贵的救治机会。

1. 睡眠与饮食异常

充分的睡眠是健康身体的保障，也是健康心理的保障。如果个体出现严重的睡眠障碍（如入睡困难、容易惊醒、睡眠明显减少等），而且这一睡眠问题严重影响生活，出现精神萎靡，情绪烦躁，有痛苦体验，当持续时间一周及以上时要引起重视。此外，有严重饮食异常且排除消化系统疾病的也需格外重视，如身体暴瘦、肤色变差、食欲下降等。

2. 异常行为

行为与平时有严重区别，例如开朗的人开始沉默寡言，内向的人言语过多、行为夸张，好学的人频繁旷课，吝啬的人广散财务、无故哭泣等。而且对于那些情绪低落持续较长时间且突然开始将自己心爱东西进行赠送，或有总结性、安排性话语的人需要格外引起重视。

二、杀人与自杀的防范

自杀与杀人事件是心理危机中最严重的事件，而且由于近年来对自杀和杀人事件的频繁报道也使得这一心理危机事件被格外重视。

（一）杀人与防范

杀人是指使用某种工具或手段，试图将对方致死的行为。杀人是一种违法行为，致使杀人者犯罪的原因是多样的，但根据原因可以分为两种，一类是理性杀人行为，另一类为非理性杀人行为。其中理性杀人行为是指其行为并不具备病理性或事因性，例如战争中的杀人行为、执行死刑的执行者、对危险行为的犯罪者进行击杀的警察以及正当防卫中的失误杀人等。而非理性杀人是指杀人者在执行杀人行为中，处于心理疾病状态或理性缺失状态。例如，基于仇恨而执行的杀人行为、处于精神疾病状态下的杀人行为等。其中非理性杀人行为近年来不断受到关注，特别是自 2004 年云南大学学生马加爵杀人事件开始，大学生的非理性杀人行为不断引起社会广泛关注。另一起引起社会普遍关注的高校学生杀人事件则是发生在 2013 年 4 月的“复旦大学投毒事件”。

◆ **延伸阅读**

复旦投毒事件

林森浩与黄洋均为复旦大学上海医学院 2010 级硕士研究生，分属不同的医学专业。2010 年 8 月起，林森浩入住复旦大学某宿舍楼 421 室。一年后，黄洋调入该寝室。之后，林因琐事对黄不满，逐渐怀恨在心。

> 2013 年 3 月 29 日，林森浩在大学宿舍听黄洋和其他同学调侃说愚人节将到，想做节目整人。林森浩看到黄洋笑得很得意，联想起其他学校用毒整人的事件，便计划投毒“整”黄洋。
>
> 2013 年 3 月 31 日，林森浩找同学吕鹏，准备向其要曾经做实验时用过的 N－二甲基亚硝胺。林森浩从吕鹏处拿到实验室钥匙到实验室将装有 75 毫升 N－二甲基亚硝胺的药瓶和一支已经吸了约 2 毫升 N－二甲基亚硝胺的注射器带走。林森浩携带上述物品回到 421 室，趁无人之机，将试剂瓶和注射器内的二甲基亚硝胺原液投入该室饮水机内，后将试剂瓶等物装入黄色医疗废弃物袋，丢弃于宿舍楼外的垃圾桶内。
>
> 2013 年 4 月 1 日 9 时许，黄洋在 421 室从该饮水机接水饮用后，出现呕吐等症状，即于当日中午到中山医院就诊。4 月 2 日下午，黄洋再次到中山医院就诊，经检验发现肝功能受损，遂留院观察。4 月 3 日下午，黄洋病情趋重，转至该院重症监护室救治。4 月 16 日，黄洋经抢救无效，于当天下午 3 点 23 分在上海某医院去世。经法医鉴定，黄洋系因二甲基亚硝胺中毒致急性肝坏死引起急性肝功能衰竭，继发多器官功能衰竭死亡。
>
> 2015 年 12 月 11 日，林森浩被依法执行死刑。
>
> 资料来源：https：//baike. so. com/doc/5375827 －5611919. html。

非理性杀人行为并非不可防范，也正是因为他的可防范性，因此对于此事我们也不可有过大的心理恐慌。其中，在非理性杀人行为的防范中需要做到如下几点。

第一，合理看待这类事件，避免产生不合理的恐慌。当一起事件被新闻广泛报道时，往往会给事件关注者传递相对紧张的情绪，于是难免会有人产生恐慌的感觉。正如当初“复旦投毒事件”发生后，有网友甚至提出“感谢同学当初不杀之恩，因为我也是化学专业的学生”这种感叹。而现实是，这类事件之所以会成为新闻，是因为其具有“稀有性”。因此切勿将不信任情绪带入自己的人际关系中，从而刻意制造紧张氛围。合理看待这类事件是防范此类事件的前提。

第二，对异常行为的关注是避免此类行为的重要要素。很多同学对身处同一寝室的室友并不关注，室友出现异常行为也不以为然。例如室友出现精神分离或躁狂发作时依然不以为意，觉得那是他/她的事情，和自己没关系。这种疏忽大意只会将自己置于危险境地。

第三，平时积极的心理学习和建设是防范的保障。融洽的人际关系，在对方感到困难时能及时发觉和帮助，在人际冲突中有能力化解，发现异常心理行为能及时反映等，这些心理健康知识的学习和应用都是化解此类行为的重要保障。

（二）自杀与防范

1. 自杀的动机

自杀是指个体蓄意结束自己生命的行为。自杀者具有典型的心因性，是在个体彻底否定自我解决困境的能力和生命意义的基础上对自己所采取的逃脱行为。根据自杀者的动机，可以将自杀分为心理解脱型、寻求关注型、抗争—惩罚型和要挟型。

（1）心理解脱型。它是指自杀者在遭遇挫折和打击时，缺乏应付技巧，从而让自己陷入一种悲痛、无望和无助的情绪状态。在这种状态下的当事人认为死是唯一的解决办法，认为只有死亡才能摆脱痛苦。目前这类型的自杀者占整个自杀人群的大部分，其中严重抑郁症患者在其中占有相当比例。

（2）寻求关注型。这类自杀者在强烈情绪裹挟下进行自杀行为，其生命意义感容易被情绪裹挟而处于不稳定状态。例如，有学生会因为失恋而选择自杀，当其在执行这类行为时感觉到自己是被遗弃了，而如果有人及时制止，当事人冷静下来后便会发觉自杀行为是错误的。

（3）抗争—惩罚型。这类行为容易发生在有过重大伤害经历的被害者身上，这类自杀者自感被伤害后不能得到合理的弥补，或者内心无法释怀，于是认为自杀是自我解脱的方式，更是对施害者在道德、良心甚至法律上的惩罚。例如，有过被侵犯的女生，在不敢将其屈辱经历诉说的前提下，觉得只有死亡才能洗刷自我的污秽，并能对犯罪者进行惩罚。

（4）要挟型。自杀者并非真的希望结束生命，而是将自杀作为一种要挟和胁迫对方达成自己目的的手段。但是这类自杀者也有可能在要挟过程中反复加大自杀程度试图达成自己要求，最终也有可能自杀成功。其中边缘型人格障碍者容易出现此类行为。

2. 自杀的防范

生命重于泰山，没有哪一个生命应该被轻视，也没有谁的生命应该不被珍惜，因此在面对自杀者时，我们应该及时伸出自己的援手，将对方拉离死亡的边缘。其中对自杀行为的防范有以下几点措施：

（1）及时识别自杀者的求助信号：除了前面对危机信息的识别外，自杀者还有其特别需要关注的几个信号。例如谈论过自杀并考虑过自杀的方法，写过有关自杀的诗或文字，没有原因的对亲人、同学和朋友的告别、道歉或礼物赠送等。

知识链接

自杀强度判断

“你有这个念头多久了？”（越久自杀强度越高）

“你打算用什么方法自杀？”（越详细自杀强度越高）

“你是否有做这类准备或尝试？”（越肯定自杀强度越高）

“你有写过遗书吗？”（越肯定自杀强度越高）

“你有将这个想法告诉别人吗？”（不告诉他人自杀强度越高）

“倘若你死了，你有什么挂念的吗?”（挂念越少自杀强度越高）

“假设现在可以满足你的一个愿望，是否这样的愿望满足了，你就会选择不死?”（愿望越多自杀强度越低）

（2）对有自杀行为或自杀信号的情况及时反馈给其家长、老师或警察等。很多人在识别这类行为后有想过要向其家长、老师等反应，但是往往在这时会被当事人祈求其不要告知他人，原因是当事人觉得告知他人不但没用而且还会给自己带来麻烦和痛苦。这时很多人会错误理解这一信号而选择为当事人保密，或不能及时反馈，还有很多人也会认为自己多陪伴当事人就可以将其拉出轻生念头。而这些都是对自杀者信息的错误解读和对自杀行为的错误评估所导致的，当发现这类行为后进行坚定而及时的汇报才是对当事人最为有利的选择。

（3）对当事人的信息不进行传播。当有朋友告诉自己有自杀行为或自己识别到这类行为后，及时反馈一般会引来一定的关注，这时也会引起不知情的人的过问，而对当事人的信息进行保密和不传播是对当事人的重要保护，从而避免二次伤害。

三、重大危机事件后的心理应对

一切的防范也总是有意外，当重大危机事件发生后，我们又该如何进行面对和处理呢？除了前面涉及的一些方式和方法外，在针对杀人或自杀事件后，需要做的应对有以下几点。

（1）配合学校开展危机干预。当重大危机事件发生后，由于心理危机干预的专业性较强，一般由心理老师或心理相关专业人员来承担。具体的工作可以分为问题评估、计划制订、干预实施、效果反馈四个阶段。其中干预实施阶段需要解决 4 个问题。一是帮助当事人舒缓和释放被压抑的情绪。例如，对当事人基于理解和关心，适当时采取专业咨询技巧来达到当事人情绪的缓解。二是帮助当事人正确理解现状，让当事人知道当时的反应是正常行为，从而进行身心调整。三是学习干预方式。帮助当事人学习相应的干预技巧，从而摆脱心理创伤。四是获得承诺。当事人在心理危机干预后，要坚持将干预技巧落实，直到真正摆脱心理危机。

心理危机往往会给当事人造成强烈冲击，有的甚至引起创伤后应激障碍，这种心理应激反应是人类的正常现象。因此在危机过后，第一参与者或见证者有心理危机反应也是正常的，而这时配合学校进行危机干预也是必要的。有人会将此解读为“心理脆弱”“丢人”的行为，而选择不去进行干预，其结果是由此而引发更多的心理问题，甚至心理障碍。

（2）做理性和正能量者。当危机事件发生后，学校将采取应急措施，有时为了避免心理伤害进一步扩散甚至会采取一些特别措施，例如对现场进行封锁和管制，调整课程或对宿舍进行调整等。这些行为势必会引起对事件缘由不明的人的关注，甚至他们的便携性也会由此受到影响。而这时学校鉴于对死者的尊重或当事人的保护等原因不便进行信息发布，此时便会有诸多对事件原因的谣言传出。甚至有人抱有强烈好奇心而对死者或见证者进行信息公开和追问等。或者在学校与家属进行事态处理过程的纠纷进行造谣传播等。这些行为不但不理性且给当事人造成二次伤害，而且还让自己不知不觉中滑向违法的边缘。因此，对死者及家属尊重和关爱，对见证者予以关心和保护，对事态解决方予以理解和帮助是对生命最大的尊重。

章末拓展

◇心理影视

《本杰明·巴顿奇事》

英文名：The Curious Case of Benjamin Button

上映时间：2008 年

剧情介绍：

美国南部，新奥尔良，卡特里娜飓风肆虐。某间医院里，奄奄一息的黛西将一本回忆录交给了女儿卡萝琳。回忆录的主人，是一位叫本杰明·巴顿的男子。1918 年，一战进入尾声。协约国战胜的那天，新奥尔良一个姓巴顿的家里，一个男婴呱呱坠地。小巴顿甫一出生，便似乎与众不同：母亲难产而死，接生的医生吓得魂不守舍，而父亲更狠心把这个初生婴儿丢弃到了老人院门口，当老人院的黑人大婶发现小巴顿时，她同样吓得不轻——眼前这个幼小的婴儿居然是个满头白发、一脸皱纹的古稀老头。然而，善良的大婶并没有嫌弃这个弃婴。她收留了本杰明，并悉心照顾。在偏僻的老人院，貌若八十岁老头的本杰明并不显突兀。于是，年复一年，他快乐地长大了。说来也怪，本杰明的生物钟似乎是倒退着走的，别人越活越老，他却越活越年轻。直到有一天，这个十二岁的小老头遇上了前来探望祖母的六岁小女孩黛西，她的可爱和纯真彻底征服了“老男人”巴顿的心。而巴顿同样真诚、清澈的心也感动了小黛茜，两人之间的爱慕之意开始萌芽。

十几年后，第二次世界大战的战火更加猛烈地燃烧着整个世界。动乱局势中，本杰明·巴顿和许多美国人一样，坐船从美国来到英国为反法西斯战争做出贡献。这期间，他遇见了各种各样的人物，目睹了真正的人生悲剧，也体验到了人性最伟大的光辉。这当中，他遇见了伊丽莎白·阿伯特，拥有了一段短暂的恋情，而对方却已婚，不久就离去了。二战结束后，本杰明重返美国。此时的他已然摆脱了儿时老态的模样，渐渐长成中年人。并且，命中注定般地在纽约与儿时的梦中情人黛茜重逢。此时黛茜也出落成一位风姿可人、事业成功的漂亮舞者了，然而她却已另有爱人，本杰明只得黯然离去。两人再一次的相遇，源于黛西的受伤，她再也不能跳舞，且不愿让本杰明看到病床上的自己而让他离开。又过了几年，他们再次在老人院相遇。两人经过成熟的交往之后，终于在年龄和外表都完全匹配的情况下一同度过了幸福美好的几年时光。就在所有人都苦于岁月带给他们的衰老之时，本杰明·巴顿却犹如返老还童一般逆行而上。他们有了女儿，可是本杰明注定要年轻下去，最终变成儿童，他觉得自己无法陪伴孩子成长，选择离开。几年后本杰明从印度回来，发现黛西与一位鳏夫结了婚，见他们相处融洽，本杰明放心的同时又有些悲伤。他的年纪越来越大，身体却越来越小，患上了“儿童老年痴呆症”。孤儿院工作者通过他的日记找到了黛西。此时本杰明已经忘了一切，而且越来越像个孩子。黛西每天都看望他，陪伴他走过了生命的最后时光。

◇心理自测

心情温度计

人生总会遇到困难，有时一股说不上来的莫名心情，困在那里……拿起温度计吧！简易的五个问题，帮助自己找出下一步；也分享给身边亲爱的家人、朋友，养成习惯，月月检查，认识自己，爱护他人，就从“关心”开始！

请你仔细回想最近一个星期（包括今天），这些问题使你感到困难和苦恼的程度，然后圈选一个你认为最能代表你感觉的答案（见表9-2）。

表9-2　心情自测

题　　目	完全没有	轻微	中等程度	厉害	非常厉害
1. 感觉紧张不安	0	1	2	3	4
2. 觉得容易苦恼和动怒	0	1	2	3	4
3. 感觉忧虑、心情低落	0	1	2	3	4
4. 觉得比不上别人	0	1	2	3	4
5. 睡眠困难，譬如难以入睡、易醒或早醒	0	1	2	3	4
※有自杀的想法	0	1	2	3	4

自我检测结果记录（见表9-3）：

表9-3　检测记录

检测时间	9月	10月	11月	12月	3月	4月	5月	6月	9月
1~5题总分									
※题单项评分									

【评分与说明】

0~5分：身心适应状态良好。

6～9分：轻度情绪困扰，建议找家人或朋友谈谈，抒发情绪。

10～14分：中度情绪困扰，建议到学校心理咨询中心寻求专业帮助。

15分以上：重度情绪困扰，需要关怀，请及时到学校心理咨询中心寻求专业辅导。

※题单项评分：

0分：身心适应状态良好。

1分：轻度困扰，建议调整情绪。

2分以上：中度或重度困扰，请及时到校心理咨询中心寻求专业辅导。

◇心理资源推荐

1. 相关书籍

（1）冯沪祥的《中西生死哲学》，北京大学出版社2002年出版。

全书共分七章，其内容包括生死之际的教育意义、西方文学的生死观、世界宗教的生死观、西方哲学的生死观等，书中从哲学的角度对中西方的生死观念进行了分析。

（2）维克多·弗兰克尔的《追寻生命的意义》，新华出版社2003年出版。

作者维克多·E. 弗兰克尔是精神医学家、心理医生、犹太人，二战时期被投入奥斯威辛集中营。出狱后他根据狱中经历，总结出一套意义疗法，用于治愈神经官能症，效果很好。人们知道了生存的意义，就能坦然面对前方的任何挑战。

（3）马建青的《大学生心理危机干预的理论与实务》，杭州出版社2011年出版。

本书提出了适合中国高校特点的大学生心理危机干预理论，构建了一套适合我国高校特点的大学生心理危机干预体系和干预策略，从而为各高校开展危机干预提供理论、方法和经验层面的参考，以满足各高校开展大学生心理危机干预研究和实践的迫切需要。

2. 相关网站

（1）中华康网：http：//www. cnkang. com/dzjk/xljk/xlzs/wjgy/#。

（2）危机干预咨询网：http：//www. wjgyzx. com/。

参考文献

[1] 艾瑞克·伯恩. 人间游戏：人际关系心理学 [M]. 北京：中国轻工业出版社，2014.

[2] 曹尧谦. 当代大学生的人际交往与心理健康 [J]. 湘潭师范学院学报，2002 (5)：151－153.

[3] 曹月. 浅析米德自我概念的社会学路径 [D]. 郑州：河南大学硕士学位论文，2013.

[4] 晨曦. 哈佛大学的幸福课 [M]. 哈尔滨：黑龙江教育出版社，2008.

[5] 崔丽娟. 社会心理学 [M]. 上海：华东师范大学出版社，2008.

[6] 冯沪祥. 中西生死哲学 [M]. 北京：北京大学出版社，2002.

[7] 郭念锋. 国家职业资格培训教程（基础知识）[M]. 北京：民族出版社，2012.

[8] 郭念锋. 国家职业资格培训教程（三级技能）[M]. 北京：民族出版社，2012.

[9] 郭远兵. 自我意识的研究概述 [J]. 湖北经济学院学报（人文社会科学版）2007，4 (2).

[10] 韩进之. 我国大学生自我意识发展特点研究 [J]. 心理发展与研究，1987 (12).

[11] 黄希庭. 大学生心理健康教育 [M]. 上海：华东师范大学出版社，2004.

[12] 李锦云. 大学生心理健康辅导 [M]. 北京：北京大学出版社，2010.

[13] 李明，邵璀菊，李新春，张红艳，等. 心灵方舟：大学生心理健康教育案例集 [M]. 北京：清华大学出版社，2013.

[14] 林崇德. 发展心理学 [M]. 北京：人民教育出版社，2009.

[15] 芦爱英. 试论自我意识的功能及培养 [J]. 黑龙江农垦师专学报，2003 (1).

[16] 吕澜. 大学心理健康教程 [M]. 北京：中国社会科学出版社，2011.

[17] 罗建华，梁斌. 试析大学生人际交往与心理健康 [J]. 云南警官学院学报，2003 (3)：91－94.

[18] 马建青. 大学生心理健康教程 [M]. 杭州：浙江大学出版社，2012.

[19] 马建青. 大学生心理危机干预的理论与实务 [M]. 杭州：杭州出版社，2011.

[20] 马建青，等. 大学生心理危机干预的理论与实务 [M]. 杭州：杭州出版社，2011.

［21］美国精神医学学会．精神障碍诊断与统计手册［M］.5版．张道龙，等译．北京：北京大学出版社，北京大学医学出版社，2015.

［22］欧阳辉．大学生心理健康应用教程［M］．沈阳：辽宁教育出版社，2010.

［23］彭聃龄．普通心理学［M］．北京：北京师范大学出版社，2001.

［24］钱铭怡．心理咨询与心理治疗［M］．北京：北京大学出版社，1994.

［25］任俊．积极心理学：心理学新进展丛书［M］．上海：上海教育出版社，2006.

［26］［日］齐藤勇．爱情心理学，拿来就用［M］．霍光，译．南京：江苏文艺出版社，2011.

［27］时蓉华．社会心理学［M］．杭州：浙江教育出版社，2005.

［28］谭先明，王玉昕．大学生人际归因及其相关因素的研究［J］．中国临床康复，2004，8（12）：22－20.

［29］田文强．浙江大学生人际交往素质的调查分析［J］．中国临床康复学校卫生，2005，36（9）：50－52.

［30］维克多·弗兰克尔．追寻生命的意义［M］．北京：新华出版社，2003.

［31］杨競，周婧．大学生心理健康导读［M］．北京：首都师范大学出版社，2013.

［32］杨眉，托马斯·欧嘉瑞．人际沟通分析学：一种有效提升交往能力的心理学理论［M］．北京：中国人民大学出版社，2013.

［33］于见伟，试从家庭环境分析自卑感形成的影响因素［J］．科教导刊，2012（4）.

［34］张大均，吴明霞．大学生心理健康［M］．北京：清华大学出版社，2007.

［35］张宪民，杨俊．大学生心理健康教育［M］．长春：吉林人民出版社，2015.

［36］章志光．社会心理学［M］．北京：人民教育出版社，2001.

［37］郑莉君．对大学生人际交往问题的探讨［J］．内蒙古师范大学学报（哲社版），1997（2）：49－52.

［38］简单心理：http：//www. jiandanxinli. com/.

［39］科学心理人：http：//www. psychologist. org. cn/.

［40］力比多学院：http：//school. libidos. cn.

［41］心理学之家：http：//bbs. libidos. cn/.

［42］心融网：http：//www. xrong. cn/cloudIntroduce. html.

［43］壹心理：http：//www. xinli001. com/.

［44］友心人：http：//www. yoxinli. com/.

［45］中国心理学会：http：//www. cpsbeijing. org/.